数的推理がわかる!

新・解法の玉手箱

編 資格試験研究会

実務教育出版

算数・数学の世界で
「浦島太郎状態」なみなさんへ！

「判断推理・数的推理が教養試験突破のカギだ！」

判断推理・数的推理は公務員試験独特の科目ですし，大事な科目だということはわかっていても，「算数や数学なんて高校入試以来ちゃんとやってない」「数字が苦手だから文科系に進んだんだよ！」……という受験生にとっては，どこから手をつけたらいいのかすらもわからない，やっかいな科目であることは事実です。

そんな，算数・数学から長い間遠ざかってしまって，今じゃ「√‾」だの「π」だのいわれても，なんのこっちゃワカラナイ！という算数・数学の世界の「浦島太郎状態」にある受験生のためにつくられたのが，この**「新・解法の玉手箱」**シリーズです。

本シリーズでは，数学浦島太郎状態の受験生でも実際の公務員試験に出題された過去問をなんとか解けるようにということで，過去問の解き方を手取り足取り詳しく解説しています。

まずは考え方の筋道を示して，計算式などもなるべく省略しないで記してありますし，問題を解いている中で疑問に思うようなことの近くで，竜宮城の仲間たちがアドバイスやヒントをつぶやきます。今までの問題集ではすぐギブアップしてしまったような受験生でも，算数・数学の「カン」を取り戻しつつ，判断推理・数的推理をひととおり学べるようになっています。

今まで判断推理・数的推理から逃げてきたみなさん！　まずは本書をきっかけに，合格へ向けての準備を始めましょう！

資格試験研究会

本書の構成と使い方

本書で取り扱う試験の名称表記について

本書に掲載した問題の末尾には，試験名の略称および出題年度を記載しています。

国家総合職：国家公務員採用総合職試験

国家一般職［大卒］：国家公務員採用一般職試験［大卒程度試験］

国家専門職［大卒］：国家公務員国税専門官採用試験，財務専門官採用試験，労働基準監督官採用試験，皇宮護衛官採用試験［大卒程度］，法務省専門職員（人間科学）採用試験，食品衛生監視員採用試験，航空管制官採用試験

裁判所：裁判所職員採用試験（総合職試験・一般職試験［大卒程度区分］）

地方上級：地方公務員採用上級試験（都道府県・政令指定都市・特別区。なお，東京都Ⅰ類と特別区Ⅰ類の問題はそれぞれ「**東京都**」「**特別区**」としています）

市役所：市職員採用上級試験（政令指定都市以外の市）

大卒警察官：大学卒業程度の警察官採用試験（なお，警視庁Ⅰ類の問題は「**警視庁**」としています）

大卒消防官：大学卒業程度の消防官・消防士採用試験

本書に収録されている「過去問」について

❶試験実施団体により問題が公表されている試験については，公表された問題を掲載しています（平成９年度以降の国家公務員試験，平成13年度以降の東京都，平成14年度以降の特別区，平成15年度以降の警視庁）。それ以外の問題については，過去の公務員試験において実際に出題された問題を，受験生から得た情報をもとに実務教育出版が独自に編集し，復元したものです。

❷問題の論点を保ちつつ問い方を変えた，問題に不備があるところを補足したなどの理由で，実際に出題された問題に手を加えて掲載している場合があります。

本書の構成

実際の試験に何度も出ているような問題を選び，数学浦島太郎状態のみなさんが取り組みやすい内容，学習しやすい内容から順に，テーマ別に構成しました。

例題　各テーマから最初に取り組みやすい問題・典型的な問題をピックアップしました。まずはこの「例題」を解いてみて，感触をつかみましょう。

練習問題　テーマをスムーズに理解できるよう，発展的な問題を選びました。解説は，「例題」と同じように，詳しくていねいに記述してあります。全部解いて，実戦力をアップしましょう。

解説については，詳しくわかりやすいものにするため，解き方の手順を「**STEP**」という形で示しています。また，問題を解くうえで気をつけて欲しいポイントに対して，竜宮城の仲間たちが次のような補足説明をしています。

問題を解くうえで重要な公式や考え方・知識など絶対に覚えておきたいところです。

難解なところの詳しい説明やフォロー，ちょっと発展的な内容などを紹介しています。

算数・数学が苦手な人のために，素朴な疑問に対する答えや，基本的な知識のおさらいなどを載せています。

間違いやすいところや，引っかかりやすいポイント，注意点などについて説明しています。

実際の計算のしかたや筆算でのやり方を，極力省略せずにていねいに記しています。

本文にある解き方とは別の解き方がある場合や，別の考え方などについて解説しています。

数的推理がわかる！
新・解法の玉手箱

もくじ

判断推理，数的推理と数的処理，課題処理，空間把握のカンケイ

試験によって呼び方に違いがあるので，ここで解説します。

公務員試験における教養試験（基礎能力試験）の一般知能系の問題は，基本的には，

一般知能
- 文章理解…長文の読解力などを試す科目
- 判断推理…論理的思考力，推理力，判断力などを試す科目
- 数的推理…数量的な条件について考える力を試す科目
- 資料解釈…表やグラフを正確に読み取る力を試す科目

この４つに分けられます。

本シリーズは，このうちの判断推理と数的推理を取り上げているわけです。

では，数的処理，課題処理，空間把握ってなんでしょう？

数的処理は，判断推理と数的推理を合わせた総称として用いられることもありますが，高卒程度試験や一部の地方自治体では数的推理と同じ意味で使われている場合もあります。

課題処理は，高卒程度試験において判断推理と同じ意味で使われています。

空間把握（空間概念）は，判断推理の中の図形問題（特に立体図形）をさしています。

また，判断推理と数的推理には明確な区分はありません。重複しているテーマが存在しているほか，近年では判断推理と数的推理を融合したような問題も多く見受けられます。

……とまあいろいろな呼び名があるわけですが，総じて問われているのは，正答を導くための「推理能力」と「情報の処理能力」です。これらは練習を積めば能力を上げることができますので，本書を使って，しっかりとトレーニングしていきましょう！

第0章

算数・数学のおさらい

Ⅰ　小数

Ⅱ　分数

Ⅲ　角度

Ⅳ　面積

Ⅴ　比

Ⅵ　割合

I 小数

0.6 や 6.08 のような整数ではない数を小数といいます。

0.1 とは，1 を 10 個に分けたうちの 1 つ分です。0.8 は，0.1 の 8 個分です。

また，0.01 とは，0.1 を 10 個に分けたうちの 1 つ分です。0.09 は，0.01 が 9 個分です。

では，計算に移ります。

例題　次の計算をしなさい。

(1) 7.68 + 3.22　　(2) 5 − 4.23

(3) 3.15 × 2.6　　(4) 6.3 ÷ 7

(5) 4 ÷ 5　　(6) 21.46 ÷ 3.7

小数点の位置，覚えてますか？ (3)，(5)，(6) が心配ではありませんか？

筆算で考えましょう。

★小数の足し算・引き算

小数点の位をそろえてタテに並べて書きます。あとは，整数のときと同じように計算します。小数点は，そのまま下におろした位置につけます。

(1)
```
   7.6 8
 + 3.2 2
 -------
 1 0.9 0
```
小数点以下の最後の 0 は消します

正 答　10.9

(2)
```
   5.0 0
 − 4.2 3
 -------
   0.7 7
```
5 は 5.00 として計算します

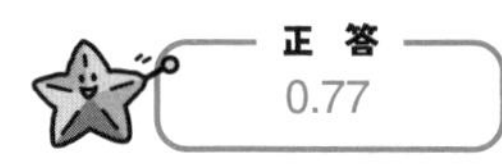

さあ，今度はかけ算です。

★小数のかけ算

数の右はしをそろえて筆算します。あとは，整数のときと同じように計算します。小数点の位置は，上の数（かけられる数）と下の数（かける数）の中で小数点より右にあるケタ数の和の分だけ小数点をズラします。

(3) 足し算・引き算のときと，小数点の位置が違うんです！
間違いやすいところなので，要チェックです！

```
   3.15
×   2.6
-------
 1890
 630
-------
 8.190
```

小数点より右に3つあるので
計算結果の右から3ケタ目に
小数点を打ちます

最後に割り算です。

★小数の割り算① 〜小数(整数)÷整数〜

割る数（割り算の筆算をかいたとき，左にくる数）が整数のとき，**答え（商といいます）の小数点は，割られる数（割り算の筆算の）の中の数）の小数点と同じ位置（真上）に打ちます**。(4)，(5) がコレです。

(4)

```
    0.9
  -----
7 ) 6.3
    6 3
  -----
      0
```

6.3 − 63 ではなく
63 − 63 として
計算します

正答
0.9

(5)

```
    0.8
  -----
5 ) 4.0
    4 0
  -----
      0
```

4 は 4.0 として
計算します

正答
0.8

★小数の割り算② 〜小数÷小数〜

割る数が小数のとき，まず割る数の小数点をズラして整数にします。それと**同じ分だけ割られる数の小数点をズラして**，小数÷整数の形をつくります。その動かした点の位置に小数点を打ちます。

(6)

```
3.7 ) 21.46  →  37 ) 214.6  →        5.8
                                    -------
                              37 ) 214.6
                                   185
                                   -------
                                    296
                                    296
                                   -------
                                      0
```

小数点をズラして
割る数を整数に
します

正答
5.8

小数点の位置さえ覚えれば，整数と同じように計算できるというわけです。

II 分数

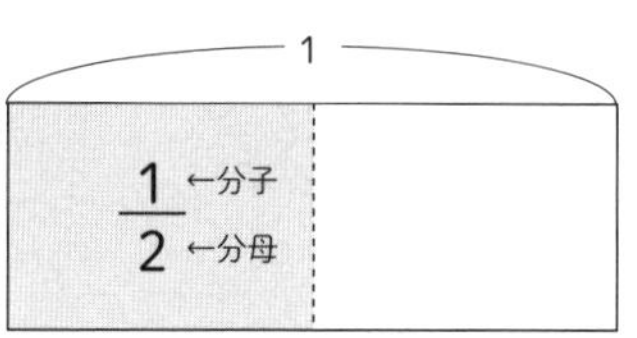

1

3 ←分子
6 ←分母

$\frac{1}{2}$（にぶんのいち）や $\frac{3}{6}$（ろくぶんのさん）のような数を分数といいます。

$\frac{1}{2}$ とは，１を２個に分けたうちの１つ分です。また，$\frac{3}{6}$ とは，１を６個に分けたうちの３つ分です。上の図のとおり，$\frac{1}{2}$ と $\frac{3}{6}$ は等しいんです！

次は，分数の変形です。分数には，分母と分子に同じ数をかけても，また，分母と分子を同じ数で割っても大きさが等しい（変わらない）という性質があります。

$\frac{1}{2}=\frac{1\times 3}{2\times 3}=\frac{3}{6}$　　　$\frac{3}{6}=\frac{3\div 3}{6\div 3}=\frac{1}{2}$

この性質を使って，分子と分母を同じ数で割って，分子と分母をもっと小さい数にすることを**約分**（やくぶん）といいます。また，２つ以上の分数の，それぞれの分子と分母に同じ数をかけて，分母を同じ数にすることを**通分**（つうぶん）といいます。約分と通分は，分数の計算でよく使うので，覚えておきましょう。

通分の例

$\frac{5}{8}$ と $\frac{7}{12}$ の通分　　$\frac{5}{8}=\frac{5\times 3}{8\times 3}=\frac{15}{24}$　　$\frac{7}{12}=\frac{7\times 2}{12\times 2}=\frac{14}{24}$

このように，分母を同じ数（この場合は 24）にすることが通分です。

では，計算に移ります。まずは，足し算・引き算からです。

例題　次の計算をしなさい。

(1) $\frac{2}{7}+\frac{1}{7}$　　**(2)** $\frac{9}{8}-\frac{3}{8}$　　**(3)** $\frac{2}{5}+\frac{1}{3}$　　**(4)** $\frac{25}{24}-\frac{5}{8}$

分母が同じ数の足し算，引き算は，分母はそのままにして，分子の足し算，引き算をします。最後に約分するのを忘れないように！

(1) $\frac{2}{7}+\frac{1}{7}=\frac{2+1}{7}=\frac{3}{7}$

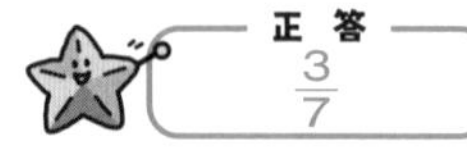

(2) $\frac{9}{8}-\frac{3}{8}=\frac{9-3}{8}=\frac{\overset{3}{\cancel{6}}}{\underset{4}{\cancel{8}}}=\frac{3}{4}$

分子・分母を
2で割ります

分母が違う数の場合は，分母を同じ数にしてから（通分してから）計算します。

(3) $\frac{2}{5}+\frac{1}{3}=\frac{6}{15}+\frac{5}{15}=\frac{11}{15}$

正答 $\frac{11}{15}$

(4) $\frac{25}{24}-\frac{5}{8}=\frac{25}{24}-\frac{15}{24}=\frac{\overset{5}{\cancel{10}}}{\underset{12}{\cancel{24}}}=\frac{5}{12}$

分子・分母を
2で割ります

正答 $\frac{5}{12}$

次は，かけ算，割り算です。

例題 次の計算をしなさい。

(1) $\frac{1}{5}\times\frac{2}{3}$　(2) $\frac{7}{3}\div\frac{8}{5}$　(3) $\frac{4}{7}\times\frac{13}{6}$　(4) $\frac{15}{28}\div\frac{5}{21}$

かけ算は，分母どうし，分子どうしをそれぞれかけます。割り算は，割る数の分子と分母を入れ替えた逆数（ひっくり返した数）をかけます。約分できるときはさっさとやっておくことがコツです。

「÷」を「×」にして分子と分母の数を入れ替えます

$\frac{□}{○}\times\frac{◎}{△}=\frac{□\times◎}{○\times△}$　　$\frac{□}{○}\div\frac{◎}{△}=\frac{□}{○}\times\frac{△}{◎}=\frac{□\times△}{○\times◎}$

(1) $\frac{1}{5}\times\frac{2}{3}=\frac{1\times2}{5\times3}=\frac{2}{15}$

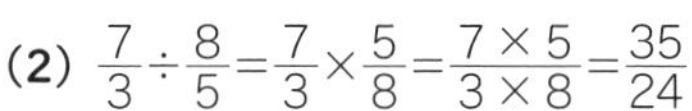

(2) $\frac{7}{3}\div\frac{8}{5}=\frac{7}{3}\times\frac{5}{8}=\frac{7\times5}{3\times8}=\frac{35}{24}$

正答 $\frac{35}{24}$

(3) $\frac{4}{7}\times\frac{13}{6}=\frac{\overset{2}{\cancel{4}}\times13}{7\times\underset{3}{\cancel{6}}}=\frac{2\times13}{7\times3}=\frac{26}{21}$

正答 $\frac{26}{21}$

(4) $\frac{15}{28}\div\frac{5}{21}=\frac{15}{28}\times\frac{21}{5}=\frac{\overset{3}{\cancel{15}}\times\overset{3}{\cancel{21}}}{\underset{4}{\cancel{28}}\times\underset{1}{\cancel{5}}}=\frac{3\times3}{4\times1}=\frac{9}{4}$

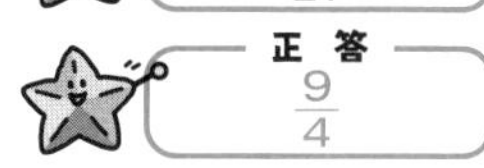

(補足) 割り算で逆数をかけるワケ

(2) を例に見てみましょう。

$\frac{7}{3}\div\frac{8}{5}=\frac{7\times8\times5}{3\times8\times5}\div\frac{8}{5}=\frac{7\times\cancel{8}\times5\div\cancel{8}}{3\times8\times\cancel{5}\div\cancel{5}}=\frac{7\times5}{3\times8}=\frac{7}{3}\times\frac{5}{8}$

分母と分子に同じ
×8×5をかけます

逆数をかけている
ことになります

III 角度

三角定規(じょうぎ)を覚えてますか。30°, 60°, 90° の直角三角形と, 45°, 45°, 90° の直角二等辺三角形でしたね。

直角とは, 90° のことですよ, 念のため。

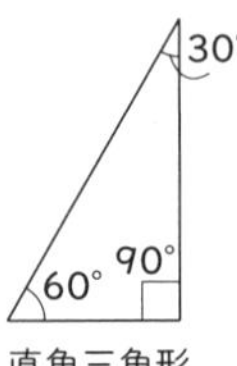

直角三角形

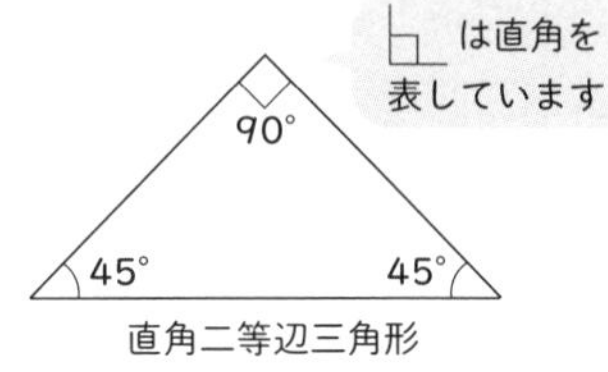

直角二等辺三角形

三角形 ABC を表すのに, 記号△を使って△ ABC と書きます。

右の図で, **頂点**, **辺**, **角**を確認してください。

頂点 B の角を表すのに, 記号∠を使って∠ B と書きます。

∠ B を, ∠ ABC とか∠ CBA のように表すこともありますので, 注意しましょう。この場合, 真ん中の文字の頂点の角を表しています。

また, 角の大きさ（角度）を表すときは, ∠ B = 45° のように書きます。

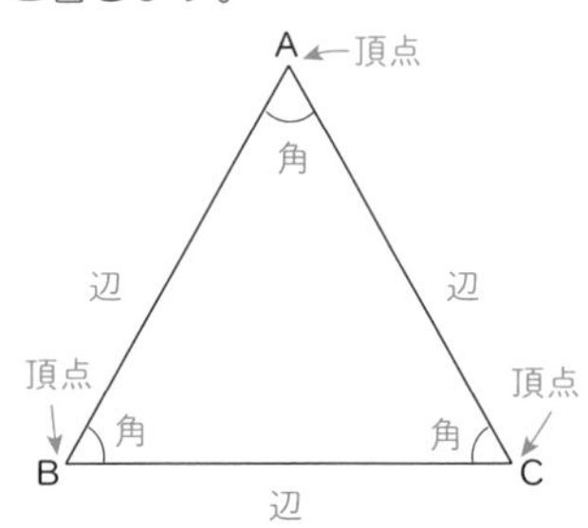

例題　∠ x の大きさを求めなさい。

(1) 三角形

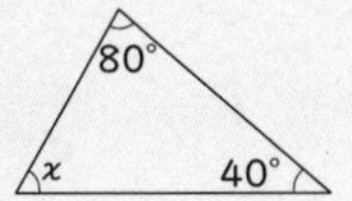

(2) 四角形

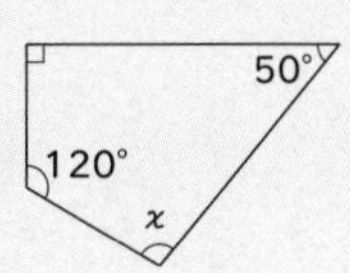

図形の性質など, 正しいことが証明されたものを定理といいます。

覚えよう！

三角形の 3 つの角の大きさの和は 180° である。

(1) は, ∠ x = 180° − 80° − 40° = 60° と計算できます。

正答　60°

(2) 四角形の 4 つの角の大きさの和は何度でしょうか。四角形＝三角形２つ分と考えれば, 180° × 2 = 360° ですね。したがって,
∠ x = 360° − 120° − 90° − 50° = 100°

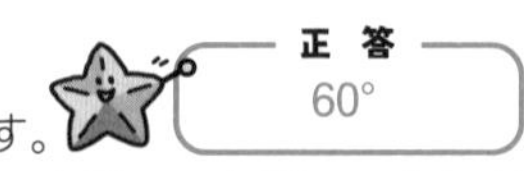

正答　100°

直角に交わる２つの直線は, **垂直**(すいちょく)であるといい, 記号「⊥」を使って AB ⊥ CD のように書きます。

また，交わらない2つの直線は，**平行**であるといい，記号「//」を使って AB // CD のように書きます。

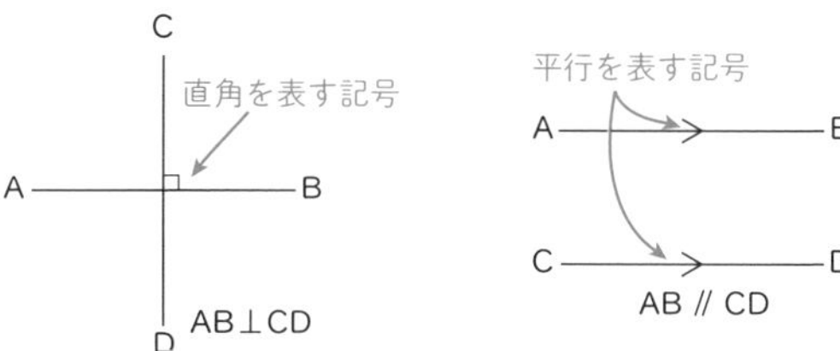

2直線 ℓ，m が交わるとき，向かい合った2つの角を**対頂角**といいます。

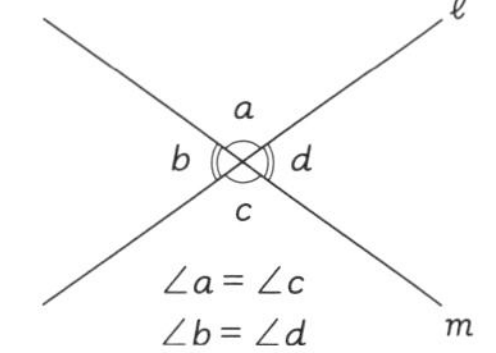

覚えよう！

対頂角の大きさは等しい。

右の図で，$\angle a = \angle c$，$\angle b = \angle d$ です。

直線 ℓ，m に交わる直線 n を引くとき，$\angle a$ と $\angle c$ のような位置にある2つの角を**同位角**，$\angle b$ と $\angle c$ のような位置にある2つの角を**錯角**といいます。

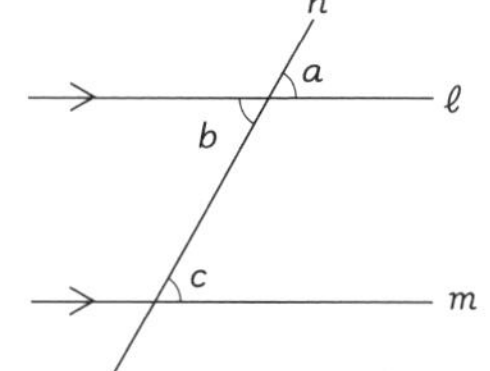

覚えよう！

2直線が平行のとき，同位角，錯角は等しい。

右の図で，$\angle a = \angle c$，$\angle b = \angle c$ です（なお，$\angle a$ と $\angle b$ は対頂角ですから，3つの角はみな等しくなります）。

例題　$\ell \mathbin{/\!/} m$ のとき，$\angle x$，$\angle y$ の大きさをそれぞれ求めなさい。

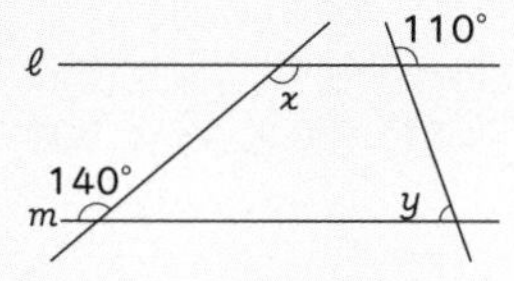

$\angle x$ と 140° の角は，錯角ですから，$\angle x = 140°$

また，$\angle y$ に隣り合う角と 110° の角は，同位角ですから，

$\angle y = 180° - 110° = 70°$

正答　$\angle x=140°$　$\angle y=70°$

直線の一部を**線分**といいます。線分 AB の長さが 5 cm のとき，AB ＝ 5 cm のように書きます。

面積

まずは，正方形と長方形の面積の公式からおさらいしましょう。

覚えよう！

正方形の面積＝１辺×１辺
長方形の面積＝タテ×ヨコ

でしたね。面積の単位は１辺が１cm の正方形の面積を１平方センチメートルといい，１cm^2 と書きます。長さの単位によって，面積の単位も変わります。

１m ＝ 100cm ですから，１m^2（1 平方メートル）＝ 10000cm^2
１km ＝ 1000m ですから，１km^2（1 平方キロメートル）＝ 1000000m^2

平行四辺形や三角形の面積の公式は大丈夫ですか。
平行四辺形や三角形の高さは底辺に垂直ですから，次のようになりますね。

覚えよう！

平行四辺形の面積＝底辺×高さ
三角形の面積＝底辺×高さ÷２

では，確認しましょう。

例題　次の図形の面積を求めなさい。

（1） 平行四辺形

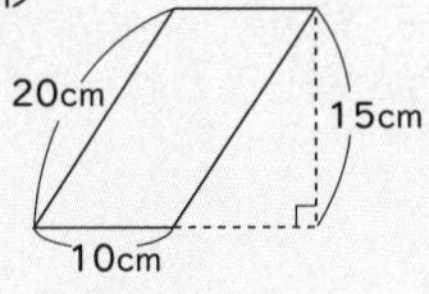

（2） 三角形

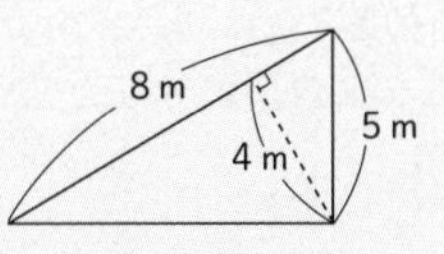

どれが底辺で，どれが高さか注意してください。

（1） 10 × 15 ＝ 150

（2） 8 × 4 ÷ 2 ＝ 16

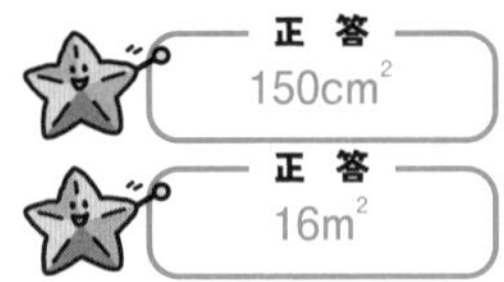

それでは，ひし形や台形の面積はどうでしょう。

覚えよう！

ひし形の面積＝対角線×対角線÷２
台形の面積＝(上底＋下底)×高さ÷２

です。では，確認しましょう。

例題　次の図形の面積を求めなさい。

(1) ひし形

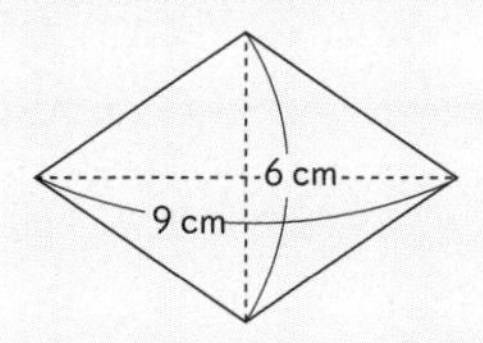

(2) 台形

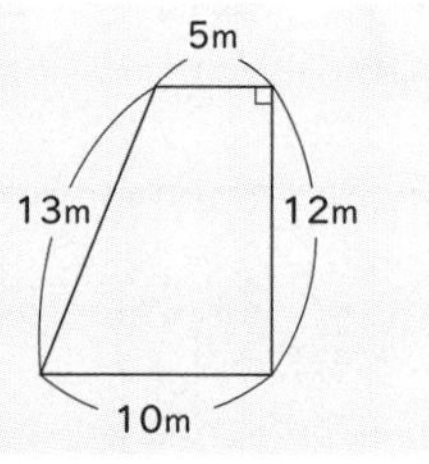

四角形の向かい合う頂点を結ぶ線分を**対角線**といいます。台形の平行な２つの辺を上底，下底といいます。辺の上下は関係ありませんので，念のため。

(1)　$9 \times 6 \div 2 = 27$

正答　27cm²

(2)　$(5 + 10) \times 12 \div 2 = 90$

正答　90m²

次は，**円とおうぎ形の面積**です。

円周の長さ＝直径×円周率
円の面積＝半径×半径×円周率

円周の直径に対する割合を**円周率**といいます。その値は，3.1415926……と限りなく続きます。この値をギリシャ文字の π（パイ）で表すことがあります。

もちろん，直径＝半径×２です。

おうぎ形は，中心角の大きさで決まりますから，

$$\text{おうぎ形の面積} = \text{円の面積} \times \frac{\text{中心角}}{360}$$

例題　次の図形の面積を求めなさい。ただし，円周率は π とする。

(1) 円

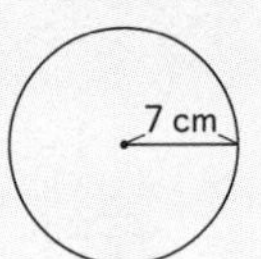

(2) おうぎ形

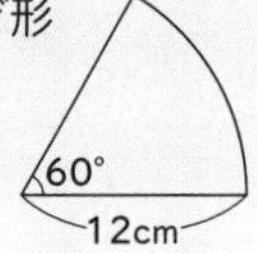

3.14 を使わないので，計算は楽ですね。

(1)　$7 \times 7 \times \pi = 49\pi$

正答　49π cm²

(2)　$12 \times 12 \times \pi \times \frac{60}{360} = 144\pi \times \frac{1}{6} = 24\pi$

正答　24π cm²

複雑な図形の面積は，どんな図形が組み合わされているかを調べて，

① 分割して，もとになる図形の面積の和を求める。

② 全体から不要な部分を引いて，面積の差を求める。

などとします。

V 比

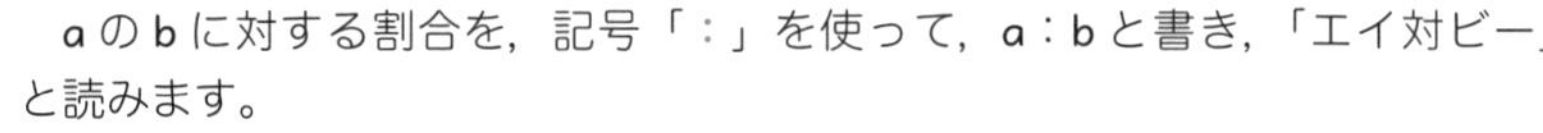

aのbに対する割合を，記号「：」を使って，a：bと書き，「エイ対ビー」と読みます。

このように表した割合を比といいます。

例題　男子7名と女子8名からなるサークルがあります。このとき，次の比を求めなさい。

(1) 男子と女子の比　　**(2)** 全体に対する男子の比

比の前と後を間違えないようにしましょう。

(1) 7：8

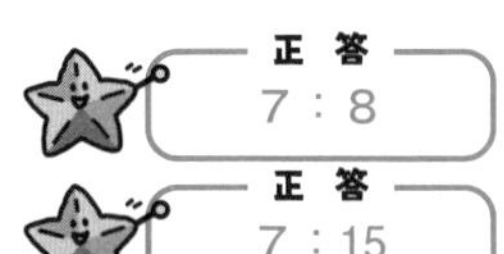

(2) 全体は15名ですから，7：15

比の前の数と後の数に同じ数をかけてつくった比はもとの比と等しくなります。
たとえば，2：3＝4：6＝6：9＝…です。
逆に，比の前の数と後の数を同じ数で割っても，もとの比と等しくなります。
たとえば，12：36＝6：18＝4：12＝…です。
小数や分数の比は，上のようにして，整数の比に直すことができます。
比をできるだけ小さい整数の比に直すことを，「**比を簡単にする**」といいます。
では，確認しましょう。

例題　次の比を簡単にしなさい。

(1) 24：30　　**(2)** 1.5：0.6　　**(3)** $\frac{2}{3}:\frac{4}{5}$

(1) 比の前と後を6で割ります。$\overset{4}{\cancel{24}}:\overset{5}{\cancel{30}}=4:5$

(2) まず，比の前と後を10倍して整数の比にします。
次に，3で割ります。
$1.5:0.6=\overset{5}{\cancel{15}}:\overset{2}{\cancel{6}}=5:2$

正答
5：2

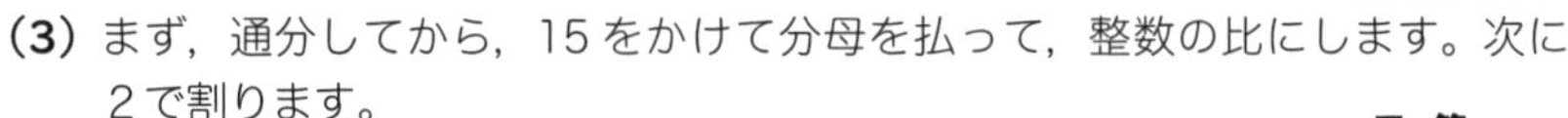

(3) まず，通分してから，15をかけて分母を払って，整数の比にします。次に，2で割ります。

$$\frac{2}{3}:\frac{4}{5}=\frac{10}{\cancel{15}}:\frac{12}{\cancel{15}}=\overset{5}{\cancel{10}}:\overset{6}{\cancel{12}}=5:6$$

単位をともなう比を簡単にするときは，**単位をそろえて**からにします。
たとえば，$\frac{1}{6}$時間：15分＝$\left(\frac{1}{6}\times 60\right)$分：15分＝$\overset{2}{\cancel{10}}:\overset{3}{\cancel{15}}=2:3$

それでは，$3:5=x:15$ の x にあてはまる数はわかりますか？
比の計算では

A : B = C : D のとき　A × D = B × C

ということを覚えておきましょう。
上の例では

$3:5=x:15$　　内側どうし外側どうしをかけます

$3\times15=5\times x$　　$5x=45$　　$x=9$
となります。わかりましたか？　では，確認しましょう。

例題　次の x にあてはまる数を求めなさい。

(1) $5:6=12:x$　　**(2)** $\frac{1}{2}:x=\frac{3}{5}:\frac{9}{10}$

(1) $5\times x=6\times12$　　$5x=72$　　$x=14.4$

正答　14.4

(2) $\frac{3}{5}\times x=\frac{1}{2}\times\frac{9}{10}$　　$\frac{3}{5}x=\frac{9}{20}$　　$12x=9$　　$x=\frac{9}{12}=\frac{3}{4}$

正答　$\frac{3}{4}$

例題　姉と妹の所持金の比は5：4です。妹は200円持っているそうです。姉の所持金を求めなさい。

姉の所持金を x 円として姉と妹の所持金を比で表すと
$5:4=x:200$　　となるので
$4\times x=5\times200$
$4x=1000$
$x=250$〔円〕

正答　250円

例題　10個のアメを，兄と弟で分けます。兄と弟の比が3：2であるとき，兄がもらう個数を求めなさい。

兄がもらう個数を x 個とします。全部で10個の中で兄がもらう分ということなので，$x:10$ と，兄と兄弟全体の比 $3:(3+2)$ で考えましょう。
$3:(3+2)=x:10$
$5x=3\times10$
$x=6$〔個〕

正答　6個

VI 割合

比べる量（比較量）が，もとにする量（基準量）のどれだけにあたるかを表した数を**割合**といいます。

覚えよう！

割合＝比べる量÷もとにする量
比べる量＝もとにする量×割合

割合は，小数や分数のほか，百分率や歩合でも表せます。

割合を表す 0.01 を 1 パーセントといい，「1 %」と書きます。たとえば，0.12 は 12%です。パーセントで表した割合が**百分率**（ひゃくぶんりつ）です。もとにする量は 1 ですから，1 = 100%になります。

割合を表す 0.1 を 1 割，0.01 を 1 分，0.001 を 1 厘（りん）ということがあります。たとえば，0.345 は 3 割 4 分 5 厘です。このような割合が**歩合**（ぶあい）です。もとにする量 1 は 10 割です。

小数	分数	百分率	歩合
0.1	$\frac{1}{10}$	10%	1 割
0.01	$\frac{1}{100}$	1 %	1 分
0.25	$\frac{25}{100}=\frac{1}{4}$	25%	2 割 5 分
0.375	$\frac{375}{1000}=\frac{3}{8}$	37.5%	3 割 7 分 5 厘

では，確認しましょう。

例題　次の問いに答えなさい。

(1) 男子 20 人，女子 30 人からなるクラブがあります。男子の数はクラブ全体の何%にあたりますか。

(2) 300 人の 75%は何人ですか。

(3) バスに乗ったら，定員の 52%にあたる 13 人が座っていました。このバスの定員は何人ですか。

(1) もとにする量は 50 人ですから，男子の割合は，20 ÷ 50 = 0.4
百分率に直すには，100 倍して，0.4 × 100 = 40〔%〕

正答
40%

→割合が与えられていて，比べる量を求めることが多いです。「〜の（割合）」というとき，『割合の「の」はかけ算』と覚えておきましょう。

(2) もとにする量は 300 人ですから，その 75%にあたるのは，
300 × 0.75 = 225〔人〕

正答
225 人

(3) もとにする量はバスの定員で，その 52%にあたるのが 13 人です。バスの定員を x 人とすると，

x × 0.52 = 13
x = 13 ÷ 0.52 = 25〔人〕

正答
25 人

第1章

数学苦手さんでもこれならわかる

1　角・面積の和の問題 ～まとめてスッキリ解こう～
2　面積の問題 ～パズル感覚で分割しよう～
3　立体の問題 ～サクサクスライスして考えよう～
4　自然数の和の問題 ～やさしい公式をマスターしよう～
5　倍数・約数の問題 ～キーナンバーを見つけよう～
6　整数の問題 ～まず候補を見つけよう～

1 角・面積の和の問題
～まとめてスッキリ解こう～

1つ1つの角度や面積は求まらなくても，角度や面積の「和」は求められます。パターンを習得しましょう！

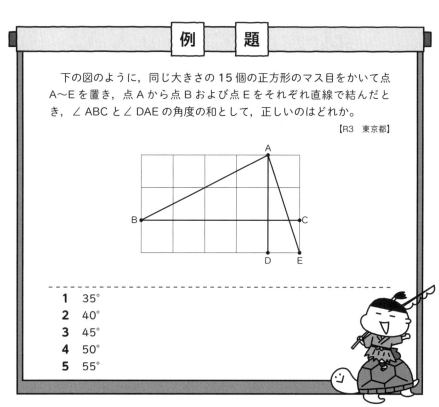

例　題

下の図のように，同じ大きさの15個の正方形のマス目をかいて点A～Eを置き，点Aから点Bおよび点Eをそれぞれ直線で結んだとき，∠ABCと∠DAEの角度の和として，正しいのはどれか。

【R3　東京都】

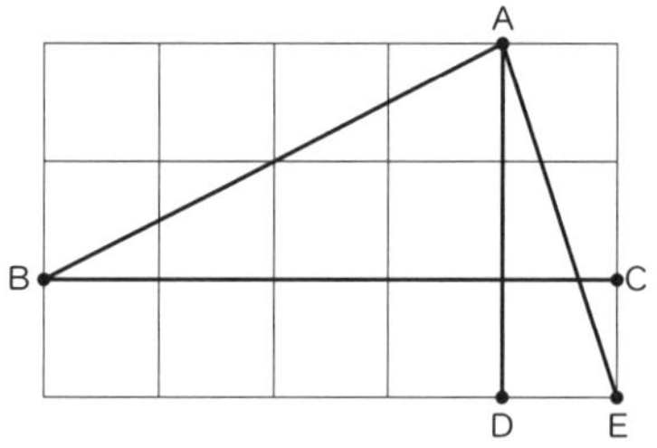

1　35°
2　40°
3　45°
4　50°
5　55°

∠ABCと∠DAEを a，b とします。a，b それぞれの角の大きさは具体的に求まらないようです。しかし，a，b それぞれの大きさがわからなくても，$a+b$ の大きさがわかればよいのです。

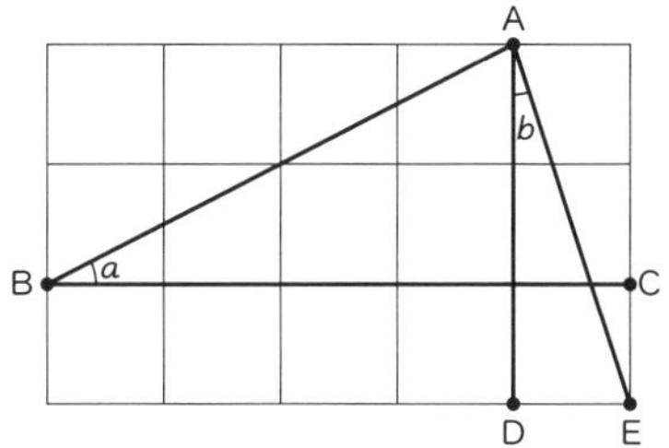

STEP 1 求める角を１か所に集めよう

求めるのは，角 a ＋ b なので a と b が隣り合うように図に補助線を入れていきます。

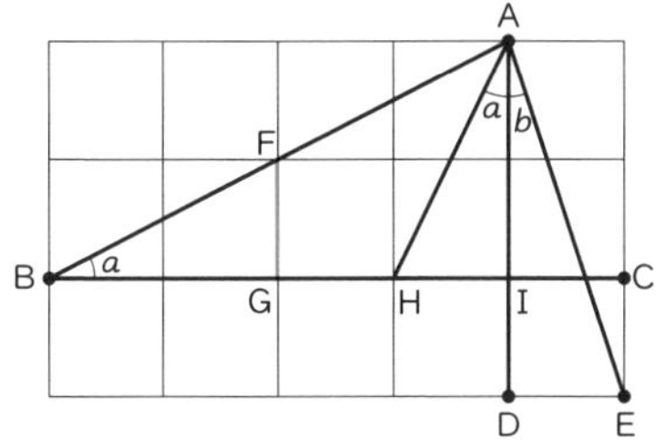

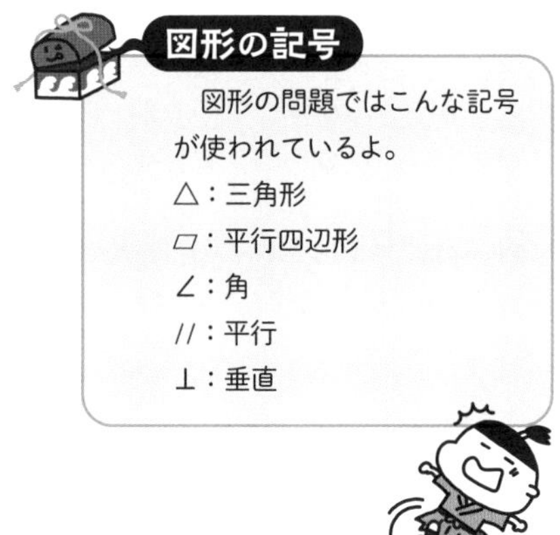

図形の記号
図形の問題ではこんな記号が使われているよ。
△：三角形
▱：平行四辺形
∠：角
//：平行
⊥：垂直

△ BFG ≡ △ AHI なので，∠ HAI は a になります。

このようにすると，a ＋ b を∠ HAE のような１つの角にすることができます。

STEP 2 特別な三角形を探そう

条件として具体的な角度が与えられていないので，以下のような特別な三角形がなければ角度が求まりません。

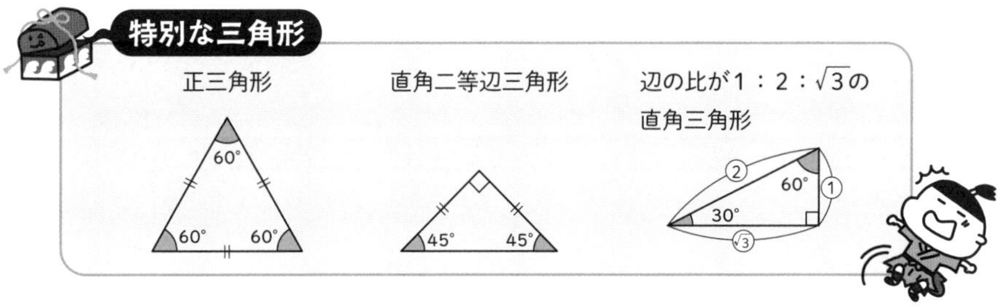

点 H と点 E をつなぐと，二等辺三角形ができそうです。

△AHEはどんな三角形か見破ろう

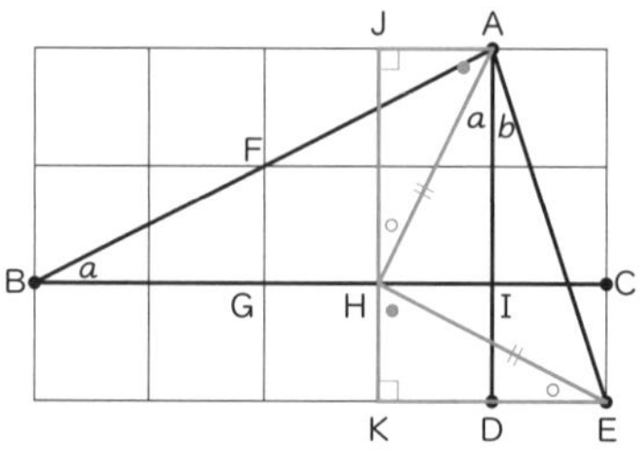

見た感じでは，直角二等辺三角形のようですが，本当にそうでしょうか。

ここで，**△AHEが直角二等辺三角形であることを証明**しておきます。

まず，明らかにAH＝HEであり，△AHEは二等辺三角形です。

さらに，△AJHと△HKEに注目します。

△AJHと△HKEは，∠AJH＝∠HKE＝90°の合同な直角三角形です。

よって，○＋●も90°であり，∠AHJ＋∠EHK＝○＋●＝90°です。

したがって，∠AHE＝180°－90°＝90°です。

以上のことから，△AHEは直角二等辺三角形といえるので，∠HAE＝∠HEA＝45°ということがわかります。

正答
3

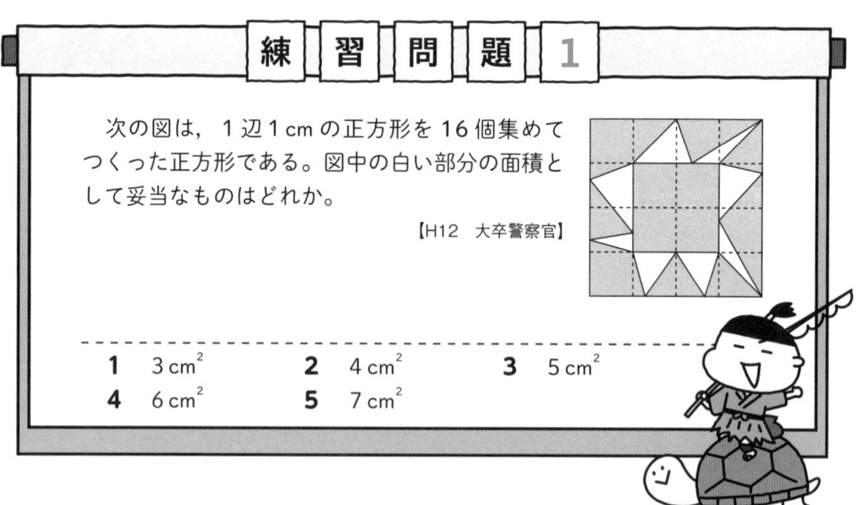

練習問題1
次の図は，1辺1cmの正方形を16個集めてつくった正方形である。図中の白い部分の面積として妥当なものはどれか。
【H12　大卒警察官】
1　3 cm²
2　4 cm²
3　5 cm²
4　6 cm²
5　7 cm²

問題の図の白い部分はどの三角形も高さが1cmの三角形ですが，底辺の長さはわかりません。さて，どうしましょう。

STEP 1　2つの三角形の面積の和を求めよう

問題の図の一番上の部分を切り取って考えてみましょう。

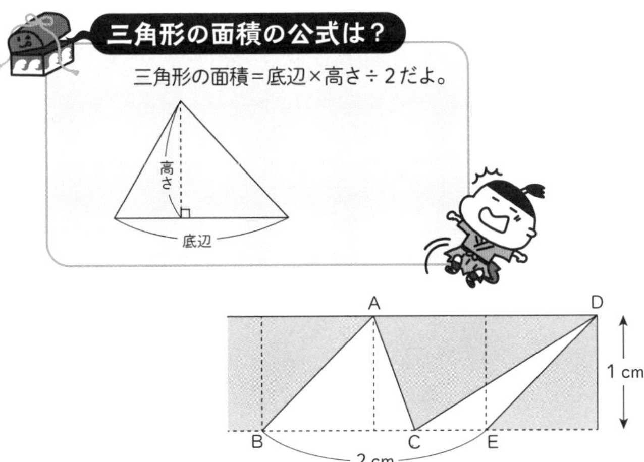

△ABC の面積や△DCE の面積は底辺の長さがわからないので，求められません。でも，2つの三角形の面積の和なら求められます。

高さが変わらなければ，**頂点を底辺に平行に動かしても面積は変わりません。**

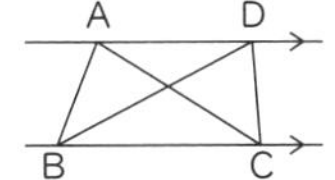

三角形の面積は△ABC ＝△DBC です。そこで，練習問題1の図中の三角形の頂点を動かすと下の図のようになります。

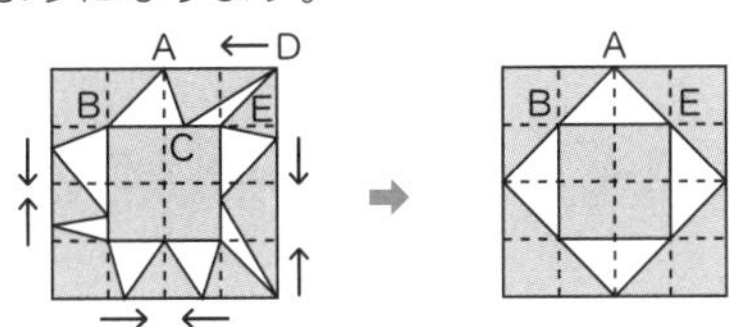

つまり，底辺2cm，高さ1cm の三角形4つの面積を求めることと同じです。

△ABC ＋△DCE ＝△ABE ＝ $2 \times 1 \times \frac{1}{2} = 1$〔$cm^2$〕

STEP 2　くり返して答えを求めよう

ほかの3か所も同様に考えられるので，白い部分の合計は $1 \times 4 = 4$〔cm^2〕

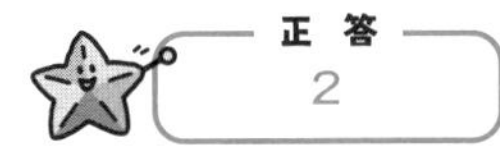

もう1問，練習しておきましょう。

練習問題 2

次の図のように，辺 BC = 24cm とする長方形 ABCD があり，辺 AB の中点を E，辺 AD を4等分した点をそれぞれ F，G，H とし，F，G，H から辺 BC に垂線を引いた。今，C から A，E および G に直線を引き，∠ CGD = 45° であるとき，斜線部の面積はどれか。

【R元　特別区】

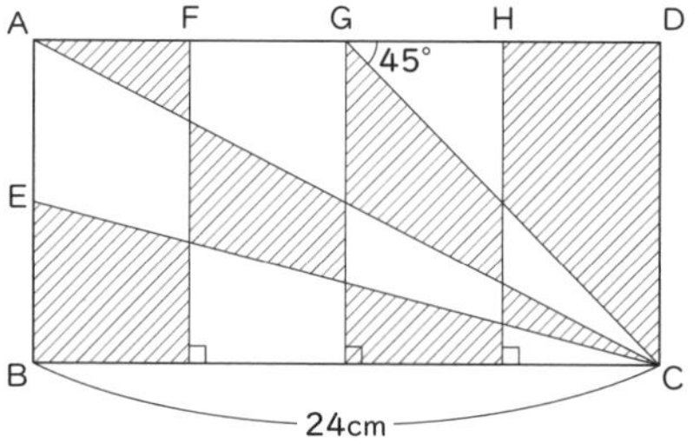

1　108cm^2　　2　126cm^2　　3　144cm^2
4　162cm^2　　5　180cm^2

1つずつの面積を求めて，足し合わせるのは大変そうですね。まとめて計算をするにはどうすればよいでしょうか。

STEP 1　それぞれの図形の面積の求め方を確認しよう

図のように各点に名前をつけます。

たとえば，△ CPQ ＝ PQ × CR × $\frac{1}{2}$

台形 OGLP ＝（OP ＋ GL）× NR × $\frac{1}{2}$

です。他も同様に表せます。

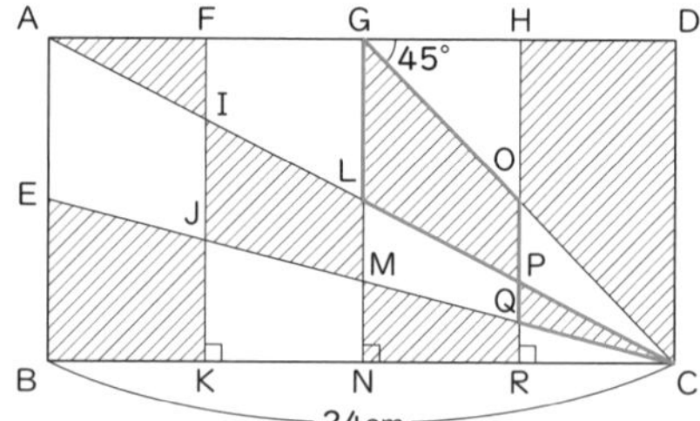

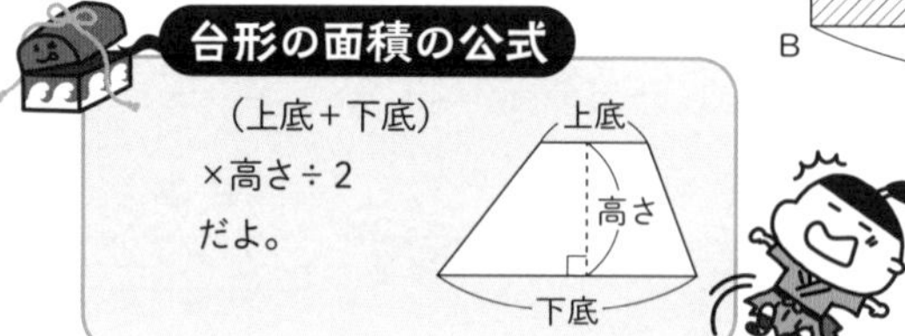

台形の面積の公式
（上底＋下底）
×高さ÷2
だよ。
上底
高さ
下底

これらをまとめる方法はないでしょうか。

STEP 2 共通部分を探そう

F，G，H が辺 AD を４等分しているので，△ CPQ や台形 OGLP も，高さは 24 ÷ 4 = 6〔cm〕です。

これを例にあてはめると，

$$\triangle CPQ = PQ \times 6 \times \frac{1}{2}$$

台形 OGLP ＝ $(OP + GL) \times 6 \times \frac{1}{2}$　です。

つまり，$6 \times \frac{1}{2}$ は共通です。

STEP 3 共通部分以外はどこかを図で把握しよう

$$\triangle CPQ = PQ \times 6 \times \frac{1}{2}$$

台形 OGLP ＝ $(OP + GL) \times 6 \times \frac{1}{2}$　です。

共通部分以外は PQ，OP ＋ GL などですが，これを青色にすると図のようになります。

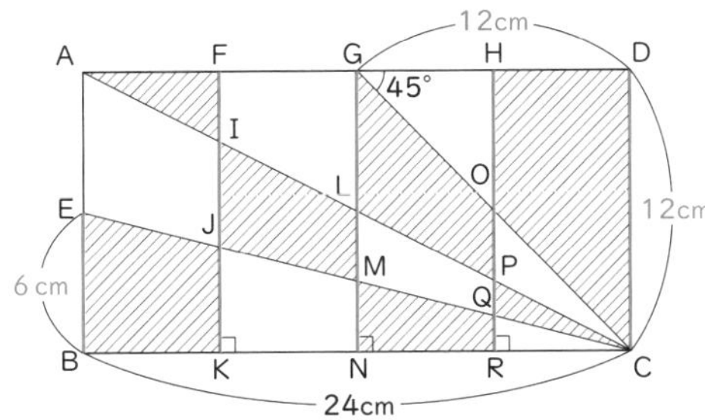

△ GCD が直角二等辺三角形なので，GD ＝ CD ＝ 12〔cm〕ですから，青線部分をすべて加えると，12 × 4 ＋ 6 ＝ 54〔cm〕になりますね。

よって，斜線部分の面積をすべて足し合わせると，

△ CPQ ＋台形 OGLP ＋…

$$= PQ \times 6 \times \frac{1}{2} + (OP + GL) \times 6 \times \frac{1}{2} + \cdots$$

$$= (PQ + OP + GL + \cdots) \times 6 \times \frac{1}{2}$$

$$= (DC + HR + GL + \cdots) \times 6 \times \frac{1}{2}$$

$$= 54 \times 6 \times \frac{1}{2}$$

＝ 162〔cm^2〕と求められます。

2 面積の問題
～パズル感覚で分割しよう～

一見，どう手をつけていいかわかりにくい問題ですが，「算数・数学のおさらい」であつかった公式を思い出しながら，うまく分割していきましょう。分割というと難しいカンジかもしれませんが，要は「パズル感覚」です！

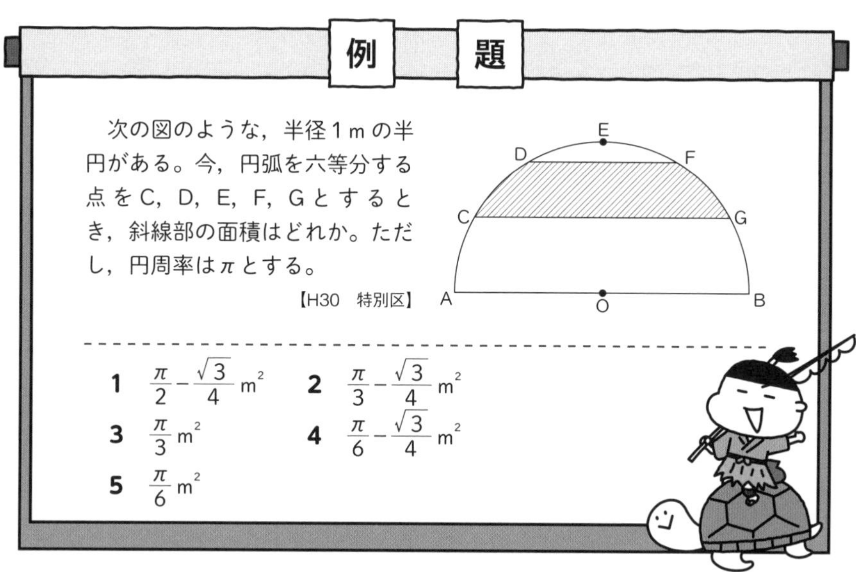

次の図のような，半径1 m の半円がある。今，円弧を六等分する点をC，D，E，F，Gとするとき，斜線部の面積はどれか。ただし，円周率はπとする。

【H30　特別区】

1　$\frac{\pi}{2}-\frac{\sqrt{3}}{4}$ m^2　　2　$\frac{\pi}{3}-\frac{\sqrt{3}}{4}$ m^2

3　$\frac{\pi}{3}$ m^2　　4　$\frac{\pi}{6}-\frac{\sqrt{3}}{4}$ m^2

5　$\frac{\pi}{6}$ m^2

このような形を一発で求める公式はありません。そこで上手く補助線を引いて，公式が使える形に分割していくことが基本的な考え方になります。

STEP 1　図形を分割しよう

図のように，OC，OD を引くと，
図形 DJC ＝扇形 CDO －△ CJO，
台形 DIHJ ＝△ DIO －△ JHO であり，
中心角は 30° ずつになります。

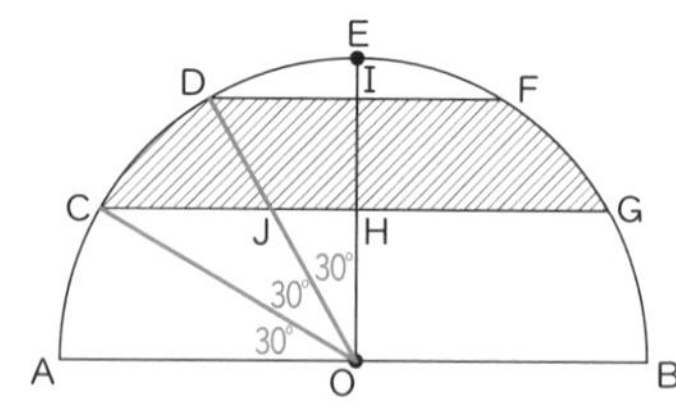

線分 DI, JH, IO, HO, CJ は，辺の比が１：２：$\sqrt{3}$の直角三角形を使えば，長さが求まります。

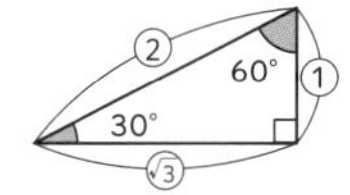

ただし，計算に$\sqrt{\ }$が出てきたり，求める部分が多くなったりと，なかなか大変です。もう少し楽に求める方法はないでしょうか。

STEP 2 図形を移動させよう

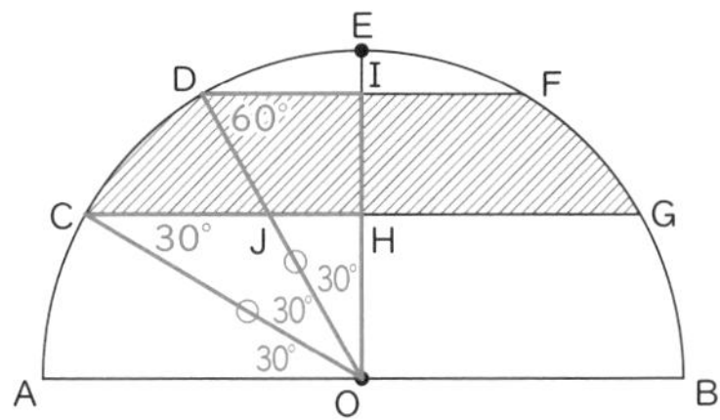

特に△ CJO を求めるのが大変そうですが，これと同じ面積の部分はないでしょうか。

△ CJO は△ CHO の一部であり，△ CHO は△ OID と合同（OC ＝ OD でその両端の角は 30°，60° でそれぞれ等しい）です。

ここで，△ CJO ＝△ CHO －△ JHO

台形 DJHI ＝△ OID －△ JHO

この２式について，△ CHO ＝△ OID ですから，

△ CJO ＝台形 DJHI となります。

よって，台形 DJHI の斜線部分を△ CJO に移動させることができ，求めたい図形 DCHI の面積は扇形 CDO と同じであることがわかりました。

三角形の合同条件

２つの三角形は，次のそれぞれの場合の合同だよ。

❶ **3組の辺が，**
それぞれ等しいとき

❷ **2組の辺とその間の角が，**
それぞれ等しいとき

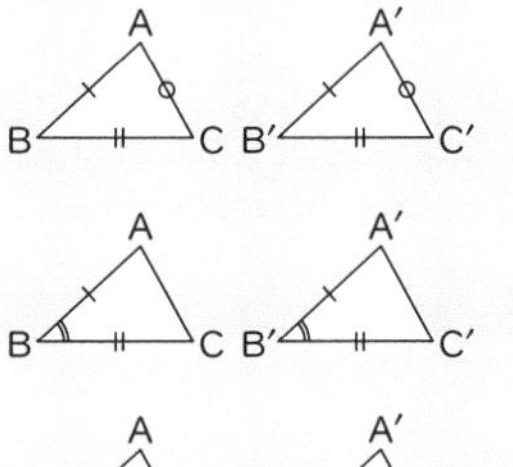

❸ **1組の辺とその両端（りょうたん）の角が，**
それぞれ等しいとき

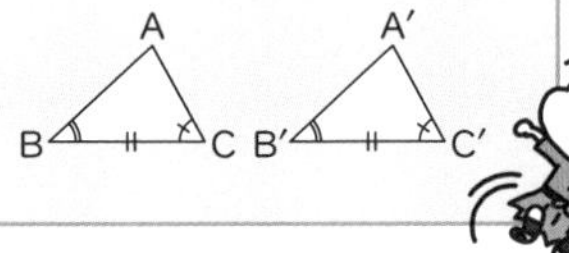

STEP 3　面積を求めよう

図形 DCHI（斜線部分の左半分）の面積が扇形 CDO（半径 1 m，中心角 30°）の面積と等しく，右半分も同様ですので，全体が半径 1 m，中心角 60° の扇形の面積と等しいことになります。

よって面積は，$1^2\pi\times\frac{60}{360}=\frac{\pi}{6}$(m²) です。

練習問題 1

次の図の四角形 ABCD は 1 辺の長さが 10cm の正方形である。EP = 3 cm，FQ = 2 cm のとき，斜線部分の四角形 EFGH の面積として，正しいものは次のうちどれか。

【H15　市役所】

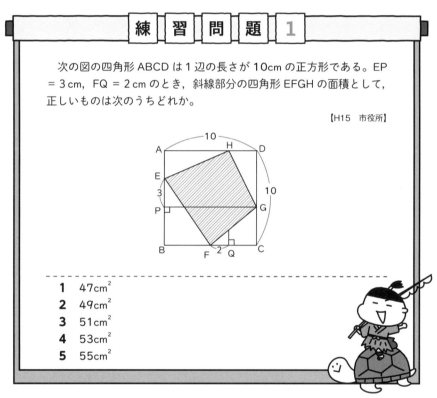

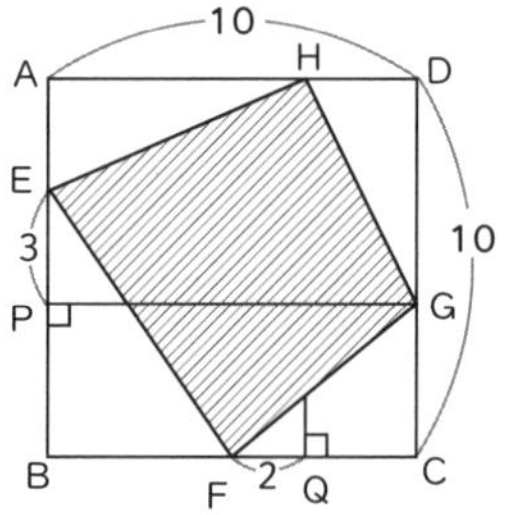

1　47cm²
2　49cm²
3　51cm²
4　53cm²
5　55cm²

長方形を対角線で分割すると，面積は**長方形の面積の半分**になります。この性質を使ってうまく図形を分割すれば解くことができます。

STEP 1 図形を分割しよう

右の図のように，四角形 EFGH を４つの直角三角形と１つの長方形に分割します。

長方形 IJKL の面積は，

３×２＝６〔cm^2〕

と求められます。しかし，４つの直角三角形については，１つ１つの面積を求めることができません。でも大丈夫です。STEP2の方法で，面積の和は求めることができます。

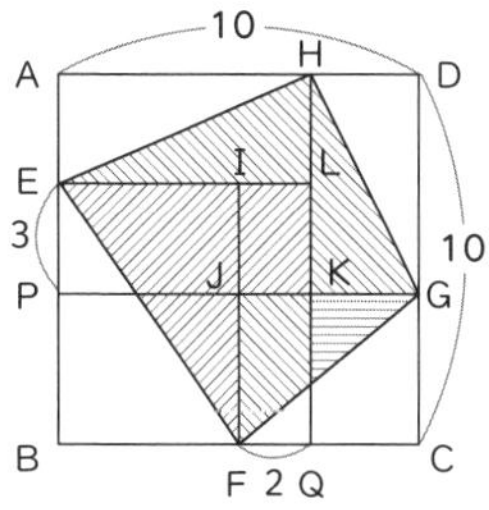

STEP 2 まとめて面積を求めよう

右の図のように，４つの直角三角形を○，△，□，●とすると，四角形 ABCD の面積（100cm^2）は，○，△，□，**●の直角三角形それぞれ２つずつと中心の長方形の面積の和**になります。これから，○，△，□，●の直角三角形の面積の和を計算することができます。

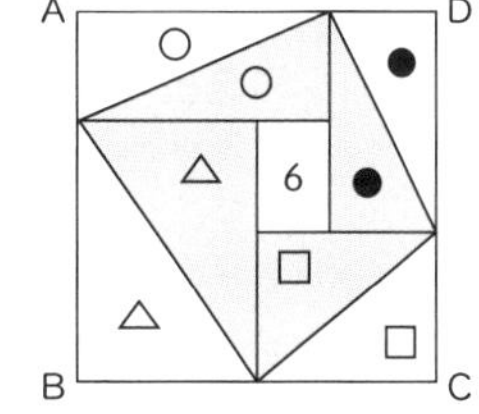

まず，長方形の分だけ引くと，

100 − 6 ＝ 94〔cm^2〕

これが，○，△，□，●の直角三角形それぞれ２つずつの面積です。

つまり，○＋○＋△＋△＋□＋□＋●＋●＝ 94 です。

○＋△＋□＋●のセットが２組で 94 なので，１組のときは 94 ÷ 2 ＝ 47 となります。

よって，○，△，□，●の直角三角形１つずつの面積の和は，

94 ÷ 2 ＝ 47〔cm^2〕です。

STEP 3 斜線部分の面積を求めよう

最後に，この 47cm^2 に，まん中の長方形の面積６cm^2 を足すのを忘れないでくださいね。

四角形 EFGH の面積は，６＋47 ＝ 53〔cm^2〕となります。

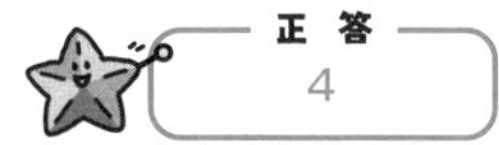

3 立体の問題
～サクサクスライスして考えよう～

立体の問題がなぜ難しく感じるのかというと，紙（平面）にかいて検討するのが大変だからです。それならば，切ってしまいましょう。スライスすると中の構造がよくわかり，紙にかいて考えることもしやすくなるのです。

例　題

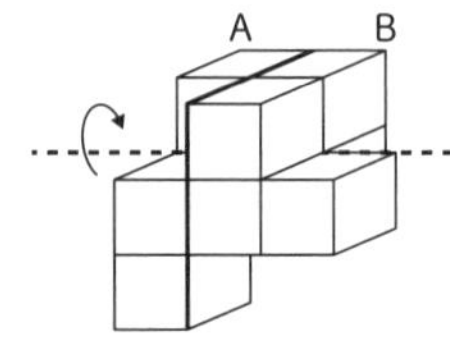

同じ大きさの小立方体が９個ある。このうちの４個を組み合わせて立体Ａを，残りの５個を組み合わせて立体Ｂをつくった。さらに，立体Ａと立体Ｂを組み合わせて，図のような立体をつくった。

次に，立体Ｂを固定したまま，立体Ａのみを，図の破線を軸として，矢印の方向に90°回転させた。このときの立体として最も妥当なのは，次のうちではどれか。

ただし，小立方体を組み合わせるときには，面と面が合わさるように組み合わせるものとする。

【H29　国家総合職】

1

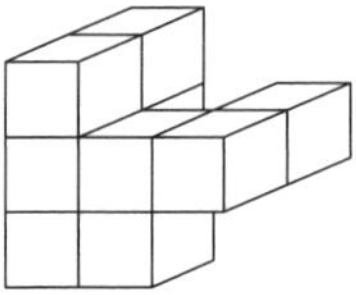

2

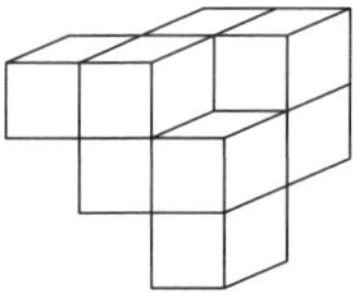

3

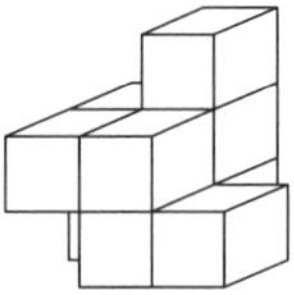

4

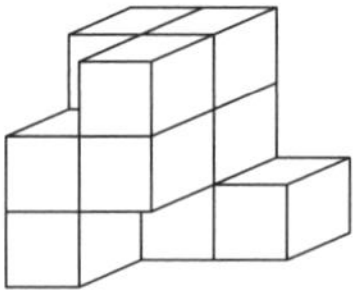

5

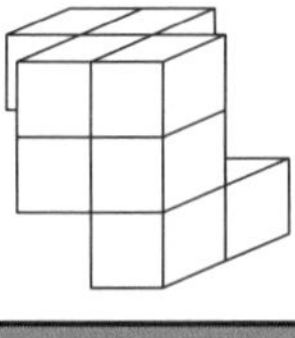

立体Aだけを回転させるように言われています。そこで，AとBをとりあえず分割して平面にかいてみましょう。

STEP 1 図形を分割しよう

図のA側（左側）から見た図をかいてみます。2個重なっている場合は②と表します。軸の部分に印をつけておきます。

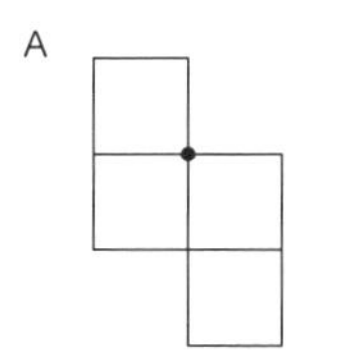

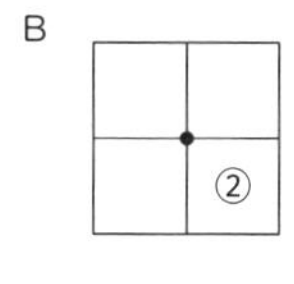

STEP 2 図形を回転させて，重ね合わせてみよう

Aを軸を中心に回転させます。左側から見ると，左回転になりますね。そして，軸が重なるように重ね合わせ，重なっている立方体の個数を書き込みます。

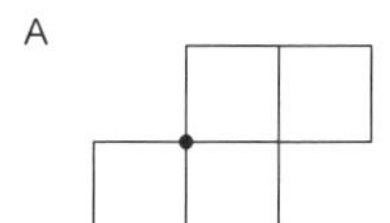

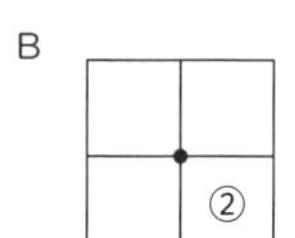

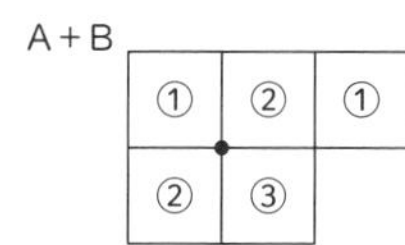

STEP 3 特徴のある部分に着目して，選択肢を検討しよう

まず重ね合わせた立体には③があるので，3つの立方体が並んでいます。これで肢**2**が消せます。また他の肢は，3つの立体が重なるように右や上の方向から見ると，

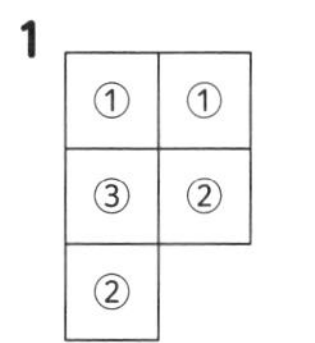

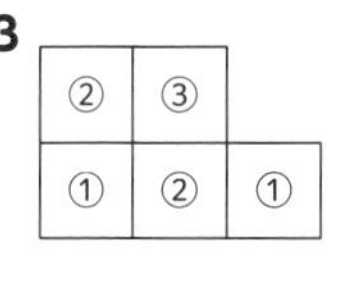

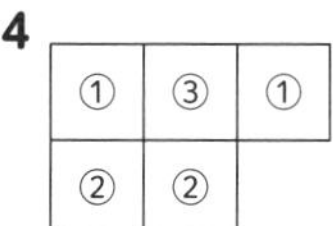

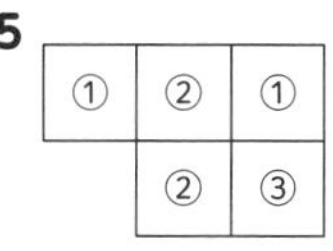

これらは一見すると，どれも「A＋B」と違うようですが，**3**を上下反転すると「A＋B」になりますね。つまり，「A＋B」は，**3**を下の方向から見たものになるのです。このように，立体を平面で検討することで選択肢のほとんどは切れてしまいます。

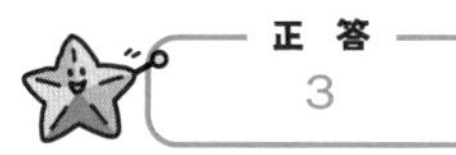

1辺5cmの立方体がある。次の図のように，立方体の表面に1cm四方の黒い印を付け，印を付けた部分をそれぞれの面に対して垂直方向側に反対の面まで貫通するようにくり抜いた。このようにしたとき，立方体の残った部分の体積として妥当なものはどれか。

【H13 大卒警察官】

1 57cm³
2 62cm³
3 65cm³
4 68cm³
5 73cm³

立体は一度に把握しようとすると難しいので，いくつかの段に分けて考えます。この問題では**段ごとにスライス**してみましょう。貫通してくり抜かれた部分も把握できますよ。

STEP 1 まずはやりやすいところから

一番上の段と一番下の段は，横からはくり抜かれていないので，くり抜かれている部分は1段目の見た目のままです。

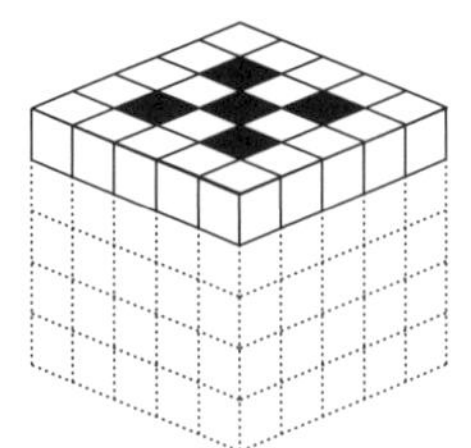

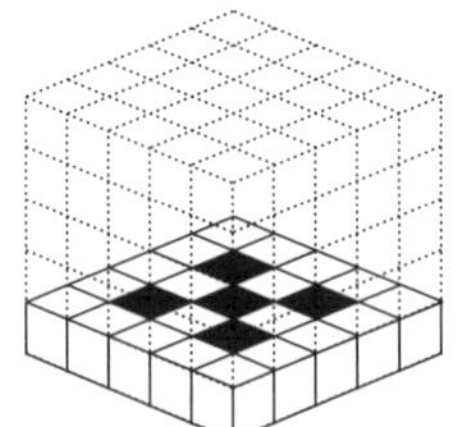

したがって，1段目と5段目の白い部分の立体は，5×5－5＝20なのでそれぞれ20個あります。

STEP 2 上から2段目と4段目を考えよう

2段目と4段目は同じです。上，右横，左横からくり抜いた部分は黒い部分になりますね。

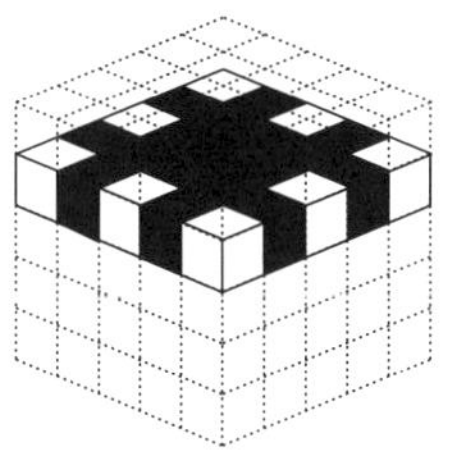

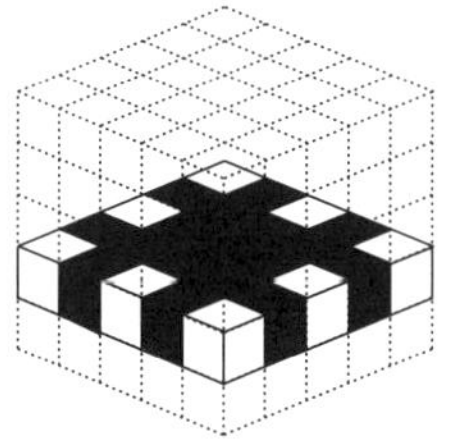

したがって，2段目と4段目の白い部分はそれぞれ8個です。

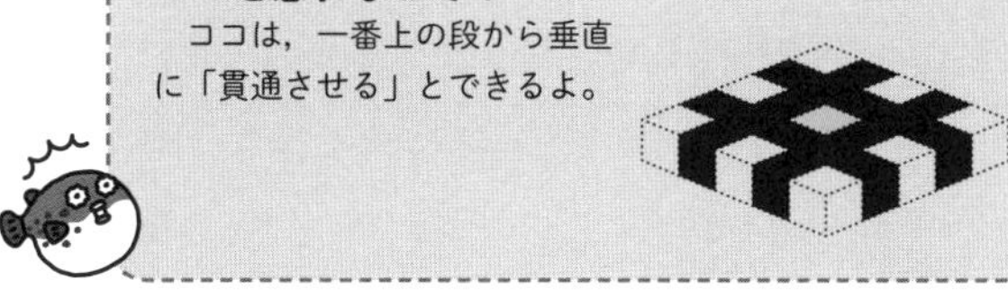

ココを忘れないで！

ココは，一番上の段から垂直に「貫通させる」とできるよ。

STEP 3 真ん中の段を考えよう

最後に真ん中の段を見ていきましょう。上，右横，左横からくり抜いた部分は，下の図の黒い部分になります。

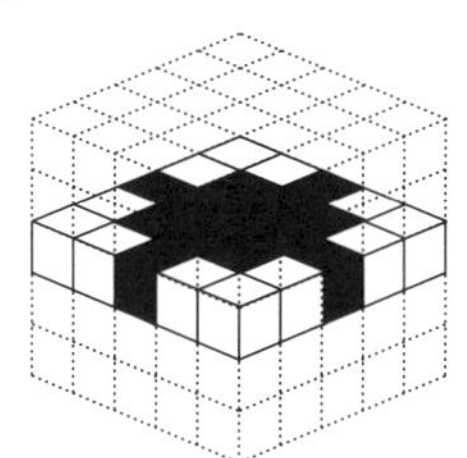

したがって，3段目の白い部分は12個です。

STEP1～STEP3より，全部で$(20 \times 2)+(8 \times 2)+12=68$〔個〕あります。

小さい立方体の1辺の長さは1cmなので，残った部分の体積は68cm^3です。

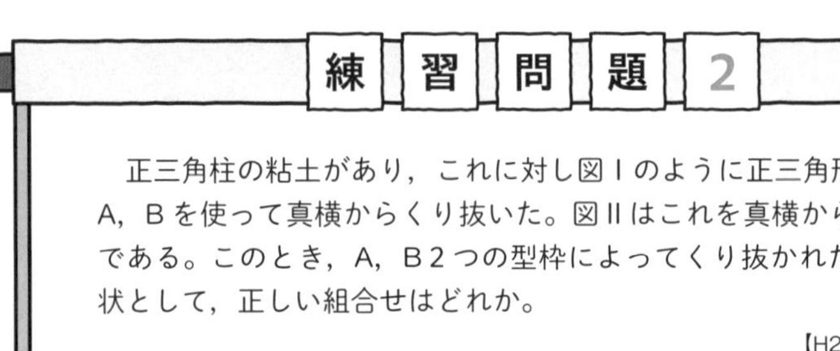

練習問題 2

正三角柱の粘土があり，これに対し図Ⅰのように正三角形状の型枠A，Bを使って真横からくり抜いた。図Ⅱはこれを真横から見た状態である。このとき，A，B 2つの型枠によってくり抜かれた立体の形状として，正しい組合せはどれか。

【H21　地方上級】

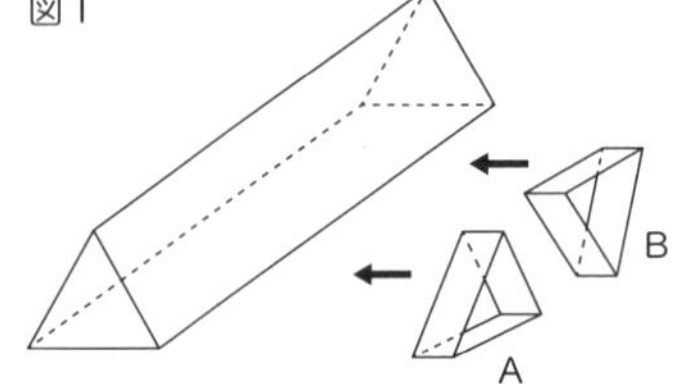

図Ⅱ

	A	B
1	三角すい	三角柱
2	四角すい	三角すい
3	四角すい	三角柱
4	三角柱	三角すい
5	三角すい	四角すい

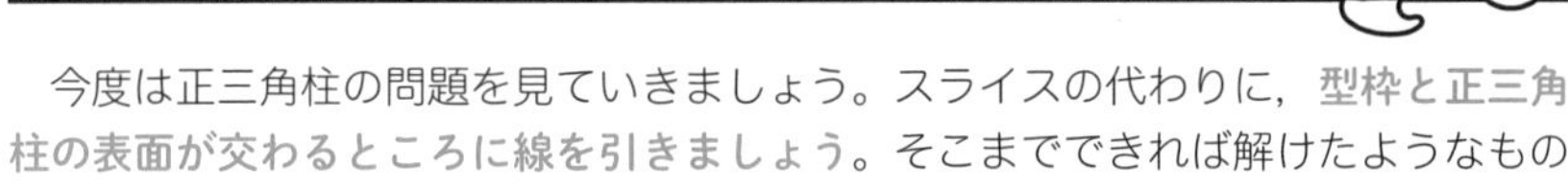

今度は正三角柱の問題を見ていきましょう。スライスの代わりに，**型枠と正三角柱の表面が交わるところに線を引きましょう**。そこまでできれば解けたようなものです。

三角柱？　三角すい？

断面がすべて合同になる立体を「～**柱**」というよ。断面がすべて合同な三角形となる立体は三角柱，四角形の場合は四角柱だよ。

底面の各頂点と，上方の1点を結んでできる立体を「～**すい**」というよ。底面が三角形の場合は三角すい，円の場合は円すいだよ。

「**合同**」とは，同じ形で同じ大きさの図形のことだよ。同じ形で大きさの違う図形は「**相似**」というよ。

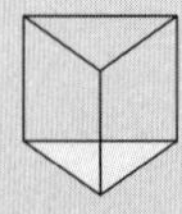
三角柱

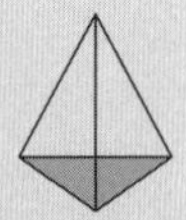
三角すい

円柱

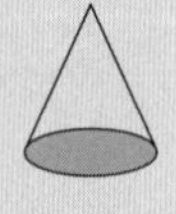
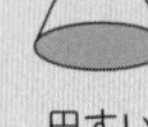
円すい

型枠と正三角柱が交わる部分をおさえよう

立体の内部は難しいので，まず型枠が通過したときに，正三角柱の表面のどこを通るかをかき込んでいきます。

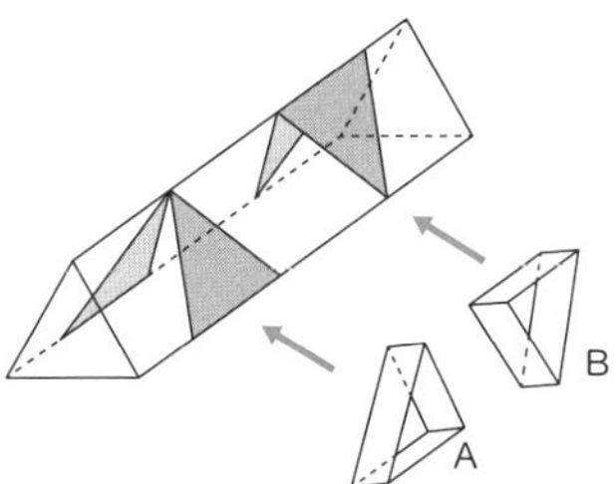

三角形をかくだけですので，そんなに難しくはありませんね。

STEP 2 残りの線をつないで，立体を浮かび上がらせよう

型枠は直線的に進んでいるので，**くり抜かれた立体の切り口も直線になる**はずですね。

そこで，先ほどかき込んだ頂点を線でつないでいきます。

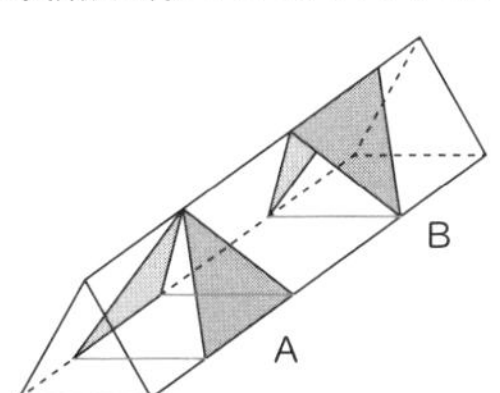

これで，A が四角すい，B が三角すいであるとわかります。

4 自然数の和の問題
～やさしい公式をマスターしよう～

「すべて足し合わせ～」って，いきなり言われても困りますよね？　でも１から順に数を確認しながら検討することはできるはず！　それを少しずつ進めていくと数を書き並べることができます。ここまでくれば大丈夫！　最後は公式に数字をあてはめていくだけです！

例　題

１から 300 までの整数のうち，３で割ると１余り，４で割ると割り切れ，５で割ると２余る整数をすべて足し合わせた値として，最も妥当なのはどれか。

【R4　大卒消防官】

1　800
2　820
3　840
4　860
5　880

３で割ると１余り，４で割ると割り切れ，５で割ると２余る数を，１から順に調べていきましょう。1，2，3，4 惜しい，5，…，16 残念，17，…，28 惜しい，…，40 まだか，41，…，52!!

そうです！　はじめの数は 52 ですね。じゃあ，その次は？　あせらずに１つ１つ考えていきましょう。

STEP 1　何の和を求めるのか具体的に考えよう

次の数は，実は 112 ですが，これをずっと続けるのはさすがに大変ですよね。仕組みがどうなっているのかを考えてみましょう。

「52」が３で割ると１余る数ですから，それに３を足していった数もやはり３で割ると１余る数ですよね。つまり，**52 に３の倍数を足しても３で割ると１余ります**。同様に，52 に４の倍数を足しても４で割り切れ，52 に５の倍数を足しても２で割り切れます。

３の倍数でもあり，４の倍数でもあり，５の倍数でもある数とは，つまり，**３と４と５の最小公倍数の 60** ですから，52 に 60 を足していけば求める数が得られます。

STEP 2 求める数を書き並べよう

52に60を足していくと，52，112，172，232，292の5つだとわかります。

STEP 3 答えを求めよう

52 + 112 + 172 + 232 + 292 = 860

この5つくらいであればすべて足せてしまいますが，これからも必要となる公式をここでご紹介します。

別解

知っていて得する！　等差数列の和の公式①

初項がa_1，第n項がa_n，公差dの等差数列において，初項から第n項までの和（S_nと書きます）は，次のように表すことができます。

$S_n = a_1 + a_2 + a_3 + a_4 + \cdots + a_n$

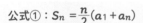

（a_1：初項，a_n：第n項）

公式①：$S_n = \frac{n}{2}(a_1 + a_n)$

等差数列？

となりどうしの差が等しい数列を「等差数列」というよ。

また，この差のことを公差というよ。

公式①の理解

$a_n = a_1 + a_2 + \cdots + a_{n-1} + a_n$

等差数列では，となりどうしの差が等しいから，$(a_1 + a_n)$，$(a_2 + a_{n-1})$，$(a_3 + a_{n-2})$，…のセットの値がすべて等しくなって，そのセットが$\frac{n}{2}$個できるわ。

だから，$S_n = \frac{n}{2}(a_1 + a_n)$ になるのよ。

では，実際に解いてみましょう。

$S_5 = 52 + 112 + 172 + 232 + 292$

において，

初項$a_1 = 52$，第5項$a_5 = 292$なので公式にあてはめて，

$S_5 = \frac{5}{2} \times (52 + 292) = \frac{5}{2} \times 344 = 860$

となります。

知っていて損はしない！　等差数列の和の公式②

等差数列の和は，次のようにも表せます。

公式②：$S_n = \frac{n}{2}\{2a_1 + (n-1)d\}$

公式②の理解

a_n は a_1 から数えて $n-1$ 番目の項よ。だから a_n は a_1 に $n-1$ 個の公差 d を加えたものになって，$a_n = a_1 + (n-1)d$ となるの。これを公式①に代入すると，

$$S_n = \frac{n}{2}\{a_1 + a_1 + (n-1)d\}$$

$$= \frac{n}{2}\{2a_1 + (n-1)d\}$$

となるわ。

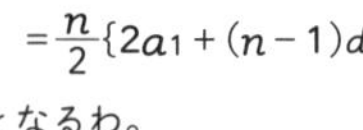

やはり，例題を解いて確かめてみましょう。

$S_5 = 52 + 112 + 172 + 232 + 292$ において，

初項 $a_1 = 52$，項数 $n = 5$，公差 $d = 60$ なので公式にあてはめて，

$$S_5 = \frac{5}{2} \times \{2 \times 52 + (5-1) \times 60\}$$

$$= \frac{5}{2} \times 344 = 860 \text{ です。}$$

結局，公式①と②のどちらを使うの？

最後の項が 292 とわかっている例題のような問題では圧倒的に公式①のほうが早く解答を求めることができるけど，次のような問題のときは，公式②を使おう！

4 から始まる偶数の列，4，6，8，10…の 1 番目から 150 番目までの数の総和はいくら？

$$\frac{150}{2} \times \{2 \times 4 + (150-1) \times 2\} = 75 \times (8 + 298) = 75 \times 306 = 22950$$

②の公式は，最後の項がすぐに求められないときに使うのが便利だよ。

では続けて，練習問題に挑戦してください！この２つの公式が活躍しますよ。

練習問題 1

今年の1月1日から毎日，m 月 n 日に $m \times n$〔円〕の金額を貯金箱へ貯金していくものとする。このとき，貯金の合計額が，はじめて1万円以上となるのは次のうちどの月か。

ただし，貯金は0円の状態から始め，途中で貯金を引き出すことはないものとする。

また，各月の日数は実際には一定ではないが，30日であるとして計算するものとする。

【H21 国家一般職［大卒］】

1 今年の5月
2 今年の7月
3 今年の11月
4 来年の4月
5 来年の10月

1月1日は1×1＝1〔円〕，2月3日は2×3＝6〔円〕貯金するということです。これらを順番に足していき，この合計が10000以上となる月を求めます。

毎月30日
問題に毎月30日までとあるので，1月も2月もみんな，30日として計算するよ。

STEP 1 何の和を求めるのか具体的に考えよう

まずは，きちんと問題を式に直していきましょう。

1月は，$1 \times 1 + 1 \times 2 + 1 \times 3 + \cdots + 1 \times 29 + 1 \times 30$

2月は，$2 \times 1 + 2 \times 2 + 2 \times 3 + \cdots + 2 \times 29 + 2 \times 30$

3月以降も同様ですが，まだ，公式が使える形ではありません。

STEP 2 公式を使えるように変形しよう

1から n までの和であれば自然数の和の公式が使えます。変形していきましょう。

$1 \times 1 + 1 \times 2 + 1 \times 3 + \cdots + 1 \times 29 + 1 \times 30$
$= 1 + 2 + 3 + \cdots + 29 + 30$

$2 \times 1 + 2 \times 2 + 2 \times 3 + \cdots + 2 \times 29 + 2 \times 30$
$= (1 + 2 + 3 + \cdots + 29 + 30) \times 2$

これで，公式が使えるようになりました。

STEP 3 公式にあてはめて，正答を求めよう

$1+2+3+\cdots+29+30$ は，

公式①：$S_n = \frac{n}{2}(a_1 + a_n)$ の項数 $n = 30$，

初項 $a_1 = 1$，

第 30 項 $a_{30} = 30$ の場合なので，

$1+2+3+\cdots+29+30 = \frac{30}{2} \times (1+30) = \frac{30}{2} \times 31 = 465$ となります。

そうすると，1 月は 465，2 月は $465 \times 2 = 930$，3 月以降は，465×3，$465 \times 4 \cdots$ と続きます。

ここで，$465 + 930 + 1395 + \cdots$ と，10000 以上になるまで続けてもよいのですが，計算を楽にするために少し工夫をして，たとえば5月末までの和は，

$465 + 465 \times 2 + 465 \times 3 + 465 \times 4 + 465 \times 5$
$= 465 \times (1+2+3+4+5) = 465 \times 15 = 6975$

さらに，6 月末までの和なら，$465 \times (1+2+3+4+5+6) = 465 \times 21 = 9765$

そうすると，7 月末までの和を計算するまでもなく，7 月中に 10000 を超えるのは明らかですね。

正答
2

練習問題 2

1 ケタの正の整数 m と n がある。m を中央値とした 11 個の整数（$m-5$，$m-4$，……，m，$m+1$，……，$m+4$，$m+5$）の和から 18 を引いた数と，n を中央値とした 9 個の整数（$n-4$，$n-3$，……，n，$n+1$，……，$n+3$，$n+4$）の和から 11 を引いた数は等しい。このとき $m+n$ の値はいくつか。

【R3 地方上級】

1 13
2 14
3 15
4 16
5 17

これまでとは雰囲気の異なる和の問題です。この問題は和の計算が簡単なので，公式が問題になることはありません。

STEP 1 何の和を求めるのか具体的に考えよう

$$(m-5)+(m-4)+\cdots+m+\cdots+(m+4)+(m+5)=11m$$

$$(n-4)+\cdots+n+\cdots+(n+4)=9n$$

和を求めるのは簡単でしたね。

STEP 2 問題文から式を立てよう

$11m-18=9n-11$ となります。このままでは「1ケタの正の整数 m と n」という条件が使いづらいので，式を変形します。

$$11m=9n+7$$

$$m=\frac{9n+7}{11}$$

これで，n に1から9の正の整数を入れていく準備ができましたね。

STEP 3 順に整数を代入していこう

n に1ケタの正の整数を代入して，m が1ケタの正の整数になるかを確かめていきます。n に1から9まで順に代入していくと，$9n+7=16$，25，34，43，52，61，70，79，88です。

これらのうち，11で割り切れるのは，88だけです。つまり，$n=9$ のときに，$m=\frac{88}{11}=8$ となり，このときだけ条件を満たします。

以上より，$m+n=8+9=17$ となります。

正答
5

不定方程式

このように，未知数の個数が方程式の数よりも多い場合を不定方程式というよ。詳しくは第2章テーマ8であつかうよ。

5 倍数・約数の問題
～キーナンバーを見つけよう～

ここでは，倍数と約数をあつかいます。数的推理ではよく出題されているところなので，もう一度まとめておきましょう。

例　題

1～50の数字が1つずつ書かれた50枚のカードがある。この50枚のカードを数字順に並べ，2と書かれたカードから始めて5枚目ごとに赤い印を付けていく。次に，3と書かれたカードから始めて3枚目ごとに青い印を付ける。このようにしたとき，赤と青両方の印を付けたカードは何枚あることになるか。

【H26　大卒警察官】

1　3枚　　**2**　4枚　　**3**　5枚
4　6枚　　**5**　7枚

「2と書かれたカードから始めて5枚ごと」，「3と書かれたカードから始めて3枚ごと」というのはどういうことかを具体的に考えていくことが大切です。ある程度手を動かせば自然と答えが見えてきます。

STEP 1　当てはまる数を書き出そう

赤い印は，2と書かれたカードから始めて5枚目ごとなので，5の倍数＋2，つまり，2，7，12，17，22，27，32…に付きます。

次に，青い印は，3と書かれたカードから始めて3枚目ごとなので，3の倍数，つまり，3，6，9，12，15，18，21，24，27…に付きます。

倍数？　公倍数？

ある数を整数倍してできる数を倍数というよ。たとえば，4の倍数は4，8，12，…だよ。

また，いくつかの整数に共通な倍数を公倍数というよ。たとえば，4と6の公倍数は，4の倍数でもあり，6の倍数でもある数だよ。6の倍数は6，12，18，…だから，4と6の公倍数は，12，24，36，…だよ。「4と6の公倍数」とは，言いかえれば，「4でも6でも割り切れる数」だよ。

STEP 2 キーナンバーを見つけよう

ここで，赤と青を見比べると，最初に 12 が一致します。

これが両方の印が付く最初のカードで，「12」がキーナンバーです。

あとは，5と3の最小公倍数である 15 枚目ごとに両方の印が付くことになります。

つまり，50 までで，赤と青両方の印が付けられるカードは，12，27，42 の 3 枚となります。

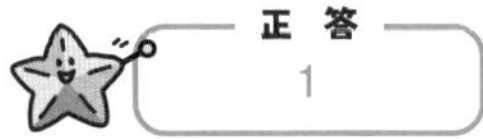

正答

1

倍数から共通の数を引いた関係

赤い印は5の倍数＋2に付きましたが，これは5の倍数から3を引いた数ともいえます。

5の倍数	5，	10，	15，	20，	25，	30，	35，	…
	↓−3	↓−3	↓−3	↓−3	↓−3	↓−3	↓−3	
5の倍数−3	2，	7，	12，	17，	22，	27，	32，	…

つまり，5の倍数＋2は，5の倍数−3でもあります。

同様に，青い印は3の倍数に付きましたが，これは3の倍数から3を引いた数ともいえます。

3の倍数	6，	9，	12，	15，	18，	21，	24，	…
	↓−3	↓−3	↓−3	↓−3	↓−3	↓−3	↓−3	
3の倍数−3	3，	6，	9，	12，	15，	18，	21，	…

つまり，3の倍数は，3の倍数−3でもあるのです。

なぜこのようなことを考えるのかというと，引く数の3が共通していることに気が付いたからです。求める数は，5の倍数−3と，3の倍数−3に共通する数ですよね。これは5と3の公倍数から3を引いた数でもあるのです。

つまり，5と3の公倍数は 15，30，45…なので，そこから3を引いて，12，27，42 の3つが求める数になります。

この例題くらいの難度であれば，ここまで考えなくてもかまいませんが，面倒な数が出題されたときに威力を発揮します。次の問題ではこの考え方を使いましょう。

練習問題 1

ある事業所では毎日同じ人数の作業員が出勤し，日によって5人1組の生産方式，7人1組の生産方式，9人1組の生産方式のいずれか一つが実施されている。

各生産方式においては，出勤している作業員から，できるだけ多くの組が形成され，余った作業員は別作業をすることとなっている。5人1組の生産方式を実施する際には3人が別作業を行い，7人1組の生産方式を実施する際には5人が別作業を行い，9人1組の生産方式を実施する際には7人が別作業を行っている。

毎日出勤する作業員の人数が含まれる範囲として正しいのは，次のうちではどれか。

【H23　国家総合職】

1　101～200人
2　201～300人
3　301～400人
4　401～500人
5　501～600人

国家総合職の問題ということもあって，問題文を読むだけでも頭がこんがらがってきそうです。落ち着いて考えていきましょう。規則性が見つかってきます。

STEP 1　書き出す前にひと工夫

5人，7人，9人ずつ分けていくとそれぞれ3人，5人，7人余ったと書いてあります。前問の「別解」の解き方を思い出しましょう。

言い換えてみよう
5人ずつ分けると3人余る→5人ずつ分けると2人足りない
7人ずつ分けると5人余る→7人ずつ分けると2人足りない
9人ずつ分けると7人余る→9人ずつ分けると2人足りない

作業員があと2人いれば，ちょうど5，7，9で割り切れる人数ということです。

STEP 2　キーナンバーを見つけよう

5，7，9の最小公倍数は，5×7×9＝315です。これがキーナンバーです。

最小公倍数

たとえば2，3，4，7の最小公倍数は
2つ以上の数の最小公倍数を求めるときは，
2つ以上の数に共通な数で割って，
L（エル）字にかけるよ。

2) 2　3　4　7
×　1 × 3 × 2 × 7
2 × 1 × 3 × 2 × 7 = 84

今回は，5，7，9を共通に割り切る数はなく（互いに素というよ），
5 × 7 × 9 = 315 として，
315 が最小公倍数になるよ。

公倍数は 315 だけではありません。315 × 2 = 630，315 × 3 = 945…などもそうです。

しかし，630 も 945 も選択肢の範囲から出てしまうので，315 のみを考えればいいわけです。

ということは，この段階で正答が**3**とわかってしまいます。

しかし，念のため最後まで解いてみることにしましょう。

STEP 1 より，毎日出勤する作業員の人数は，（5，7，9の公倍数）－ 2になり，315 － 2 ＝ 313（人）と求まります。

正答　3

練習問題 2

ある町にはA寺，B寺という2つの寺があり，大晦日の夜11時30分ちょうどからどちらの寺も除夜の鐘をつき始める。A寺の鐘は30秒に1回，B寺の鐘は40秒に1回鳴るが，このとき，B寺の鐘が108回鳴る間に除夜の鐘は何回聞こえることになるか。ただし，2つの寺の鐘が同時に鳴るときは1回と数えるものとする。

【H15　市役所】

1　187回　　**2**　189回　　**3**　191回
4　193回　　**5**　195回

108 × 2 = 216（回）ではないです！　何か忘れていませんか？　そう，**同時に鳴ることもあるんです！**　そこがカギです。

STEP 1 キーナンバーを見つけよう

A 寺の鐘は，鳴らし始め（0 秒）から，30 秒後，60 秒後，90 秒後，120 秒後，…に鳴ります。

B 寺の鐘は，鳴らし始め（0 秒）から，40 秒後，80 秒後，120 秒後，…に鳴りますね。

つまり，同時に鳴るのは 30 と 40 の最小公倍数 120 秒（2 分）ごとです。これがキーナンバーです。

そして，A 寺，B 寺それぞれ 108 回ずつ鳴らすので，108 × 2 = 216〔回〕から重なった回数を引けばいいのです。

A 寺の鐘の回数が書いてないんだけど…

除夜の鐘が 108 回鳴るというのは，常識！　公務員試験では，このように最低限の常識をそれとなく聞かれることがあるよ。

STEP 2 A 寺の鐘を基準に考えよう

先につき終わる A 寺の鐘が鳴るときを考えましょう。**A 寺の鐘は，鳴らす間隔が短いので先に終わります**。その後は重なって聞こえることはないので，A 寺の鐘が鳴り終わるまでの話を考えればいいのです。

0，30，60，90，／120，150，180，210，／240，…

次に B 寺の鐘が鳴るときを考えましょう。

0，40，80，120，160，200，240，…

色文字のときに 2 つの鐘が重なって聞こえます。つまり，A 寺の鐘は 4 回に 1 回，B 寺の鐘と重なって聞こえます。

108 ÷ 4 = 27 より，2 つの寺の鐘は 27 回重なって聞こえるわけです。

聞こえる鐘の数＝

108（A 寺でついた鐘の数）＋ 108（B 寺でついた鐘の数）－**（同時に鳴る鐘の数）**

したがって，両方の寺を合わせて

216 － 27 = 189〔回〕聞こえることになります。

最小公倍数，最大公約数の便利な求め方

たとえば，30 と 40 の最小公倍数は，次のようにすれば，サッと求められます。

① 2つの数を両方とも割れる小さい数から順に割ります。

② 2つの数を，両方とも割れる数がなくなるまで割り進めます。

③ 2つの数が，両方とも割れる数がなくなったら，L(エル)字にかけます。

```
2 )30  40
5 )15  20
    3   4
```

最大公約数の求め方

最大公約数も，同じやり方で求められるわ。というか，実はもう，出てるの！30 と 40 の**最大公約数は，I(アイ)字にかけて**，2 × 5 = 10 よ。

したがって，30 と 40 の最小公倍数は 2 × 5 × 3 × 4 = 120 です。

つまり，120 秒ごとに重なるので，120 ÷ 30 = 4 から，やはり A 寺の鐘が 4 回に 1 回，B 寺の鐘と重なることになります。あとは同じですね。

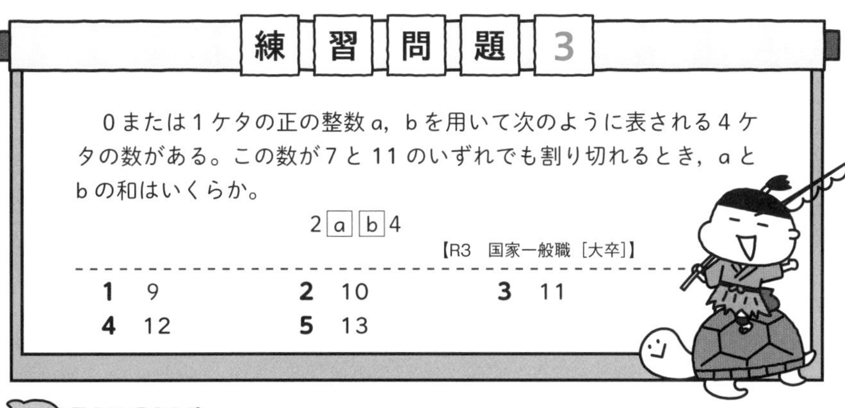

練習問題 3

0 または 1 ケタの正の整数 a，b を用いて次のように表される 4 ケタの数がある。この数が 7 と 11 のいずれでも割り切れるとき，a と b の和はいくらか。

2[a][b]4

【R3 国家一般職［大卒］】

1 9　　**2** 10　　**3** 11

4 12　　**5** 13

STEP 1 キーナンバーを見つけよう

7と 11 のいずれでも割り切れるのですから，キーナンバーは 7 と 11 の最小公倍数です。7 と 11 を共通に割り切る数はないので（互いに素），最小公倍数は，7 × 11 = 77 です。77 の倍数であれば，7 と 11 のいずれでも割り切れます。

STEP 2　4桁の数を見つけよう

77，154，231…と77の倍数を書き出すことも考えられますが，もう少し工夫をしましょう。

まず，一の位が4なので，7とかけて一の位を4にするには，九九の七の段をとなえて…7 × 2しかありませんね。2[a][b]4 = 77 ×○2となります。

次に，千の位が2なので，77の倍数で2千台になるのは，77 × 22 = 1694，77 × 32 = 2464，77 × 42 = 3234ですから，77 × 32 = 2464だけですね。

つまり，a = 4，b = 6で，答えは4 + 6 = 10となります。

覚えよう！

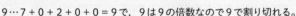

数を見るだけで約数かどうか調べる方法

倍数の法則を使えば，いちいち計算をする必要はないよ。たとえば「70200」について見てみよう。

2…一の位が偶数なので2で割り切れる。

3…7 + 0 + 2 + 0 + 0 = 9で，9は3の倍数なので3で割り切れる。

4…00は4の倍数なので4で割り切れる。

5…一の位が0なので5で割り切れる。

6…2でも3でも割り切れるので6で割り切れる。

7…7は普通に計算するしかない。

8…200は8の倍数なので8で割り切れる。

9…7 + 0 + 2 + 0 + 0 = 9で，9は9の倍数なので9で割り切れる。

10…一の位が0なので10で割り切れる。

倍数の法則

2の倍数…一の位が偶数
3の倍数…各ケタの和が3の倍数
4の倍数…下2ケタが4の倍数か「00」
5の倍数…一の位が0か5
6の倍数…2の倍数でもあり3の倍数でもある数
8の倍数…下3ケタが8の倍数か「000」
9の倍数…各ケタの和が9の倍数
10の倍数…一の位が0

どんどん練習していきましょう。次から約数に関する問題になります。

練習問題 4

50人の子供に1～50の整数番号を振り，以下の要領でキャンディを配っていく。

①番号が1の倍数の子供にキャンディを1個与える。
②番号が2の倍数の子供にキャンディを1個与える。
③番号が3の倍数の子供にキャンディを1個与える。
⋮
㊾番号が49の倍数の子供にキャンディを1個与える。
㊿番号が50の倍数の子供にキャンディを1個与える。

このようにしてキャンディを配ったとき，キャンディを2個だけもらった子供の人数として正しいものは次のうちどれか。

【H13 地方上級】

1 15人　**2** 16人　**3** 17人
4 18人　**5** 19人

STEP 1 まずは簡単な数で考えよう

たとえば，12の整理番号を持っている子供は，①，②，③，④，⑥，⑫のときにキャンディをもらえます。①，②，③，④，⑥，⑫は整理番号12の約数です。

つまり，**整理番号の約数の個数だけキャンディをもらえる**ということです。

では，キャンディを2個もらった子供はどんな整理番号を持っているでしょうか。

約数が2個しかない数（素数）

約数が1とその数自身しかない数を**素数**（そすう）というよ。素数には約数が2個しかないんだ。素数を小さいものから並べていくと，2，3，5，7，11，…となるよ。

ただし，「1」は素数ではないから注意してね。

STEP 2 約数の個数を考えよう

①は全員の子供がキャンディをもらえます。あともう1回，自分と同じ番号の回にしか，キャンディをもらわなかったことになります（ただし，整理番号1の子供は，自分と同じ番号の回が1回目なので，1個しかもらえません）。

よって，1～50の中で，約数が2個である数（素数）の個数を求めるのが問題です。

まずは１～50までの数字を書き出してみます。そして，２より大きい２の倍数を線で消し，３より大きい３の倍数を線で消し，５より大きい５の倍数を線で消し，７より大きい７の倍数を線で消してみます。

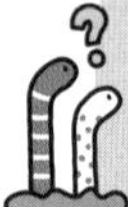

４と６の倍数は？

４の倍数にあたる数字はすでに２の倍数として消されているよね？
６の倍数も３の倍数としてすでに消されているよ。
すでに消されてしまっている数字に関しては検証する必要はないよ。

１はキャンディを１個しかもらえないので，除外されます。

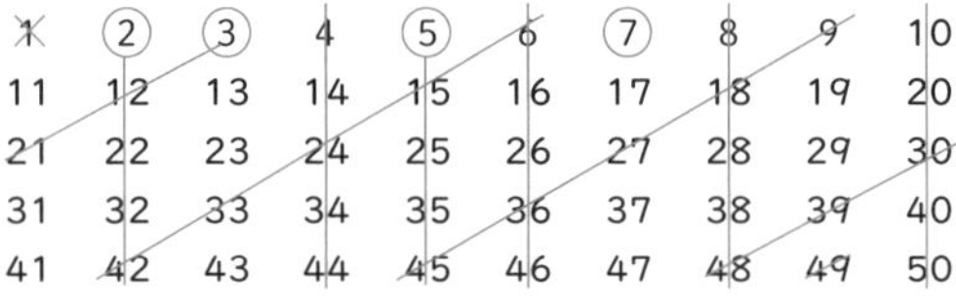

エラストステネスのふるい

左のようにして数をふるいにかけて素数を見つける方法は「エラトステネスのふるい」と呼ばれているわ。

{2, 3, 5, 7, 11, 13, 17, 19, 23, 29, 31, 37, 41, 43, 47}
15個ありました。

したがって，キャンディを２個だけもらった子供の人数は15人なので，**1**が正答です。

正　答
1

では，これまでのまとめとなる問題を，もう１問。

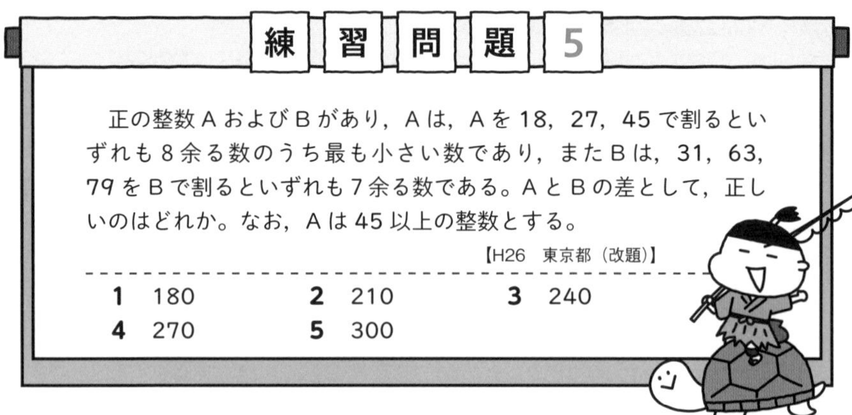

練習問題 5

正の整数AおよびBがあり，Aは，Aを18，27，45で割るといずれも８余る数のうち最も小さい数であり，またBは，31，63，79をBで割るといずれも７余る数である。AとBの差として，正しいのはどれか。なお，Aは45以上の整数とする。

【H26　東京都（改題）】

1　180　　**2**　210　　**3**　240
4　270　　**5**　300

Aは割られる数，Bは割る数であり，立場が違います。問題文の読み間違いに注意しましょう。

STEP 1 問題を整理しよう

Aは18，27，45で割ると8余る数のうち最も小さい数ですから，**18，27，45の最小公倍数に8を加えた数**です。

一方，Bは，31，63，79をBで割るといずれも7余る数ですから，**31，63，79から7を引くとBで割り切れます。**

つまり，Bは31－7＝24，63－7＝56，79－7＝72の公約数になります。

STEP 2 キーナンバーを見つけよう

18，27，45の最小公倍数は270ですから，Aは270＋8＝278です。

一方，Bについては，24，56，72の公約数は1，2，4，8ですが，余りが7になるのは8のみです。

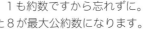

```
2) 24  56  72
2) 12  28  36
2)  6  14  18
    3   7   9
```

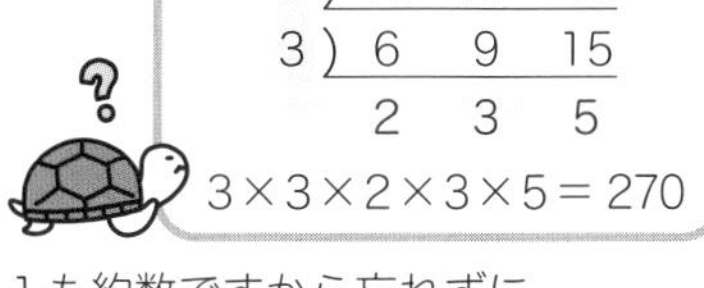

2つ以上の数の公約数を求めるときは，2つ以上の数に共通な数で割って，左側の数字をかけ合わせます。

24，56，72の公約数は，1，2，4（＝2×2），8（＝2×2×2）の4つです。1も約数ですから忘れずに。

ちなみにI(アイ)字にすべてをかけ合わせた8が最大公約数になります。

よって，Bは8です。

したがって，A－B＝278－8＝270となります。

Bに1, 2, 4は入らないの？

余りが7になるには，7よりも大きな数で割る必要があるよ。たとえば4で割るとすると，まだ7から4がとれるから，余りが3になるよ。

6 整数の問題
～まず候補を見つけよう～

順番に調べていては時間が足りません。まず，いくつかの候補を見つけてから，どれが正しい答えか，チェックしましょう。

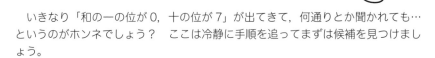

例　題

2ケタの正の整数の中から連続する3つの数を選ぶとき，その和の一の位が0，十の位が7となる選び方は何通りあるか。

【H15　国家専門職［大卒］】

1　1通り　　**2**　2通り　　**3**　3通り
4　4通り　　**5**　5通り

いきなり「和の一の位が0，十の位が7」が出てきて，何通りとか聞かれても…というのがホンネでしょう？　ここは冷静に手順を追ってまずは候補を見つけましょう。

STEP 1　候補を見つけよう

2ケタの連続する3つの正の整数の和なので，
最小は 10 ＋ 11 ＋ 12 の 33
最大は 97 ＋ 98 ＋ 99 の 294 ですね。
和の一の位が 0，十の位が 7 である3つの連続する正の整数の和の候補は，33 から 294 の範囲だと，70，170，270 のどれかになります。

STEP 2　どれが正しい答えか，チェックしよう

連続する3つの正の整数の和が 70 になるときを求めてみましょう。70 ÷ 3 ＝ 23.33…ですから，23 前後の数で調べてみます。
21 ＋ 22 ＋ 23 ＝ 66　これでは 70 に足りません。
22 ＋ 23 ＋ 24 ＝ 69　まだ，足りません。
23 ＋ 24 ＋ 25 ＝ 72　今度は 70 を超えてしまいました。
3つの整数を足して，ちょうど 70 になることはありませんでした。70 はハズレです。

では，170はどうでしょうか。実は，170もハズレなのです。先ほどの計算をよく見てください。3つの連続する整数の和は，どれも真ん中の数の3倍になっています。

連続3整数の和は3の倍数

真ん中の数をnとすると，3つの連続する整数の和は，

$(n-1)+n+(n+1)=3n$

つまり，**3×(整数)の形で表されているから，3の倍数**なのよ。

170は3で割り切れませんから，ある数の3倍ではありません。

270はどうでしょうか。真ん中の数は270÷3＝90となり，89＋90＋91＝270　これがアタリです。

結局，1通りしかありませんでした。

倍数の法則

48ページで紹介しているけど，3の倍数であれば「各ケタの和が3の倍数」になっているはずよ。

慣れてくると，70，170，270のうち3の倍数は270だけなので，270の1通りと即座に判断できます。

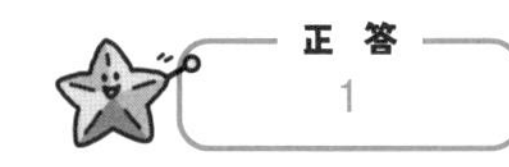

正答
1

練習問題 1

ある高校で生徒の通学距離を調べたところ，次のア～エのことがわかった。このとき，通学距離が2kmより遠く，3km以内の生徒は何人いるか。

ア　1km以内の生徒は全体の$\frac{1}{13}$で，人数は90人以下である。

イ　2km以内の生徒は全体の$\frac{2}{11}$である。

ウ　3km以内の生徒は全体の$\frac{1}{4}$である。

エ　1kmより遠く，3km以内の生徒は100人以上である。

【H17　国家専門職［大卒］】

1　78人
2　79人
3　80人
4　81人
5　82人

方程式を立てるなどして答えを出そうとしても求められません。こんなときは問題文から候補を絞るのです。ここでのカギは，**生徒の人数は整数である**（小数にはならない）ことです。

STEP 1　候補を見つけよう

1 km 以内の生徒は全体の$\frac{1}{13}$，2 km 以下の生徒は全体の$\frac{2}{11}$，3 km 以下の生徒は全体の$\frac{1}{4}$なので，**生徒の総数は，13 でも 11 でも 4 でも割り切れる数，つまり，13 と 11 と 4 の公倍数です**。

その中で一番小さい数は 13 × 11 × 4 = 572 なので，572 の倍数である 572，1144，1716，…が生徒の総数の候補です。

倍数・公倍数覚えてる？

ある数を整数倍してできる数を倍数というよ。

また，いくつかの整数に共通な倍数を公倍数というよ。たとえば 4 と 6 の公倍数は，4 の倍数でもあり，6 の倍数でもある数だから，12，24，36，…だよ。

STEP 2　どれが正しい答えか，チェックしよう

生徒の総数が，572 人，1144 人，1716 人のときの条件ア，イ，ウ，エにあてはまる数をそれぞれ計算すると，次の表のようになります。

条件＼生徒の総数	572人のとき	1144人のとき	1716人のとき
ア　1 km以内の生徒（全体の$\frac{1}{13}$）	44人	88人	132人 ✕
イ　2 km以内の生徒（全体の$\frac{2}{11}$）	104人	208人	312人
ウ　3 km以内の生徒（全体の$\frac{1}{4}$）	143人	286人	429人
エ　1 kmより遠く，3 km以内の生徒（ウ－ア）	99人 ✕	198人	297人

1 km 以内の生徒が，全体 572 人の$\frac{1}{13}$であるとき，生徒の人数は，$572 \times \frac{1}{13} =$ 44〔人〕と計算します。同じように計算した結果が，表のア～ウの段です。

また，条件は下記のように表せます。

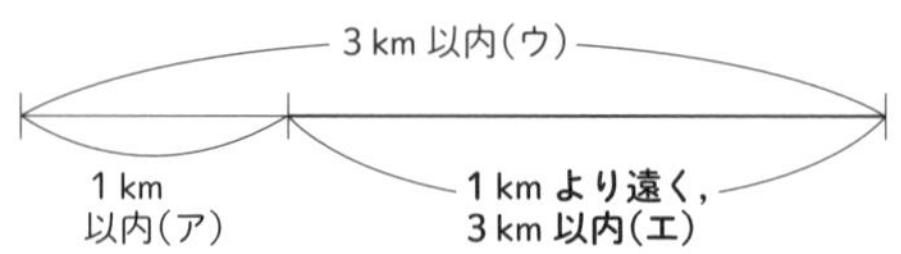

つまり，表のウの段からアの段を引いた数がエの段の数なのです。

生徒の総数が 572 人のときは，アの条件は満たしますが，1km より遠く 3km 以内の生徒は，143 − 44 = 99〔人〕となって，エの条件を満たしません。ハズレです。

生徒の総数が 1144 人のときはどうでしょうか。アの条件は満たし，286 − 88 = 198〔人〕となり，エの条件もクリアしています。アタリです。

ちなみに，1716 人以上になると，アの条件を満たさなくなるので，すべてハズレです。

したがって，2km より遠く 3km 以内の生徒の数は，

286 − 208 = 78〔人〕となります。

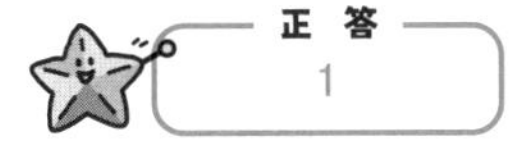

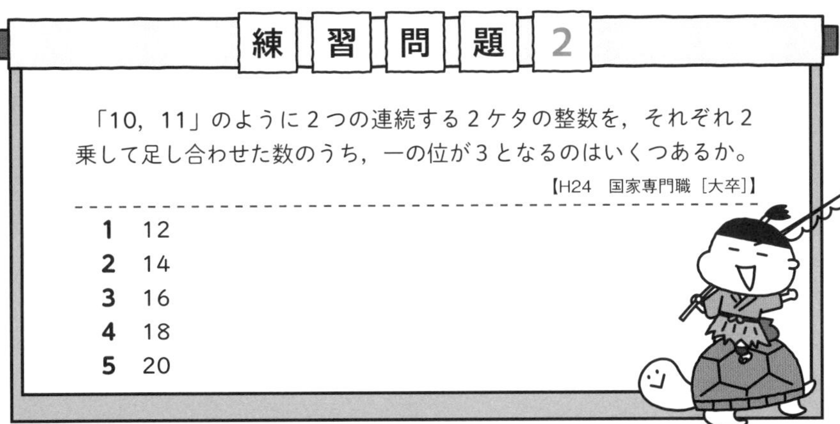

練習問題 2

「10，11」のように 2 つの連続する 2 ケタの整数を，それぞれ 2 乗して足し合わせた数のうち，一の位が 3 となるのはいくつあるか。

【H24　国家専門職［大卒］】

1　12
2　14
3　16
4　18
5　20

この問題では**一の位についてのみ問われています。**2 ケタの数字を 2 乗といっても，一の位はもとの数字の一の位の 2 乗で決まりますので，そこに注目して，候補を見つけていきましょう。

STEP 1　候補を見つけよう

2 つの連続する整数の一の位の組合せは 10 通りあります。

覚えよう！

同じ文字を何回もかけ合わせたものを**累乗**（るいじょう）というよ。たとえば a を n 回かけたものは a^n と書いて「a の n 乗（n じょう）」と読むんだ。また，a^n の n のことを**指数**というよ。

$3^2 = 3 \times 3 = 9$

$5^3 = 5 \times 5 \times 5 = 125$　と計算するよ。

そこで，２乗の和を求めて，この中から足し合わせた数の一の位が３になるものを探します。

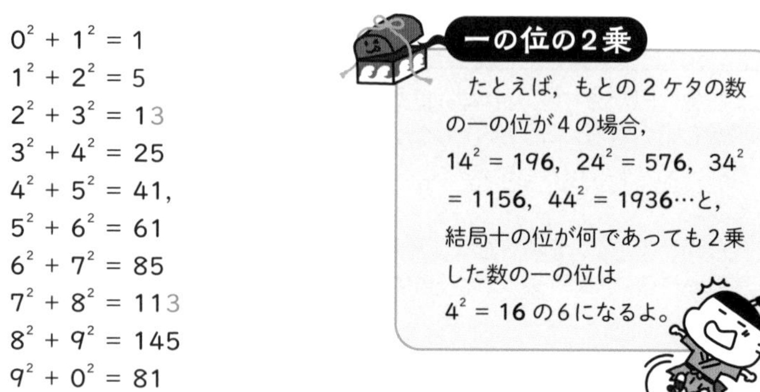

$0^2 + 1^2 = 1$
$1^2 + 2^2 = 5$
$2^2 + 3^2 = 13$
$3^2 + 4^2 = 25$
$4^2 + 5^2 = 41$,
$5^2 + 6^2 = 61$
$6^2 + 7^2 = 85$
$7^2 + 8^2 = 113$
$8^2 + 9^2 = 145$
$9^2 + 0^2 = 81$

一の位の２乗
たとえば，もとの２ケタの数の一の位が４の場合，
$14^2 = 196$，$24^2 = 576$，$34^2 = 1156$，$44^2 = 1936$…と，
結局十の位が何であっても２乗した数の一の位は
$4^2 = 16$ の６になるよ。

これにより，足し合わせた数の一の位が３となるのは，連続する２数の一の位がそれぞれ，（ｉ）２・３の組合せと，（ii）７・８の組合せの場合になります。

STEP 2 組合せの数を数えよう

（ｉ）一の位が２・３の組合せ

(12，13)，(22，23)，(32，33)，(42，43)，(52，53)，(62，63)，(72，73)，(82，83)，(92，93) の９つ。

（ii）一の位が７・８の組合せ

(17，18)，(27，28)，(37，38)，(47，48)，(57，58)，(67，68)，(77，78)，(87，88)，(97，98) の９つ。

以上より，求める２ケタの整数は 18 組となります。

第2章

基本問題に取り組んでみよう(数式編)

7 方程式の問題

～x をうまく決めれば解けたも同じ～

数的推理には，方程式だけを使って解くような問題はそんなに多くありません。でも，いろいろな問題を解くうえで欠かせない知識です。方程式からしばらく遠ざかっていた人も，中学生の頃を思い出して頑張りましょう。

例　題

AとBがテストを受けたとき，BはAの2倍より10問少なく解答し，正答数はBのほうがAより10問多かった。また，このときの正答率はAは8割，Bは6割であった。Aの正答数として，最も妥当なのはどれか。

【R元　大卒消防官】

1　24問
2　32問
3　40問
4　48問
5　56問

「BはAの2倍より10問少なく解答」と「正答率はAは8割」は，

Bの解答数＝Aの解答数×2－10
Aの正答数＝問題数×0.8

となります。

さぁ，何をxにしましょうか？

8割？　6割？
8割，6割を小数に直すと，それぞれ0.8，0.6になるよ。

STEP 1　xを決めよう

Aの解答数をx問としましょう。

Bの解答数はAの2倍より10問少ないなので$2x-10$問です。また，Aの正答率は解答数の8割なので，Aの正答数は$x \times 0.8 = 0.8x$〔問〕，Bの正答率は6割なので，Bの正答数は$(2x-10) \times 0.6 = 1.2x-6$〔問〕となります。

以上を表にまとめると次のようになります。

	解答数	正答数
A	x	$0.8x$
B	$2x-10$	$1.2x-6$

Aの正答数をxにすると…

もし，Aの正答数をxとすると，Bの正答数は，$x+10$になるわね。ここまではよいのだけど，Aの解いた問題数は$\frac{x}{0.8}$となって，ちょっと面倒なことになるの。問題に書いてある数量の関係をなるべく簡単に表せるようなxを見つけると，あとの計算が楽よ。

STEP 2 問題文の関係を方程式にしよう

正答数はBのほうがAより10問多かったということは，

(Bの正答数)＝(Aの正答数)＋10

ということですから，方程式は，

$1.2x-6=0.8x+10$

となります。

STEP 3 方程式を解いて答えを見つけよう

$1.2x-6=0.8x+10$

小数のままだと大変なので整数にしましょう。

両辺を10倍して，

$12x-60=8x+100$

$12x-8x=100+60$

$4x=160$

$x=40$

答えは40になりましたが，選択肢の40に飛びついてはいけません。**この問題はAの正答数を聞いていますから**，正答数は$40\times0.8=32$〔問〕になります。

1次方程式を解く手順

xについての1次方程式では，

①xはすべて左辺に，数はすべて右辺に移項(符号を変えて移すこと)する。

②両辺を計算して，

$ax=b$

の形にする。

③両辺をaで割る。

例

$7x-3=5x-9$ ①

$7x-5x=-9+3$ ②

$2x=-6$ ③

$x=-3$

正答

2

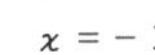

問われているのは正答数

xが求まるとうれしくなって，すぐに選択肢を見てしまう人がいるよ。何が問われているのか，何をxとおいたのかを確認するクセをつけよう！

では，練習問題に移りましょう。今度は，何をxとすればよいでしょうか？　解説を見る前に，考えてみてください。

練習問題 1

あるクラスの生徒の男女比は，男子：女子＝３：２であり，クラス全体の６割は徒歩通学，それ以外は自転車通学をしている。徒歩通学をしている男女の人数は等しく，自転車通学をしている女子生徒が４人であるとき，自転車通学をしている男子生徒の人数として正しいものは，次のうちどれか。

【H21　市役所】

1　６人
2　８人
3　10人
4　12人
5　14人

基本的には求めるものをxにするのですが，この問題では「徒歩通学をしている男女の人数は等しい」とされていますので，徒歩通学をしている男子をx人とおけば，徒歩通学をしている女子もx人となり，楽に表せます。

また，クラスの６割が徒歩通学ですので，徒歩：自転車＝６：４＝３：２です。

STEP 1　xを決めて，関係を表にまとめよう

今回は，徒歩通学をしている男子と女子をx人とおきます。徒歩通学の生徒は$2x$人です。

次に，徒歩：自転車＝３：２ですので，徒歩に$2x$を書き込むと，

$2x$：自転車＝３：２

となります。

比の計算は０章で見たように，内側と外側をかけて，

３×自転車＝$2x\times2$

自転車＝$2x\times\frac{2}{3}$

となります。

自転車の生徒は$2x\times\frac{2}{3}=\frac{4}{3}x$です。自転車通学の女子生徒は４人とわかっていますので，自転車通学の男子生徒は$\frac{4}{3}x-4$〔人〕と求まり，ほとんど表が埋まりました。

	男子	女子	計
徒歩	x	x	$2x$
自転車	$\frac{4}{3}x-4$	4	$\frac{4}{3}x$
計			

（徒歩の計：自転車の計＝③：②、男子：女子＝3：2）

STEP 2 問題文の関係を方程式にしよう

男子の人数は，$x+\left(\frac{4}{3}x-4\right)=\frac{7}{3}x-4$〔人〕

女子の人数は，$x+4$〔人〕

男子：女子は3：2ですので，

$\frac{7}{3}x-4:x+4=3:2$

STEP 3 方程式を解いて答えを見つけよう

$$\frac{7}{3}x-4:x+4=3:2$$

$$2\left(\frac{7}{3}x-4\right)=3(x+4)$$

$$\frac{14}{3}x-8=3x+12 \quad \times 3$$

$$14x-24=9x+36$$

$$14x-9x=36+24$$

$$5x=60$$

$$x=12$$

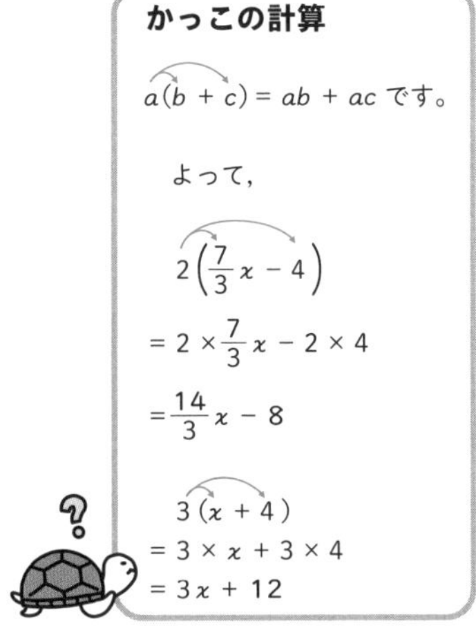

かっこの計算
$a(b+c)=ab+ac$です。
よって，
$2\left(\frac{7}{3}x-4\right)$
$=2\times\frac{7}{3}x-2\times4$
$=\frac{14}{3}x-8$
$3(x+4)$
$=3\times x+3\times4$
$=3x+12$

この問題は自転車通学をしている男子の人数を聞いていますから，求める人数は，$\frac{4}{3}x-4$に$x=12$を代入して，$\frac{4}{3}\times12-4=12$〔人〕になります。

この場合はたまたま$x=12$と一致しましたが，通常は異なりますので，何を問われているかということは常に注意してください。

練習問題 2

A社の10年前の従業員数は正社員，パートタイム社員合わせて175人で，これは現在の従業員数の1.4倍であった。現在は正社員が10年前の$\frac{1}{2}$，パートタイム社員が10年前の2倍であるとするとき，妥当なものは次のうちどれか。

【H13　警視庁】

1　現在の正社員の割合は全従業員の30％である。
2　現在のパートタイム社員の割合は全従業員の40％である。
3　現在のパートタイム社員の割合は全従業員の50％である。
4　10年前のパートタイム社員の割合は全従業員の20％である。
5　10年前の正社員の割合は全従業員の70％である。

2つ以上の文字（未知数）を含む方程式を，2つ以上組みにしたものを「連立方程式」といいます。

一般に，連立方程式を解くには，使った文字の数だけ方程式が必要です。連立方程式を使ってみましょう。

連立方程式

$$\begin{cases} x + y = 3 \\ x - y = 1 \end{cases}$$

連立ということは，上の式のx，yも下の式のx，yもそれぞれ同じ値で，x，yは2式を同時に満たすということだよ。

この場合未知数はxとyだよ。2式を同時に満たすx，yの値が連立方程式の答になるよ。$x = 2$，$y = 1$とすると，2式が同時に成り立つのがわかるね。

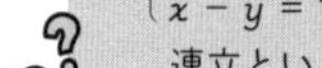

STEP 1　x，yを決め，関係を方程式にしよう

10年前の正社員，パートタイム社員の数をそれぞれx人，y人とします。

問題文より，10年前の正社員，パートタイム社員の数を合わせた従業員数が175人だから，

$x + y = 175$　という関係が成り立ちます。

現在の従業員数は，1.4倍すると10年前の従業員数になるので，$175 \div 1.4 = 125$〔人〕です。

また，現在の正社員は，10年前の$\frac{1}{2}$ですから，$x \times \frac{1}{2} = \frac{1}{2}x$〔人〕です。

さらに，現在のパートタイム社員は，10年前の2倍ですから，$y \times 2 = 2y$〔人〕

です。このことより，

$\frac{1}{2}x + 2y = 125$

という関係が成り立ちます。

	正社員	パートタイムの社員	従業員数
10年前	x人	y人	175人
現在	（$\frac{1}{2}$倍）$\frac{1}{2}x$人	（2倍）$2y$人	（1.4倍）125人

STEP 2 方程式を解いて答を見つけよう

$x + y = 175$ …①

$\frac{1}{2}x + 2y = 125$ …②

②の式を2倍すると，

$x + 4y = 250$ …③ ①−③を計算すると，

$$\begin{array}{rl} x + y &= 175 \\ -)\ x + 4y &= 250 \\ \hline -3y &= -75 \\ y &= 25 \end{array}$$

つまり，10年前のパートタイム社員数が25人ですから，10年前の正社員数xは，

$x = 175 - y = 175 - 25 = 150$〔人〕です。

また，現在の正社員は，$\frac{1}{2}x$より，

$\frac{1}{2} \times 150 = 75$〔人〕

現在のパートタイム社員の数は，$2y$より，

$2 \times 25 = 50$〔人〕です。

連立方程式の解き方

2文字の連立方程式では，**1つの文字を消去して残りの文字についての1次方程式を解く**よ。

STEP2の解き方を**加減法**というよ。マスターしてね。

②の式を変形して①の式に代入する解き方もあって，**代入法**というよ。代入するときは，必ずかっこをつけるよ。

①より，$y = -x + 175$

これを②に代入して，

$\frac{1}{2}x + 2(-x + 175)$

$= 125$ ）×2

$x + 4(-x + 175) = 250$

$-3x + 700 = 250$

$-3x = -450$

$x = 150$

	正社員	パートタイムの社員	従業員数
10年前	150	25	175
現在	75	50	125

選択肢を見てみましょう。

1の，現在の正社員の割合は，$75 \div 125 = 0.6$より60%ですから違います。

4の，10年前のパートタイム社員の割合は，$25 \div 175 = 0.142\cdots$より，約14%ですから，違います。

5の，10年前の正社員の割合は，$150 \div 175 = 0.857\cdots$より，約86%ですから，違います。

2，**3**の，現在のパートタイム社員の割合は，$50 \div 125 = 0.4$より40%ですから，**2**が正答です。

選択肢**1**と**2**，**3**は，ちょうど逆のことを聞いていることがわかりますか？従業員には，正社員とパートタイム社員しかいませんから，正社員が60%なら，パートタイム社員は40%です。実は，わざわざ割り算しなくてもよかったんです。

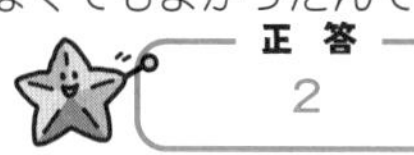

正答
2

8 不定方程式の問題
～条件を加えて答えを探そう～

1つの方程式の中にxとyという未知数が2つ。そんな方程式をここではあつかいます。

たとえば，$2x + 3y = 8$という1つの関係式から，x，yを求めるのです。もちろん，これだけでは解は無数にありますが，「x，yが正の整数」という条件を加えると，$x = 1$，$y = 2$と決まってしまいます。このタイプの問題は，以下のように決まった手順に従えば，必ず解くことができますよ。

例　題

オンドリが1羽300円，メンドリが1羽500円，ヒヨコが3羽100円で売られている。今，これらを組み合わせて全部で100羽，合計金額がちょうど10000円となるように買いたい。メンドリをできるだけ多く買うことにすると，オンドリは何羽買うことになるか。

【H15　地方上級】

1　4羽
2　5羽
3　6羽
4　7羽
5　8羽

オンドリ，メンドリ，ヒヨコと3種類出てきますので，文字を3つ使います。ですが，等しい関係は2つ…。これじゃ解けない！　とあきらめないでください。解く方法があるんです。では，やってみましょう。

不定方程式とは？

文字（未知数）の個数が方程式の数より多い場合，ある条件がない限り，解は1つに定まらないんだ。このような方程式を**不定方程式**というよ。

通常，x，y，zはどれも整数だよ。

方程式をつくろう

オンドリをx羽，メンドリをy羽，ヒヨコは3羽ずつ売られているのでzセットを買うとします。

全部で 100 羽ですから，

$x + y + 3z = 100$　です。

合計金額が 10000 円なので，

$300 \times x + 500 \times y + 100 \times z = 10000$

$300x + 500y + 100z = 10000$　となります。

STEP 2　文字を減らそう

文字の数が多い問題では，文字の数を減らすのが基本です。3つの文字で考えるより，2つの文字で考えるほうが簡単ですよね。

$x + y + 3z = 100$　…①

$300x + 500y + 100z = 10000$　…②

②を簡単にしましょう。

両辺を 100 で割って，

$3x + 5y + z = 100$

$3x$ と $5y$ を移項して，

$z = 100 - 3x - 5y$

これを，①に代入します。

$x + y + 3(100 - 3x - 5y) = 100$

$x + y + 300 - 9x - 15y = 100$

$-8x - 14y = -200$

$4x + 7y = 100$　…③

しかし，式が③の1つしかないので x，y を求めることができません。

そこで，③の式に**選択肢の数字を順に代入**してみます。

$x = 4$ のとき，$4 \times 4 + 7y = 100$ より，$y = 12$

$x = 5$ のとき，$4 \times 5 + 7y = 100$ より，$y = \frac{80}{7}$

$x = 6$ のとき，$4 \times 6 + 7y = 100$ より，$y = \frac{76}{7}$

$x = 7$ のとき，$4 \times 7 + 7y = 100$ より，$y = \frac{72}{7}$

$x = 8$ のとき，$4 \times 8 + 7y = 100$ より，$y = \frac{68}{7}$

です。

y が整数になるのは，$x = 4$ のときだけです。

選択肢の利用

数学と数的推理の一番の違いは，数的推理には選択肢があることよ。本来なら $x = 0$，$x = 1$，$x = 2$，…と順に代入していくべきだけど，ここでは x は4～8のいずれかだから，$x = 4$ から順に代入していくの。選択肢がヒントになっている問題は頻出よ。

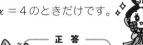

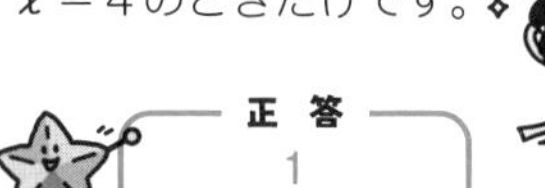

メンドリをできるだけ多くするためには，オンドリを一番少なくすればいいわけです。$x = 4$ で y が整数になった時点で，$x = 5$，6，7，8が答えにならないことがわかるのです。実は，必要のない計算でした。

ヒヨコは何羽？

$x+y+3z=100$ に，$x=4$，$y=12$ を代入すると，

$4+12+3z=100$ より，$3z=84$

オンドリ4羽，メンドリ12羽，ヒヨコ84羽を買ったことがわかるよ。

別解

もっと早く出せるゾ！

今回は次の２点がわかっています。

・x，y は整数

・y（メンドリ）を最も多くする

この２点から，x，y の値も求めることができます。

$4x+7y=100$ を変形して，

$$7y=100-4x$$

$$7y=4(25-x)$$

右辺は４の倍数なので，$7y$ も４の倍数です。よって，y は４の倍数です。

また，$4x+7y=100$ より，$7y<100$ となるので，

$y<100\div7=14.2\cdots$

つまり，14以下で最も大きい４の倍数を探します。それは12です。

$y=12$ のときの x の値は，

$4x+7\times12=100$ より

$$4x+84=100$$

$$4x=100-84$$

$$4x=16$$

$x=4$ です。

次の問題も同じように文字を減らして解きましょう。

練習問題 1

お菓子が95個ある。これらを３個入りの箱，５個入りの箱，10個入りの箱に詰め込みたい。全部で20箱できるとき，５個入りの箱の個数として妥当なものはどれか。ただし，５個入りの箱は３個入りの箱より多い。

【H22　市役所】

1　8箱　　**2**　10箱　　**3**　12箱

4　14箱　　**5**　16箱

今度も文字を３つ使うと，式で表すのが楽です。勝負はそこからです。

STEP 1　方程式をつくろう

３個入りの箱を x 箱，５個入りの箱を y 箱，10 個入りの箱を z 箱詰めるとします。

まず，全部で箱は 20 箱できたので，

$x + y + z = 20$

また，お菓子が 95 個なので，

$3x + 5y + 10z = 95$　となります。

STEP 2　文字を減らそう

$x + y + z = 20$　…①

$3x + 5y + 10z = 95$　…②

まず，①の x，y を移項して，z ＝～の形に変形すると，

$z = 20 - x - y$

これを②に代入します。

$3x + 5y + 10(20 - x - y) = 95$

$-7x - 5y + 105 = 0$

$-7x = 5y - 105$

$x = -\frac{5}{7}y + 15$　…③

x と 15 が整数であることから，$-\frac{5}{7}y$ も整数でないと等式が成り立ちません。つまり，**y は７の倍数**であるとわかります。

ここで，y は５個入りの箱の個数ですから，**選択肢を利用できます。**

選択肢にある数の中で，７の倍数なのは，「14 箱」だけなので，正答は**4**です。

ちなみに，$y = 14$ を③に代入すると，$x = 5$ となり，$x < y$ の条件も満たしています。

正答
4

比較してみましょう

試しに選択肢を利用せずに解いてみましょう。

③で x が０以上になる，７の倍数である y は，０，７，14 だから，そのときの x をそれぞれ求めていくと，$(x, y) = (15, 0)$，$(10, 7)$，$(5, 14)$となるわ。

このうち，５個入りの箱が３個入りの箱よりも多くなる $(x < y)$ となるのは，$(x, y) = (5, 14)$のみで，これが正答よ。選択肢を利用したほうが速いわ。

では，次の問題に進みましょう。

練習問題 2

あるホテルには，A，B，C 3 タイプの部屋が合計 28 あり，A タイプ 1 部屋の定員は B タイプ 1 部屋の定員の 2 倍，C タイプ 1 部屋の定員の 3 倍である。今，A タイプの部屋数はそのままにして増築し，B タイプの部屋数を 6 倍，C タイプの部屋数を 9 倍にしたところ，収容できる定員が以前の 3 倍となった。このホテルにある A タイプの部屋数として正しいものは，次のうちどれか。

【H16　地方上級】

1　11 部屋　　**2**　12 部屋　　**3**　13 部屋
4　14 部屋　　**5**　15 部屋

A タイプ，B タイプ，C タイプの部屋の定員が書いてありませんね。**それぞれ，6 人，3 人，2 人として考えましょう。**

STEP 1　方程式をつくろう

A，B，C タイプの増築前の部屋数をそれぞれ x，y，z〔室〕とします。合計が 28 より

部屋数は，$x+y+z=28$〔室〕

定員は，$6x+3y+2z$〔人〕

増築後の部屋数はそれぞれ，x，$6y$，$9z$ になったので，定員の人数が 3 倍になったことより，

$$6\times x+3\times 6y+2\times 9z=3(6x+3y+2z)$$

$$6x+18y+18z=18x+9y+6z$$

勝手に部屋の定員を決めていいの？

A タイプの定員は B タイプの 2 倍，C タイプの 3 倍だから，A，B，C の定員をそれぞれ $6a$ 人，$3a$ 人，$2a$ 人とすると，方程式は $6a\times x+3a\times 6y+2a\times 9z=3(6a\times x+3a\times y+2a\times z)$

だけど，**両辺を a で割ると，定員をそれぞれ 6 人，3 人，2 人としてつくった方程式と同じことになるよ。**

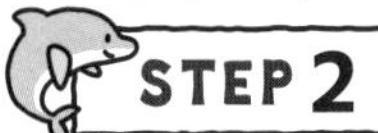

STEP 2 文字を減らそう

$x + y + z = 28$ …①

$6x + 18y + 18z = 18x + 9y + 6z$ …②

②を簡単にすると，

$-12x + 9y + 12z = 0$

両辺を3で割って

$-4x + 3y + 4z = 0$ …③

ここで①の x，y を移項して，z =～の形に変形すると，

$z = 28 - x - y$

これを③に代入して，

$-4x + 3y + 4(28 - x - y) = 0$

$-4x + 3y + 112 - 4x - 4y = 0$

$-8x - y = -112$

$8x + y = 112$ …④

STEP 3 あてはめて正答を探そう

④の式に選択肢の5つの数をあてはめていって，正しいものを探します。未知数（文字の数）が x，y，z の3つであれば，式が3つないと数値が求まりません。

しかし，選択肢が足りない条件を埋めてくれるのです。

不定方程式の問題は，選択肢の数値をあてはめていくことで，答えを導き出せることが多いです。

$x = 11$ のとき $y = 24$

$x = 12$ のとき $y = 16$

$x = 13$ のとき $y = 8$

$x = 14$ のとき $y = 0$

$x = 15$ のとき $y = -8$

となります。

ここで，x，y，z がすべて正の整数であることを思い出しましょう。

y が正の整数ですので，$x = 14$，15 はありえません。

また，①より，z が正の整数であり，$x + y \leqq 27$ ですから，$x = 11$，12 もありえません。

以上から，$x = 13$ と1つに絞ることができます。

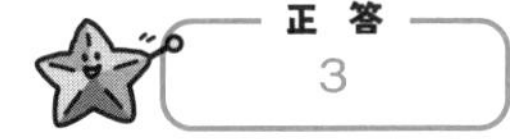

9 不等式の問題

～大小関係をつかめば OK～

テーマ８までは，「～が～に等しい」という関係を＝（イコール）で表す方程式をあつかいましたが，ここでは不等式をあつかいます。

「～が～より大きい（小さい）」や，「～が～以上（以下，未満）」などという表現がある場合は，不等式をつくって解くことがあります。

例　題

ワインの箱が３種類あり，箱Ａは１本用，箱Ｂは２本セット用，箱Ｃは３本セット用である。３種類の箱の合計数は 100 個であり，箱Ｂの個数は，箱Ａのそれの３倍以上４倍未満であった。すべての箱Ｂおよび箱Ｃにワインを詰めたところ，その本数が合計 250 本だったとき，箱Ａの個数として，正しいのはどれか。

【H27　警視庁】

1　６個
2　８個
3　10 個
4　12 個
5　14 個

不等式で使う不等号には次のような意味，種類があります。

x を整数としたとき，

「x が５以上（５，６，７，…）」は，$x \geqq 5$
「x が９以下（９，８，７，…）」は，$x \leqq 9$
「x が３より大きい（４，５，６，…）」は，$x > 3$
「x が６より小さい(未満)(５，４，３，…)」は，$x < 6$

と表します。

以上，以下，より？
「以上」「以下」や「から」「まで」には，その数が含まれるよ。
「より」や「未満」だと，その数は含まれないよ。

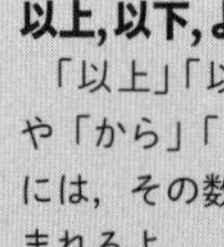

不等式では，以上・以下・より大きい・より小さい・未満などの表現に注目して式をつくります。

この例題では，「箱Ｂの個数は，箱Ａのそれの３倍以上４倍未満」とあるので，

３×(Ａの個数)≦(Ｂの個数)＜４×(Ａの個数)
（以上）（未満）

という形の不等式をつくります。

STEP 1　関係を等式・不等式で表そう

箱数や本数について条件があるので，そこから式を立てていきます。

箱 A を x 個，箱 B を y 個，箱 C を z 個とします。

箱の合計数は 100 個なので，

$x+y+z=100$　…①

すべての箱 B と箱 C にワインを詰めると 250 本になるので，

$2y+3z=250$　…②

また，箱 B の個数は，箱 A の 3 倍以上 4 倍未満なので，

$3x \leqq y < 4x$　…③

STEP 2　等式・不等式を解こう

これから不等式を解いていきましょう。ただ，③の不等式は x と y の式です。つまり，①・②の z が邪魔になりますね。そこで，①と②から z を消しておきます。

$$
\begin{array}{lrcl}
①\times 3 & 3x+3y+3z & = & 300 \\
②\quad -) & 2y+3z & = & 250 \\
\hline
 & 3x+\ \ y\qquad & = & 50 \quad \cdots ④
\end{array}
$$

これで，x と y の関係式が得られました。あとはこれを③に代入して不等式を解くだけです。

④を変形すると，$y=-3x+50$　となります。

これを③に代入して，

$3x \leqq -3x+50 < 4x$　　各辺に $3x$ を加えます

$6x \leqq \quad 50 \quad < 7x$

これからは，左と右の部分を分けて処理します。

左部分について，6 で割って，$x \leqq \dfrac{50}{6}$

右部分について，7 で割って，$\dfrac{50}{7} < x$

これらを合わせると，$\dfrac{50}{7} < x \leqq \dfrac{50}{6}$

不等式の解き方

不等式も方程式と同じように，すべての辺に同じ数を足したり，引いたり，かけたり，割ったりしてかまわないよ。ただし，負の数をかけたり，割ったりした場合は，不等号の向きが逆になるよ。

正答は1つ

x は箱の個数であり，整数になるので，

$x=8$　に確定します。

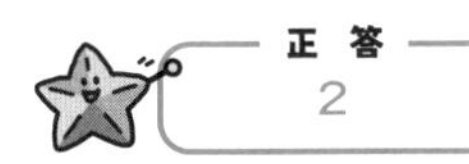

練習問題 1

あるテニスサークルの夏合宿において，一次募集した参加人数をもとに部屋割りを検討したところ，次のア～ウのことがわかった。

ア　すべての部屋を8人部屋に設定すると，23人の参加者を二次募集できる。

イ　すべての部屋を6人部屋に設定すると，8人分以上の部屋が不足する。

ウ　8部屋を8人部屋に設定し，残りの部屋を6人部屋に設定すると，6人以上の参加者を二次募集できる。

以上から判断して，一次募集した参加人数として，正しいのはどれか。

【H27　東京都】

1　73人　　**2**　97人　　**3**　105人

4　119人　　**5**　121人

ここでは不等式が2つ出てきます（連立不等式といいます）が，考え方は変わりません。与えられた条件を式に表して，答えを絞っていくだけです。

STEP 1　関係を等式・不等式で表そう

一次参加者をxとおく方向もありますが，部屋数をxとおいて，xを使って一次参加者を表したほうがシンプルになりそうです。今回は部屋数をx室とします。

アから「23人の参加者を二次募集できる」とは，収容可能人数よりも，一次参加者数が23人少ないということですので，一次参加者数は$8x-23$〔人〕です。

イから「8人分以上の部屋が不足する」とは，収容可能人数よりも，8人以上一次参加者が多いということですので，(一次参加者数)$\geqq 6x+8$です。「不足」とみると，うっかり-8にしてしまいそうですが，今は収容人数ではなく，一次参加者数で式をつくっています。一次参加者は8人「多い」，つまり，＋8人ですね。

ここで，アで一次参加者は$8x-23$〔人〕と表せているので，代入して，

$8x-23 \geqq 6x+8$　…①　としておきましょう。

ウから「6人以上の参加者を二次募集できる」とは，収容可能人数よりも，一次参加者数が6人以上少ないということです。

つまり，(一次参加者数)≦(収容可能人数)－6　になります。

また，収容可能人数は，$8\times8+6(x-8)$〔人〕なので，これと一次参加者数の$8x-23$〔人〕を代入して，

$8x-23 \leqq 8\times8+6(x-8)-6$　…②　としておきます。

部屋数が x 室で，８人部屋が８室なので，残りの６人部屋は $x-8$ 室です。つまり，$6(x-8)$ は６人部屋に収容できる人数です。

STEP 2 不等式を解こう

$8x-23 \geqq 6x+8$ …①
$8x-23 \leqq 8\times 8+6(x-8)-6$ …②

この２つの不等式を両方とも満たす x が求める部屋数です。

①より，$8x-23 \geqq 6x+8$
$8x-6x \geqq 8+23$
$2x \geqq 31$
$x \geqq 15.5$ …①′

②より，$8x-23 \leqq 8\times 8+6(x-8)-6$
$8x-23 \leqq 64+6x-48-6$
$8x-23 \leqq 6x+10$
$8x-6x \leqq 10+23$
$2x \leqq 33$
$x \leqq 16.5$ …②′

STEP 3 正答は１つ

①′と②′を合わせて書くと，$15.5 \leqq x \leqq 16.5$ ですが，x は部屋数で正の整数ですから，$x=16$ となります。

したがって，一次参加者数は，
$8x-23$
$=8\times 16-23$
$=105$〔人〕
となります。

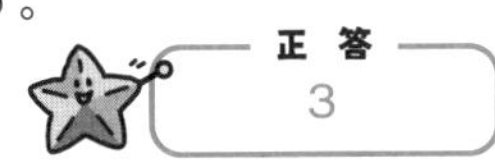

正答
3

どうですか？　だんだんにわかってきましたか？　さらにもう１問，チャレンジしてみましょう。

連立不等式の発想

不等式を，２つ以上組にしたものを連立不等式というよ。それぞれの不等式の解の共通部分が連立不等式の解となるんだ。この問題のように，それぞれの不等式の解が，$x \leqq 12.5$，$x \geqq 6$ のとき，連立不等式の解は，$6 \leqq x \leqq 12.5$ となるよ。

ただし，いつでも $m<x<n$ のようになるとは限らないから，不等号の向きに注意しよう。

たとえば，$x>5$，$x>2$ のときは，

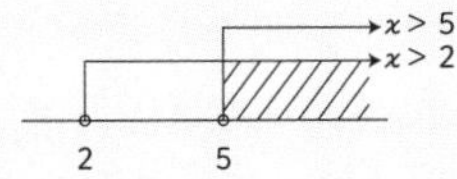

共通部分 $x>5$ が答えだよ。

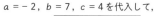

練習問題 2

$2x^2 - 4x - 50 < 0$ を満たす整数 x は，全部で何個か。

【H23　特別区】

1　6個　　2　7個　　3　9個
4　11個　　5　13個

ここでは不等式ははじめから与えられており，問題文も短いです。

ただし，「x^2」という2次の項が登場しています（**2次不等式**といいます）。2次不等式が出てくると，**解の公式**などを使って答えを求めないといけないと考えがちですが，答えを順に探していく方法も有力です。まずは順に探していく方法で解いていきましょう。

2次方程式の解の公式

2次方程式 $ax^2 + bx + c = 0$ の解は次の公式で求めることができるわ。

$$x = \frac{-b \pm \sqrt{b^2 - 4ac}}{2a}$$

例

$-2x^2 + 7x + 4 = 0$ の解は

$x = \frac{-b \pm \sqrt{b^2 - 4ac}}{2a}$ に

$a = -2$，$b = 7$，$c = 4$ を代入して，

$$x = \frac{-7 \pm \sqrt{7^2 - 4 \times (-2) \times 4}}{2 \times (-2)} = \frac{-7 \pm \sqrt{49 + 32}}{-4} = \frac{-7 \pm \sqrt{81}}{-4} = \frac{-7 \pm 9}{-4}$$

$= \frac{2}{-4}$，$\frac{-16}{-4} = -\frac{1}{2}$，4 となるの。

STEP 1　不等式を分析しよう

問題の $2x^2 - 4x - 50 < 0$ ですが，まず2で割れるので，

$x^2 - 2x - 25 < 0$

としてみます。

このままでは答えを探すのが大変なので，**かけ算が使える形に変形**してみます。

$x^2 - 2x - 25 < 0$

$x^2 - 2x < 25$

$x(x - 2) < 25$

この式の意味を考えてみましょう。**x と x よりも2小さい数をかけると，25未満になる**ということですね。このくらいなら，どんどん数をあてはめて探せそうです。

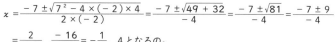

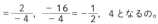

あてはめて正答を探そう

さっそくあてはめてみましょう。見やすいように表にしてみます。

このくらい検討すれば十分でしょう，求めるxは6から－4までの11個となります。

x	$x-2$	$x(x-2)$	
8	6	48	×
7	5	35	×
6	4	24	○
5	3	15	○
4	2	8	○
3	1	3	○
2	0	0	○
1	－1	－1	○

x	$x-2$	$x(x-2)$	
0	－2	0	○
－1	－3	3	○
－2	－4	8	○
－3	－5	15	○
－4	－6	24	○
－5	－7	35	×
－6	－8	48	×
－7	－9	63	×

解の公式を使ってみよう

$2x^2-4x-50=0$の解は$\frac{-b\pm\sqrt{b^2-4ac}}{2a}$に$a=2$，$b=-4$，$c=-50$を代入して，

$$x=\frac{-(-4)\pm\sqrt{(-4)^2-4\times2\times(-50)}}{2\times2}$$
$$=\frac{4\pm\sqrt{16+400}}{4}=\frac{4\pm\sqrt{16+400}}{4}$$
$$=\frac{4\pm4\sqrt{26}}{4}=1\pm\sqrt{26}$$

$\sqrt{25}=5$で$\sqrt{36}=6$なので，$\sqrt{26}$は5から6までの間の数ということになりますよね。ちなみに，$\sqrt{26}=5.0990\cdots$ですから，$1+\sqrt{26}=6.\cdots$，$1-\sqrt{26}=-4.\cdots$になります。

$y=2x^2-4x-50$のグラフは（下に凸の放物線）のような形なので，

$(y=)\ 2x^2-4x-50<0$

$1-\sqrt{26}$　$1+\sqrt{26}$

となるのは，右のグラフのyの値が0未満の部分（色が付いている部分）です。

$-4.\cdots<x<6.\cdots$　となるxは－4，－3，－2，－1，0，1，2，3，4，5，6の11個であると求まります。

この方法は参考に示しただけです。通常は順にあてはめて解いてかまいません。

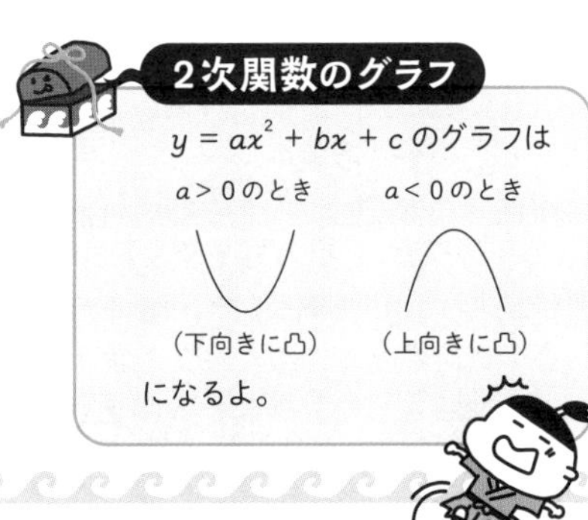

2次関数のグラフ
$y=ax^2+bx+c$のグラフは
$a>0$のとき
$a<0$のとき
（下向きに凸）
（上向きに凸）
になるよ。

10 順列・組合せの問題
～「！」を使いこなそう～

「～は何通りありますか」っていう問題，聞き覚えがありますよね。AとBが存在するとき，A→Bという並び方とB→Aという並び方を別のものと考える場合（順列といいます）と．並び方を区別せずに考える場合（組合せといいます）があります。違いを覚えれば大丈夫です。

例題

K，O，K，K，A，K，O，U，M，Uの10文字を横1列に並べるとき，4つのKが左から5番目までにすべて含まれる場合は何通りか。

【H29 国家専門職［大卒］】

1　300通り
2　450通り
3　600通り
4　900通り
5　1200通り

例題に入る前に，順列について説明しましょう。A～Gの7枚のカードがあって，そこから3枚を取り出して並べる方法を考えます。最初の位置におくカードには，A～Gの7通りあります。2番目の位置では6通り，同様に3番目では5通りの並べ方があります。

すなわち，全部で7×6×5通りの並べ方があります。このカードの例のように，A→B→Cと並ぶのと，C→B→Aと並ぶのは別のものであると考える場合を「順列」といいます。

このことを ${}_7P_3$ と書きます。
7枚から ↗　↖ 3枚取り出す

順列の公式
(いくつから選ぶか)P(いくつ並べるか)

公式にすると，異なるn個の中からr個取ってできる順列の数は，

$nPr = n \times (n-1) \times (n-2) \times \cdots \times (n-r+1)$ という式で表されます。

つまり，nから順に，n，$n-1$，$n-2$，…とr個の数をかけると計算できます。

ここからさらに，異なるn個をすべて並べてできる順列の数は，

$nPn = n \times (n-1) \times (n-2) \times \cdots \times 2 \times 1 = n!$

となりますので，こちらも覚えておきましょう。

ビックリマーク？

$2! = 2 \times 1 = 2$

$6! = 6 \times 5 \times 4 \times 3 \times 2 \times 1 = 720$

上のように，r から１までの r 個の自然数の積を「$r!$」と表して，「r の階乗（かいじょう）」というよ。

次は同じものを含む順列について説明します。A，A，A，B，B，C の６枚のカードの並べ方を考えてみましょう。先ほどとの違いは同じカードが含まれていることですね。

まずは A を，A_1，A_2，A_3，B_1，B_2，C のように区別して考えると，
$6! = 6 \times 5 \times 4 \times 3 \times 2 \times 1 = 720$〔通り〕です。

しかし，実際は A_1，A_2，A_3 は同じなので，
（A_1，A_2，A_3，B_1，B_2，C）
（A_1，A_3，A_2，B_1，B_2，C）
（A_2，A_1，A_3，B_1，B_2，C）
（A_2，A_3，A_1，B_1，B_2，C）
（A_3，A_1，A_2，B_1，B_2，C）
（A_3，A_2，A_1，B_1，B_2，C）の６通りは同じになります。

これは３!（＝６）通りが実際には同じであることを意味しますので，重なりを避けるために，３!（＝６）で割らないといけません。

同様に B_1 と B_2 についても言えますので，さらに２!（＝２）でも割らないといけません。

以上より，この６枚のカードの並べ方は，$\dfrac{6!}{3!2!1!} = 60$〔通り〕とわかります。

公式にすると，n 個のうち，同じものが a 個，b 個，c 個…ずつあるとき，１列に並べる順列の数は，$\dfrac{n!}{a!\,b!\,c!\cdots}$と表せます。これも覚えておきましょう。

それでは例題の解説にうつりましょう。

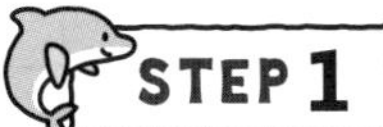

問題文を整理しよう

４つの K が左から５番目までに並ぶのですから，５番目までの K 以外は，A，M，O，U の４通りしかありません。

右がこの４つを表にしたものです。

	左から５番目まで	６番目以降
(1)	K，K，K，K，A	O，O，M，U，U
(2)	K，K，K，K，M	O，O，A，U，U
(3)	K，K，K，K，O	O，A，M，U，U
(4)	K，K，K，K，U	O，O，A，M，U

STEP 2 左右の場合の数の関係を考えよう

（1）の場合，左側の場合の数は，$\frac{5!}{4!1!}=5$〔通り〕，

右側の場合の数は，$\frac{5!}{2!2!1!}=30$〔通り〕ですが，

この２つを合わせて考えた全体の場合の数は，５×30で表されます。５通りのそれぞれに30通りがあるので，積になるのです。これを**積の法則**といいます。

積の法則

Ａが m 通り，そのおのおのに対し，Ｂの起こり方が n 通りあるとすると
ＡとＢが同時に起こる場合の数は
$m\times n$〔通り〕
になるよ。積の法則については，テーマ12で詳しく解説しているよ。

STEP 3 公式にあてはめよう

	左側の場合の数		右側の場合の数		全体の場合の数
（1）の場合，	$\frac{5!}{4!1!}$	×	$\frac{5!}{2!2!1!}$	＝	150〔通り〕
（2）の場合，	$\frac{5!}{4!1!}$	×	$\frac{5!}{2!2!1!}$	＝	150〔通り〕
（3）の場合，	$\frac{5!}{4!1!}$	×	$\frac{5!}{2!1!1!1!}$	＝	300〔通り〕
（4）の場合，	$\frac{5!}{4!1!}$	×	$\frac{5!}{2!1!1!1!}$	＝	300〔通り〕

（1）～（4）はそれぞれバラバラの場合ですので，求める場合の数は合計して，
150＋150＋300＋300＝900〔通り〕

正　答
4

では，続けて練習問題に進みましょう。

練　習　問　題　1

８個のキャラメルをＡ，Ｂ，Ｃの３人で分けるとき，その分け方は何通りあるか。ただし，３人とも１個以上受け取るものとする。

【H17　特別区】

1　15通り　**2**　18通り　**3**　21通り
4　24通り　**5**　27通り

1人が「1個以上受け取る」のですから，まずA，B，Cに1個ずつ配っておき，残りの5個を分けると考えましょう。8個のキャラメルは区別できない（入れかわってもかまわない）けれど，A，B，Cの3人は区別できますよ。はじめに，1人に1個ずつ配っておけば，残りの5個はどんな分け方をしてもいいですね。

STEP 1 公式にあてはめよう

キャラメルを○で表し，○○／○／○○のときは，Aに2個，Bに1個，Cに2個配ることを表すとします。

5個のキャラメルの配り方の数は，○が5個と，／が2個の並べ方の数と同じになります。したがって，○と／合わせて7個のうち，○が5個，／が2個あるので，このときの並べ方は，

$\frac{7!}{5!2!}=21$〔通り〕　です。

正答
3

うっかり…

キャラメルが8個だからと，$\frac{8!}{5!2!}$なんてしてはいけないよ。

この問題は，**キャラメルと仕切りの合わせて7個の位置を選び出す**というものだからね。

別解

時間はかかりますが

この問題のように，選択肢にある場合の数の数値が小さい場合は，地道に書き出してみるのも一つの方法です。

	A	B	C
1	○○○○○	―	―
2	○○○○	○	―
3	○○○○	―	○
4	○○○	○	○
5	○○○	○○	―
6	○○○	―	○○
7	○○	○○○	―
8	○○	○○	○
9	○○	○	○○
10	○○	―	○○○
11	○	○○○○	―
12	○	○○○	○
13	○	○○	○○
14	○	○	○○○
15	○	―	○○○○
16	―	○○○○○	―
17	―	○○○○	○
18	―	○○○	○○
19	―	○○	○○○
20	―	○	○○○○
21	―	―	○○○○○

では，次の問題です。円になれば公式がどう変わるか，考えてみましょう。

練習問題 2

4組の夫婦が1つの円卓に着席するとき，各夫婦が隣り合う着席のしかたは何通りあるか。ただし，全員を回転させた場合に同じとなる着席位置は1通りと考える。

【H10　大卒警察官】

1　48通り
2　64通り
3　96通り
4　144通り
5　192通り

今度は円形に並べてみましょう。例として，A～Eを円形に並べる方法を考えます。このように，円形に並べる順列のことを**円順列**といいます。

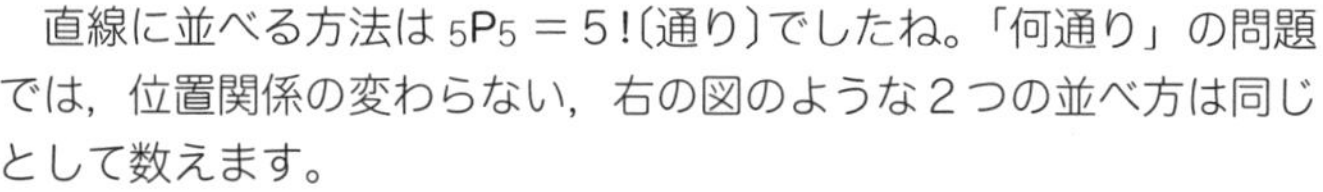

直線に並べる方法は $_5P_5 = 5!$（通り）でしたね。「何通り」の問題では，位置関係の変わらない，右の図のような2つの並べ方は同じとして数えます。

このような**回転すると同じになるものはそれぞれ5個ずつあり，その5個は1通りと数えるので，5！を5で割る必要があります。**よって，

$$5! \div 5 = \frac{5!}{5} = \frac{5 \times 4 \times 3 \times 2 \times 1}{5} = 24\text{（通り）}$$

n 個の異なるものを円形に並べる方法は，

$$\frac{n!}{n} = (n-1)!$$

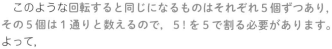

と表せます。これも覚えておきましょう。

STEP 1　公式にあてはめよう

まず，夫婦を1組にして円形に並べることにしましょう。4組の夫婦が円形に並ぶのですから，

$(4-1)! = 3! = 3 \times 2 \times 1 = 6$（通り）です。

うっかりここで終わってはいけません。夫婦の並び方も考えなくてはいけません。

注意して計算

次に，男性と女性の座り方を考える必要があります。

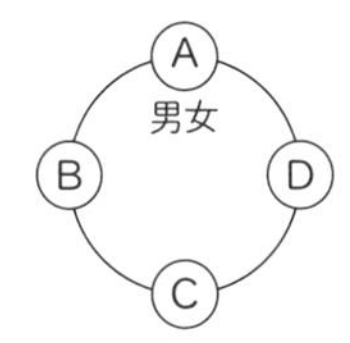

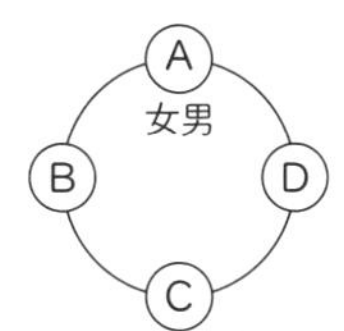

1組の夫婦につき，男性が右の席のときと左の席のときの2通りあるので，
$6 \times 2 \times 2 \times 2 \times 2 = 96$〔通り〕です。

練習問題 3

A～Hの友人グループ8人が旅行に出かけた。宿泊所では，2人まで泊まることのできる「松の間」，3人まで泊まることのできる「竹の間」と「梅の間」の3つの部屋に分かれて泊まることになった。このとき，AとBの2人が必ず同じ部屋に泊まる部屋割りは何通りあるか。

【H15　国家一般職［大卒］】

1　120通り　**2**　130通り　**3**　140通り
4　150通り　**5**　160通り

今回は順序を気にしないで選ぶ問題で，今までとは違っています。
問題に入る前に，A～Gの7枚のカードから3枚選ぶ例を考えてみましょう。
今までの順列では，ABCとACBは違うものでしたが，今回は同じものとして数えてみましょう。**ABC，ACB，BAC，BCA，CAB，CBAの6通りを今回は1通りと数える**わけです。よって，
$_7P_3 \div 3! = 7 \times 6 \times 5 \div 6 = 35$〔通り〕
になります。このことを$_7C_3$と書きます。
上の例のように，選んだものの順序を気にしないケースを「順列」と区別するために「**組合せ**」といいます。
異なるn個の中から順序を気にしないでr個選ぶ組合せは，

$$_nC_r = \frac{_nP_r}{r!}$$ となります。

それでは，これをふまえて問題に入りましょう。

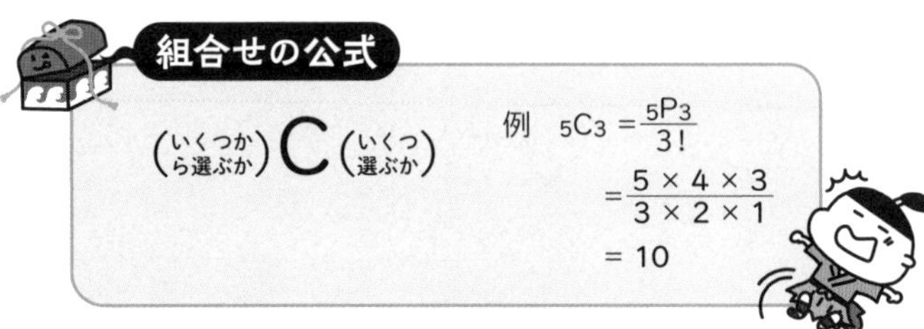
組合せの公式
(いくつから選ぶか) C (いくつ選ぶか)
例 $_5C_3 = \frac{_5P_3}{3!}$
$= \frac{5 \times 4 \times 3}{3 \times 2 \times 1}$
$= 10$

STEP 1　まずは単純に

まず，AとBの２人が松の間，竹の間，梅の間に泊まる場合の３通りがありますね。

STEP 2　公式にあてはめよう

①AとBが松の間に泊まるとき

残りの６人を竹の間と梅の間に３人ずつ分ければいいわけです。竹の間に泊まる人は，６人の中から３人選べばよいので

$$_6C_3 = \frac{_6P_3}{3!} = \frac{6 \times 5 \times 4}{3 \times 2 \times 1} = 20$$

梅の間に泊まるのは残りの３人になります。

②AとBが竹の間に泊まるとき

今度は，残りの６人を竹の間１人と松の間に２人，梅の間３人に分ければいいわけです。竹の間に泊まるのは，６人の中の１人ですから

$$_6C_1 = \frac{_6P_1}{1!} = \frac{6}{1} = 6\text{〔通り〕}$$

残りの５人の中から，松の間に泊まる２人を選ぶのは，

$$_5C_2 = \frac{_5P_2}{2!} = \frac{5 \times 4}{2 \times 1} = 10\text{〔通り〕}$$

なので，全部で

$6 \times 10 = 60$〔通り〕

です。

③AとBが梅の間に泊まるとき

残りの６人を竹の間３人と松の間に２人，梅の間１人に分ければいいですね。部屋は違いますが，これはAとBが竹の間に泊まる場合と同じ場合の数なので，60通りです。

以上から，AとBが必ず同じ部屋に泊まる部屋割りは，
$20 + 60 + 60 = 140$〔通り〕　です。

正答
3

和か積か

①，②，③の各場合は同時に起こることはないよ。いずれも条件を満たす部屋割りに相当するよ。このようなときは**和**をとるんだ。
20 × 60 × 60 としてはいけないよ。

練 習 問 題 4

下の図のように，５本の平行な a〜e が，他の６本の平行な線 p〜u と交差しており，a，e，q，s，t は細線，b，c，d，p，r，u は太線である。これらの平行な線を組み合わせてできる平行四辺形のうち，少なくとも１辺が細線である平行四辺形の総数として，正しいのはどれか。

【R3　東京都】

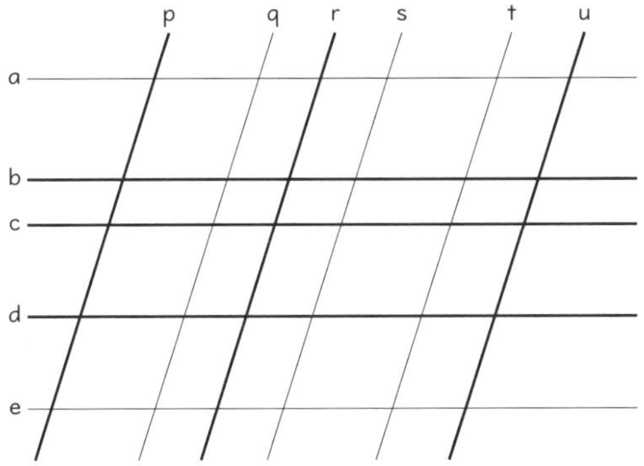

1　141
2　142
3　143
4　144
5　145

「少なくとも１辺が細線である平行四辺形」以外の平行四辺形はどういうものでしょう？　そうです，「すべての辺が太線の平行四辺形」です。ある事象に対して，それが起こらないという事象のことを**余事象**といいます（第６章テーマ 29 で詳しくあつかいます)。この問題では余事象を用います。**すべての平行四辺形から，余事象を除いて**，求める事象の数を出していきましょう。

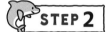

STEP 1 平行四辺形はどのようにできるのかを整理しよう

平行四辺形は a〜e の５本から２本，p〜u の６本から２本を選べばできます。太線のみの平行四辺形をつくるには，b〜d の３本から２本，p，r，u の３本から２本を選べばできます。つくり方は簡単ですね。

STEP 2 公式にあてはめよう

すべての平行四辺形は，積の法則を用いて，

$${}_5C_2 \times {}_6C_2 = \frac{{}_5P_2}{2!} \times \frac{{}_6P_2}{2!} = \frac{5 \times 4}{2 \times 1} \times \frac{6 \times 5}{2 \times 1}$$

＝ 10 × 15 ＝ 150〔個〕できます。

積の法則

Ａが m 通り，そのおのおのに対し，Ｂの起こり方が n 通りあるとすると**ＡとＢが同時に起こる場合の数は**

$m \times n$〔通り〕

になるよ。

積の法則については，テーマ **12** で詳しく解説しているよ。

太線のみの平行四辺形も同様に，

$${}_3C_2 \times {}_3C_2 = \frac{{}_3P_2}{2!} \times \frac{{}_3P_2}{2!} = \frac{3 \times 2}{2 \times 1} \times \frac{3 \times 2}{2 \times 1} = 3 \times 3 = 9$$〔個〕できます。

STEP 3 余事象を使って，答えを求めよう

「すべての平行四辺形の個数」から，「すべての辺が太線の平行四辺形の個数」を引けば，「少なくとも１辺が細線である平行四辺形の個数」が求まります。

150 − 9 ＝ 141〔個〕

練習問題 5

　3人のチームで行う作業がある。作業を行う候補者は，男4人，女6人の合わせて10人であり，このうちに2組の姉と妹がおり，ほかに親族関係にあるものはいない。作業能率が3人の組合せ方によってどのように変化するかを調べるため，あらゆる組合せで作業を行ってみることにした。チームの編成に当たっては，3人のうち1人は必ず女性でなければならず，しかも3人ともお互いに親族関係にないことが必要であるという。チームの組合せ方法は何通りあるか。

【H10　国家一般職［大卒］】

1　60通り
2　70通り
3　80通り
4　90通り
5　100通り

　「3人のうち1人は必ず女性」とか「3人ともお互いに親族関係がない」など，一見条件が複雑ですが，要は「全員男性はダメ」，「3人の中に姉妹がいてはいけない」ということです。

STEP 1　公式にあてはめよう

　10人の中から作業をする3人を選ぶ方法は，

$_{10}C_3 = \frac{_{10}P_3}{3!} = \frac{10 \times 9 \times 8}{3 \times 2 \times 1} = 120$〔通り〕

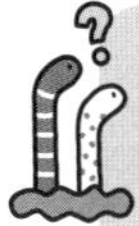

順列？　組合せ？
　この問題では，選んだ3人の順番は気にしていないので組合せになるよ。

STEP 2　注意して計算しよう

　120通りの中から，①すべて男性の場合と，②姉妹が含まれている場合を除くことにします。

①すべて男性の場合

　男性4人の中から3人を選ぶことになるので，

$_4C_3 = \frac{_4P_3}{3!} = \frac{4 \times 3 \times 2}{3 \times 2 \times 1} = 4$〔通り〕　です。

②姉妹を含む場合

　姉妹のほかの1人を残りの8人から選べばよいので

$_8C_1 = \frac{_8P_1}{1!} = \frac{8}{1} = 8$〔通り〕　です。

ただし，２組の姉妹が含まれるので，８×２＝16〔通り〕 です。
もちろん①と②が同時に起こることはありません。
したがって，条件に合う選び方は，120 − 4 − 16 ＝ 100〔通り〕 です。

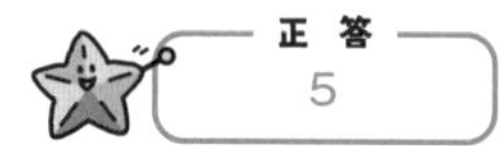

最後に，条件が複数あるため，少し難度が高くなっている問題に挑戦しましょう。

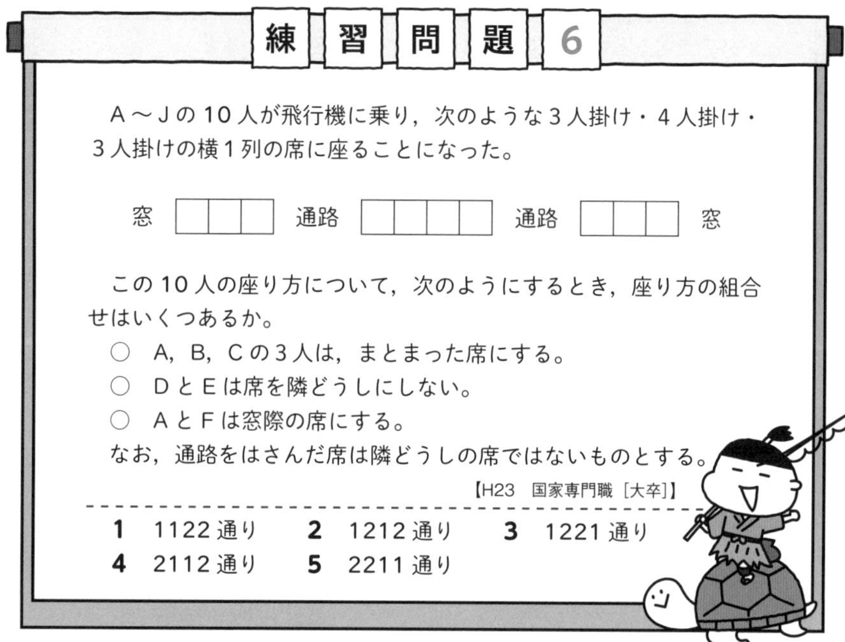

練習問題 6

Ａ～Ｊの 10 人が飛行機に乗り，次のような３人掛け・４人掛け・３人掛けの横１列の席に座ることになった。

窓 □□□ 通路 □□□□ 通路 □□□ 窓

この 10 人の座り方について，次のようにするとき，座り方の組合せはいくつあるか。

○ Ａ，Ｂ，Ｃの３人は，まとまった席にする。
○ ＤとＥは席を隣どうしにしない。
○ ＡとＦは窓際の席にする。

なお，通路をはさんだ席は隣どうしの席ではないものとする。

【H23 国家専門職［大卒］】

1 1122 通り **2** 1212 通り **3** 1221 通り
4 2112 通り **5** 2211 通り

３つの条件を順に①～③と呼びます。３つのどの条件から使っていけば楽になるかを考えてみてください。

STEP 1 条件を使う順序を考える

どの条件から攻めるかを決めるうえで重要なことは，「**場合分けが少なくて済むものから攻める**」ということです。
①の条件だと，Ａ，Ｂ，Ｃの３人がまとまるのは，左・中・右の３通りの場合があります。
②の条件を満たすものは非常にたくさんあります。
③は２通りしかありません。
この観点から，最初に攻めるのは間違いなく条件③です。

窓際の席は２つしかないので，（左窓，右窓）は，（A，F）と（F，A）の２通りしかありません。さらに，左右対称の座席なので，全体の左右を入れ換えたものも組合せの数は同じになります。

そこで，まず（左窓，右窓）を（A，F）として検討していきましょう。

窓	A	ア	イ	通路	ウ	エ	オ	カ	通路	キ	ク	F	窓

残った８つの座席にア～クと名前をつけておきます。

次に攻めるのは条件①だとわかりますね。A が左のまとまりに決まったので，（ア，イ）は（B，C）か（C，B）の２通りに決まります。

STEP 2 注意して計算

あとは，残りの６人を，残ったウ～クの席に座らせていくのですが，**条件②で D と E は隣どうしにしない**とされています。このようなときはさっきの問題でも出てきた**余事象**の考え方を使うんでしたね。(～である場合の数)＝（全体)－(～でない場合の数）です。

６人の並べ方は $_6P_6 = 6! = 6 \times 5 \times 4 \times 3 \times 2 \times 1 = 720$〔通り〕

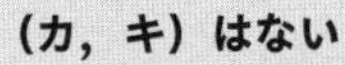
（カ，キ）はない

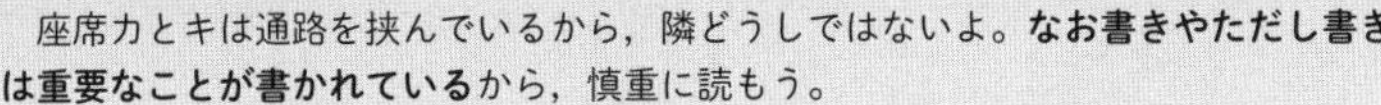
座席カとキは通路を挟んでいるから，隣どうしではないよ。**なお書きやただし書きは重要なことが書かれているから**，慎重に読もう。

D と E が隣り合う並び方について見ると，D，E の座り方は（ウ，エ)，(エ，ウ)，(エ，オ)，(オ，エ)，(オ，カ)，(カ，オ)，(キ，ク)，(ク，キ）の８通り，さらに残った４席に，残りの４人が座る座り方が，

$_4P_4 = 4! = 4 \times 3 \times 2 \times 1 = 24$〔通り〕

よって，D と E が隣り合う並び方は**積の法則**より，$8 \times 24 = 192$〔通り〕

以上より，D，E が隣り合わない６人の座り方は，余事象の考え方より，$720 - 192 = 528$〔通り〕になります。

STEP 3 全体をまとめる

ここまでをまとめると，(B，C）の座り方での２通り，さらに残りの６人の座り方が 528〔通り〕なので，**積の法則**より，$2 \times 528 = 1056$〔通り〕が（左窓，右窓）を（A，F）としたときの組合せです。

そして，最後に（左窓，右窓）を（F，A）とする，つまり，全体の左右を入れかえても同じ組合せになりますので，$1056 \times 2 = 2112$〔通り〕が求める場合の数になります。

2倍を忘れないで

これまでは，(左窓，右窓）を（A，F）としたときの組合せを求めてきたけど，(左窓，右窓）を（F，A）とした場合も同じだけあるので，最後に２倍しよう。

正答
4

11 確率の問題❶
～順列・組合せが大活躍～

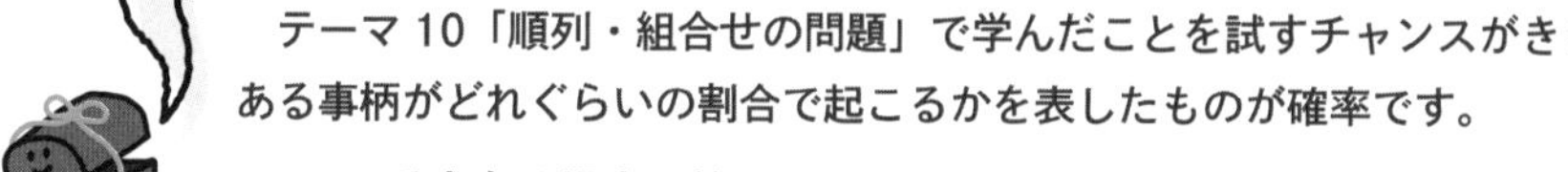

テーマ 10「順列・組合せの問題」で学んだことを試すチャンスがきました。ある事柄がどれぐらいの割合で起こるかを表したものが確率です。

確率は$\frac{\text{そうなる場合の数}}{\text{全部で何通りあるか}}$という分数で表します。順列と組合せを思い出しながら進めていきましょう。

例題

1個のサイコロを何回か振って，奇数の目が3回出たところでやめるようにするとき，ちょうど6回振ったところでやめることになる確率はどれか。

【H15　特別区】

1 $\frac{3}{32}$

2 $\frac{7}{64}$

3 $\frac{1}{8}$

4 $\frac{9}{64}$

5 $\frac{5}{32}$

起こりうるすべての事象（ことがら）の場合の数がn通りあって，事象Aの起こる場合の数がa通りあるとき，事象Aの起こる確率は，$\frac{a}{n}$で求められます。

たとえば，サイコロを1回振って，偶数が出る確率を考えるとき，nは1，2，3，4，5，6の6通り，aは2，4，6の3通りなので，確率は$\frac{3}{6}=\frac{1}{2}$となるわけです。

それでは，例題を見ていきましょう。

STEP 1 分母はいくつ？

サイコロを6回振ったときの目の出方は 6^6 通りありますが，偶数・奇数の出方だけに限れば $2^6 = 64$〔通り〕です。

サイコロの目の出方

1個のサイコロを振るときの目の出方は6通りだから，2個のサイコロでは，$6 \times 6 = 6^2 = 36$〔通り〕，3個のサイコロでは，$6 \times 6 \times 6 = 6^3 = 216$〔通り〕，…となるよ。

STEP 2 分子はいくつ？

では，分子を求めることにしましょう。

6回振ったところでやめになるには，5回目までに奇数が2回（偶数が3回）出て，6回目に奇数が出るときですね。

たとえば，下のような場合です。

偶	奇	偶	偶	奇	奇
1回目	2回目	3回目	4回目	5回目	6回目

5回目までに奇数が2回，偶数が3回出ればどんな順序でもかまいません。

このような並べ方は何通りありますか？

5回の中から奇数の出る2回を選ぶと考えると，

$${}_5C_2 = \frac{{}_5P_2}{2!} = \frac{5 \times \overset{2}{\cancel{4}}}{\cancel{2} \times 1} = 10〔通り〕$$

と求めることができます。

せっかくだから…

5回のうち，偶数が3回，奇数が2回出ればいいから，同じものを含む順列の公式 $\frac{5!}{3!2!} = 10$ でもいいわね。

6回目は考えないの？

6回目については，奇数の1通りに決まっているから，6回目まで検討しても，$10 \times 1 = 10$〔通り〕で，場合の数は変わらないわ。

STEP 3 確率は？

分母が64，分子が10ですから $\frac{\overset{5}{\cancel{10}}}{\underset{32}{\cancel{64}}} = \frac{5}{32}$

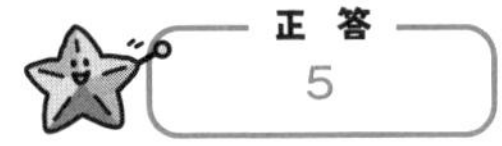

正答

5

練習問題 1

コインを5回投げたとき，表が3回，裏が2回出る確率として正しいものは次のうちどれか。

【H13　地方上級】

1 $\frac{3}{5}$

2 $\frac{5}{8}$

3 $\frac{5}{16}$

4 $\frac{3}{10}$

5 $\frac{3}{32}$

今度の問題はコインの問題です。表裏の枚数は，サイコロのときの偶数，奇数と同じように考えてみましょう。

STEP 1　分母はいくつ？

コインを5回投げるとき，表裏の出方は $2^5 = 32$〔通り〕。

コインの表裏の出方

2枚のコインの表裏の出方は，表表，表裏，裏表，裏裏の4通りだよ！
3枚のコインでは，$2 \times 2 \times 2 = 2^3 = 8$〔通り〕
4枚のコインでは，$2 \times 2 \times 2 \times 2 = 2^4 = 16$〔通り〕…となるよ。

STEP 2　分子はいくつ？

5回のうち，3回表，2回裏が出るので，5回の中から表の出る3回を選ぶと考えて，

${}_5C_3 = \frac{5 \times \overset{2}{\cancel{4}} \times \cancel{3}}{\cancel{3} \times \cancel{2} \times 1} = 10$〔通り〕です。

ここでも！

同じものを含む順列と考えて，$\frac{5!}{3!2!} = 10$ としてもよかったわね。

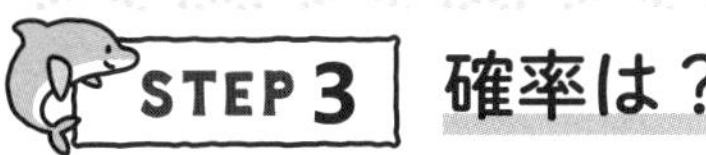

STEP 3 確率は？

分母と分子の場合の数がわかったので，確率を求めると，$\frac{\cancel{10}^{5}}{\cancel{32}_{16}}=\frac{5}{16}$

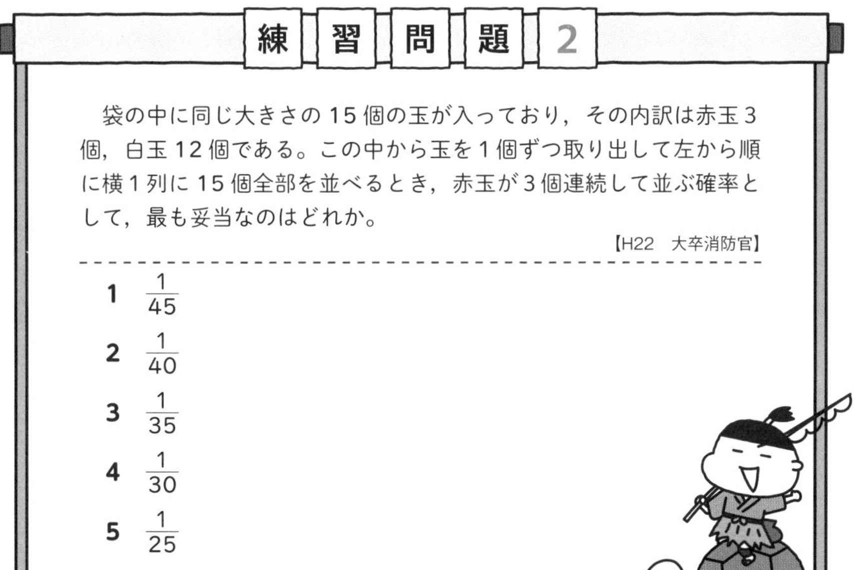

練習問題 2

袋の中に同じ大きさの15個の玉が入っており，その内訳は赤玉3個，白玉12個である。この中から玉を1個ずつ取り出して左から順に横1列に15個全部を並べるとき，赤玉が3個連続して並ぶ確率として，最も妥当なのはどれか。

【H22　大卒消防官】

1 $\frac{1}{45}$

2 $\frac{1}{40}$

3 $\frac{1}{35}$

4 $\frac{1}{30}$

5 $\frac{1}{25}$

次は玉の色の問題です。これまでの方針どおりに解けば難しい問題ではありません。

STEP 1 分母はいくつ？

15個の玉を並べるのですが，**赤玉の位置さえ決めてしまえば，残りはすべて白玉になる**ので，並べ方は

$_{15}C_{3}=\frac{\cancel{15}^{5}\times\cancel{14}^{7}\times 13}{\cancel{3}\times\cancel{2}\times 1}=5\times 7\times 13$〔通り〕になります。

確率は最後に$\frac{\text{そうなる場合の数}}{\text{全部で何通りあるか}}$という，分数の計算があります。ここで，約分ができることが多いので，5×7×13という大変な計算をこの段階でする必要はありません。

STEP 2　分子はいくつ？

赤玉３個が連続して並ぶのは，左から（1，2，3）番目，（2，3，4）番目，…，（13，14，15）番目というように，13 通りあります。

赤玉さえ決めれば，そのほかは自動的に白玉になります。

STEP 3　確率は？

以上より，赤玉が３つ連続して並ぶ確率は，

$\frac{\cancel{13}}{5 \times 7 \times \cancel{13}} = \frac{1}{35}$になります。

練習問題 3

図のように，円周上に等間隔に並んだ 12 個の点から異なる３点を無作為に選んで三角形をつくるとき，得られた三角形が正三角形になる確率はいくらか。

【H24　国家一般職［大卒］】

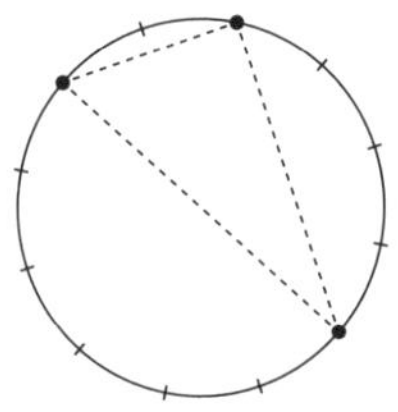

1　$\frac{1}{110}$

2　$\frac{1}{55}$

3　$\frac{1}{33}$

4　$\frac{1}{12}$

5　$\frac{1}{11}$

図形の問題です。正三角形は実際に描いて数えましょう。

STEP 1 分母はいくつ？

12 個の点から，異なる 3 個の点を選ぶのですから，その組合せは，

${}_{12}C_3 = \frac{\overset{2}{\cancel{12}} \times 11 \times 10}{\cancel{3} \times \cancel{2} \times 1} = 2 \times 11 \times 10$〔通り〕になります。

STEP 2 分子はいくつ？

正三角形はすべての辺の長さが等しいのですから，点と点は等間隔に離れているはずです。

そうすると，正三角形になるのは 4 通りとわかります。

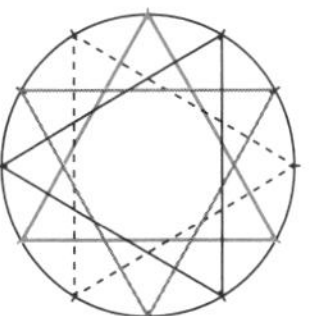

STEP 3 確率は？

以上より，得られた三角形が正三角形となる確率は，$\frac{\cancel{4}}{\cancel{2} \times 11 \times \underset{5}{\cancel{10}}} = \frac{1}{55}$になります。

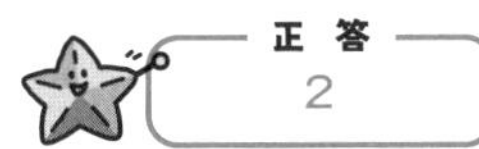

練習問題 4

各面に 1 ～12 の異なる数字が一つずつ書かれた正十二面体のサイコロがある。今，このサイコロを 2 回振った場合に，出た目の和が素数となる確率はいくらか。

【H27　国家一般職［大卒］】

1 $\frac{25}{144}$

2 $\frac{25}{72}$

3 $\frac{17}{48}$

4 $\frac{13}{36}$

5 $\frac{5}{12}$

最後はサイコロの問題です。サイコロはやみくもに数えていくと数え漏れの失敗をすることになります。それを防ぐために，ここでは表を使って処理する方法を身につけてください。

とりあえず，これまで通りの方法で解いてみましょう。

STEP 1 分母はいくつ？

正十二面体のサイコロを２回振るのですから，その目の出方は，
12 × 12 ＝ 144〔通り〕あります。

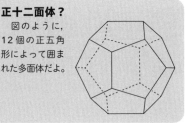

正十二面体？
図のように，12個の正五角形によって囲まれた多面体だよ。

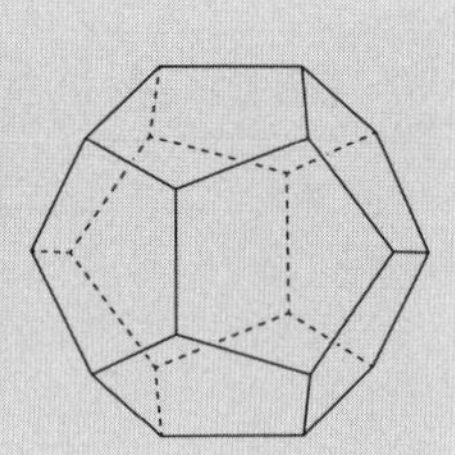

STEP 2 分子はいくつ？

正十二面体のサイコロを２回振った和の範囲は，２～24 です。その中に素数は２，３，５，７，11，13，17，19，23 の９つあります。そこで，２回振った目の和がこれらになる組合せを書き出して数えます。

素数ってなんだっけ？
１とその数自身でしか割り切れない数を素数（そすう）というよ。約数は２個しかないよ。

2 ＝（1，1）
3 ＝（1，2），（2，1）
5 ＝（1，4），（2，3），（3，2），（4，1）
7 ＝（1，6），（2，5），（3，4），（4，3），
（5，2），（6，1）
11 ＝（1，10），（2，9），（3，8），（4，7），
（5，6），（6，5），（7，4），（8，3），
（9，2），（10，1）
13 ＝（1，12），（2，11），（3，10），（4，9），
（5，8），（6，7），（7，6），（8，5），
（9，4），（10，3），（11，2），（12，1）
17 ＝（5，12），（6，11），（7，10），（8，9），
（9，8），（10，7），（11，6），（12，5）
19 ＝（7，12），（8，11），（9，10），（10，9），
（11，8），（12，7）
23 ＝（11，12），（12，11）

以上のように全部で 51 通りあります。

確率は？

以上より，出た目の和が素数になる確率は

$\frac{\cancel{51}^{17}}{\cancel{144}_{48}}=\frac{17}{48}$になります。

と，このように，正答が出ましたが，STEP２の数え上げのところでミスをしませんでしたか？　これだけ対象が多いとミスをしてもしかたがありません。そこで，少しでもミスを少なく，速く処理をするために，以下のような表をかいてやってみましょう。

サイコロの表で処理しよう

b＼a	1	2	3	4	5	6	7	8	9	10	11	12
1	○	○		○		○				○		○
2	○		○		○				○		○	
3		○		○				○		○		
4	○		○				○		○			
5		○				○		○				○
6	○				○		○				○	
7				○		○				○		○
8			○		○				○		○	
9		○		○				○		○		
10	○		○				○		○			
11		○				○		○				○
12	○				○		○				○	

なぜミスが減るのか
○は，通常規則正しく並ぶわ。そこで，抜けがあれば一目でわかるの。慣れてくれば，スピードもかなり速くなるはずよ。

表の１つの枠はサイコロの出目の組合せを表しています。２つのサイコロは a，b などと名前をつけてあると考えて，それぞれ別のものと考えましょう。

表の枠は 12 × 12 = 144，そのうち和が素数で○を打ったものが 51 なので，やはり，出た目の和が素数になる確率は$\frac{\cancel{51}^{17}}{\cancel{144}_{48}}=\frac{17}{48}$と求まります。

こちらのほうがミスなく，速く処理できると実感してもらえたと思います。

12 確率の問題❷
～積の法則でもっと便利に～

テーマ 11 では，分母，分子の場合の数を求めてから確率を求めました。ここでは，別のやり方で確率を求めてみます。

実は，今回のやり方のほうが，解きやすい問題も多いのです。

数的推理の重要分野である確率の知識をさらに増やしましょう。

例　題

A，B，C のカードが各 2 枚，D，E，F，G のカードが各 1 枚，合計 10 枚ある。このカードを無作為に横 1 列に並べたとき，左から 2 枚目が B のカードでかつ 3 枚目が E のカードである確率はいくらか。

【H16　国家専門職［大卒］】

1　$\frac{1}{30}$

2　$\frac{1}{35}$

3　$\frac{1}{45}$

4　$\frac{1}{50}$

5　$\frac{1}{55}$

たとえば，10 本の中に 3 本の当たりが入っているくじを，A，B がこの順にくじを引くときに，A が当たり B がはずれる確率を考えてみます。

A の当たる確率が $\frac{3}{10}$ であることはわかりますね。では，B のはずれる確率はどうでしょうか。

B がくじを引くときは，A が当たりくじを 1 本引いたので，9 本の中に 2 本の当たり（7 本のはずれ）が残っていることになり，B のはずれる確率は $\frac{7}{9}$ です。

したがって，A が当たり B がはずれる確率は，$\frac{3}{10}\times\frac{7}{9}=\frac{7}{30}$ と求められるのです。

これを確率の**積の法則**といいます。

公式：1 つ目の確率 × 2 つ目の確率 = 2 つのことが続けて起こる確率

積の法則は２つのことが両方とも連続で起こる場合に限ります。

２つのことが同時に起こることはなく，どちらか一方のみが起こり，しかもいずれも対象としている事柄に相当する場合は，「１つ目の確率」と「２つ目の確率」の和が，その確率となります。これを「和の法則」といいます。

なんでもかけていいわけじゃない！

確率は，なんでもかけて求められるわけではないんだ。

かけて求められるのは，「～をして」で結ばれる場合（連続動作）だよ。確認しながら使おう。

それでは，例題を見ていきましょう。

STEP 1　分けて

「かつ」で結ばれているので，積の法則が使えます。10 枚のカードから，まず，左から２枚目のカードを決め，次に３枚目のカードを決め，あとは残りのカードを適当に並べると考えます。

左から２枚目のカードは，10 枚のカードの中から B のカードを選ぶ確率ですから$\frac{2}{10}$です。

左から３枚目のカードは，残りの９枚のカードの中から E のカードを選ぶ確率なので$\frac{1}{9}$です。

なぜ１枚目から決めないの？

１枚目のカードはなんでもいいけど，２枚目のカードを決めるとき，２通りのことを考える必要があるわ。

１枚目に B を引くと，２枚目に B を引く確率は$\frac{1}{9}$，１枚目に B を引いていなければ$\frac{2}{9}$となって，場合分けが必要になるわ。複雑だから，ここは左から２枚目のカードをまず決めましょう。

STEP 2　かけて

求める確率は，積の法則を用いて，

$$\frac{2}{10}\times\frac{1}{9}=\frac{1}{45}$$

練習問題 1

当たりくじを4本含む11本のくじが入っている箱の中から1本ずつ2本のくじを引くとき，はじめに引いたくじを箱に戻す引き方で当たりくじを1本だけ引く確率 P_1 と，はじめに引いたくじを箱に戻さない引き方で当たりくじを1本だけ引く確率 P_2 との組合せとして，正しいのはどれか。

【H21　東京都】

	P_1	P_2
1	$\frac{16}{121}$	$\frac{6}{55}$
2	$\frac{28}{121}$	$\frac{6}{55}$
3	$\frac{28}{121}$	$\frac{28}{55}$
4	$\frac{56}{121}$	$\frac{14}{55}$
5	$\frac{56}{121}$	$\frac{28}{55}$

同時に起こる（連続動作）で使う**積の法則**と，それぞれ別の場合のときに使う**和の法則**，このどちらを使うかが一番のポイントです。

STEP 1　P_1 の場合：分けて，かけて

くじを箱に戻す引き方で当たりを1本だけ引く確率 P_1 について考えていきましょう。

2本のくじを引いて1本だけ当たりを引くのは，i（当たり→はずれ），ii（はずれ→当たり）の2パターンがありますね。

また，くじを戻すのですから，箱には常に11本のくじが入っていて，当たる確率は $\frac{4}{11}$，はずれる確率は $\frac{7}{11}$ です。

では確率を求めていきましょう。

i（当たり→はずれ）となる確率

積の法則ですね。$\frac{4}{11}\times\frac{7}{11}=\frac{28}{121}$

ii（はずれ→当たり）となる確率

やはり，**積の法則**です。$\frac{7}{11}\times\frac{4}{11}=\frac{28}{121}$

積の法則？

1本目と2本目は，連続動作（同時に起こるもの）だよ。たとえばiは，1本目当たり「かつ」2本目はずれだよ。このような場合は積の法則だね。

STEP 2 P_1の場合：最後は和

最後に P_1 は，ⅰとⅱの確率を，和の法則を用いて，

$$P_1=\frac{28}{121}+\frac{28}{121}=\frac{56}{121}$$

となります。

和の法則？

ⅰとⅱは，「かつ」で結ばれる連続動作ではないよ。こんな場合もあんな場合もあって，確率が上がっていくから，足すのだと理解しておこう。

STEP 3 P_2の場合：分けて，かけて

くじを箱に戻さない引き方で当たりを１本だけ引く確率 P_2 を考えましょう。

２本のくじを引いて１本だけ当たりを引くのは，やはりⅲ（当たり→はずれ），ⅳ（はずれ→当たり）の２パターンがあります。

また，くじを戻さないので，１本目は 11 本のくじが入っていて，当たる確率は $\frac{4}{11}$，はずれる確率は $\frac{7}{11}$ ですが，２本目は 10 本のくじしかなく，当たり，はずれの本数も変化しますので，注意が必要です。では確率を求めましょう。

ⅲ（当たり→はずれ）となる確率

積の法則です。$\frac{4}{11}\times\frac{7}{10}=\frac{28}{110}$

ⅳ（はずれ→当たり）となる確率

やはり，積の法則です。$\frac{7}{11}\times\frac{4}{10}=\frac{28}{110}$

STEP 4 P_2の場合：最後は和

最後に P_2 は，ⅲとⅳの確率を，和の法則を用いて，

$P_2=\frac{28}{110}+\frac{28}{110}=\frac{56}{110}=\frac{28}{55}$　となります。P_1 が $\frac{56}{121}$，P_2 が $\frac{28}{55}$ なので，正答は **5** です。

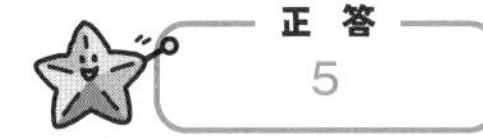

正答
5

別解

１回目と２回目は同じ

前のページの解法では，ⅰ（当たり→はずれ），ⅱ（はずれ→当たり）のように２つのパターンを別に考えましたが，１回目が当たりやすくて，２回目が当たりにくいなんてことはありませんよね。

つまり，くじを戻す場合は，ⅰの場合の確率を求めて，２倍をすれば，求める確率が求まるのです。

$P_1=\frac{4}{11}\times\frac{7}{11}\times2=\frac{28}{121}\times2=\frac{56}{121}$　同じように，くじを戻さない場合も，

$P_2=\frac{4}{11}\times\frac{7}{10}\times2=\frac{28}{110}\times2=\frac{28}{55}$

になります。和の法則を使う代わりに２倍しているのがわかりますか？

次の問題でも，確率をかける場合（積の法則）と，足す場合（和の法則）を使います。どちらにすべきか，よく考えて求めましょう。

練習問題 2

Ａの袋には白玉４個と黒玉２個，Ｂの袋には白玉２個と黒玉２個，Ｃの袋には白玉１個と黒玉２個がそれぞれ入っている。今，次のような手順で袋の中の玉を移動させる。

①Ａの袋から玉を１個取り出してＢの袋に入れる。

②Ｂの袋から玉を１個取り出してＣの袋に入れる。

この状態でＣの袋から玉を１個取り出すとき，それが白玉である確率として正しいものは，次のうちどれか。ただし，どの玉を取り出す確率も等しいものとする。

【H17　地方上級】

1 $\frac{19}{60}$

2 $\frac{7}{20}$

3 $\frac{23}{60}$

4 $\frac{5}{12}$

5 $\frac{9}{20}$

玉を取り出したり入れたり…と，一見複雑に見えますが，１つ１つ順を追って考えていけば大丈夫です。さあ，やってみましょう！

STEP 1　分けて，かけて

Ｃから白玉を取り出すまでの過程には，次の４通りが考えられます。

（ｉ）Ａから白　→　Ｂから白　→　Ｃから白
（ii）Ａから白　→　Ｂから黒　→　Ｃから白
（iii）Ａから黒　→　Ｂから白　→　Ｃから白
（iv）Ａから黒　→　Ｂから黒　→　Ｃから白

袋に入っている白玉，黒玉の個数を（白，黒）で表します。当初はＡ(４，２)，Ｂ(２，２)，Ｃ(１，２)となっています。

では，それぞれの場合について見ていきましょう。

（ⅰ）のAから白を取り出して，Bから白を取り出して，Cから白を取り出すの部分は連続動作だから，確率はかけ算すれば求められるね。（ⅱ）（ⅲ）（ⅳ）も同じだよ。

（ⅰ）のパターン

Aの袋から白玉を取り出す確率は，$\frac{4}{6}$

Bの袋の中は，（白，黒）＝（3，2）になるので，白玉を取り出す確率は，$\frac{3}{5}$

さらに，Cの袋の中は，（白，黒）＝（2，2）になるので，白玉を取り出す確率は，$\frac{2}{4}$

したがって，**積の法則**を用いて，

$\frac{4}{6}\times\frac{3}{5}\times\frac{2}{4}=\frac{24}{120}$です。

約分は後回し

すべて分母が6×5×4＝120になるので，最初の段階で約分をしないほうが計算が楽になるよ。

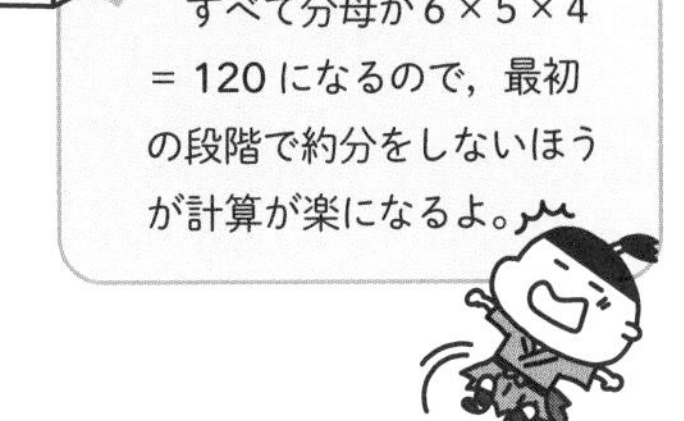

（ⅱ）のパターン

同じように考えて，袋から取り出すときに入っている白玉，黒玉の個数は，A（4，2），B（3，2），C（1，3）なので，白→黒→白の順に出る確率は，

$\frac{4}{6}\times\frac{2}{5}\times\frac{1}{4}=\frac{8}{120}$です。

（ⅲ）のパターン

同様に，A（4，2），B（2，3），C（2，2）より，黒→白→白の順に出る確率は，$\frac{2}{6}\times\frac{2}{5}\times\frac{2}{4}=\frac{8}{120}$です。

（ⅳ）のパターン

同様に，A（4，2），B（2，3），C（1，3）より，黒→黒→白の順に出る確率は，$\frac{2}{6}\times\frac{3}{5}\times\frac{1}{4}=\frac{6}{120}$です。

STEP 2 最後は和

（ⅰ）〜（ⅳ）のいずれかのときに白玉を取り出せるのですから，求める確率は，

$$\frac{24}{120}+\frac{8}{120}+\frac{8}{120}+\frac{6}{120}=\frac{\overset{23}{\cancel{46}}}{\underset{60}{\cancel{120}}}=\frac{23}{60}$$

となります。

和が確率になる

（ⅰ）（ⅱ）（ⅲ）（ⅳ）は，連続動作ではないので，足して求めるよ。

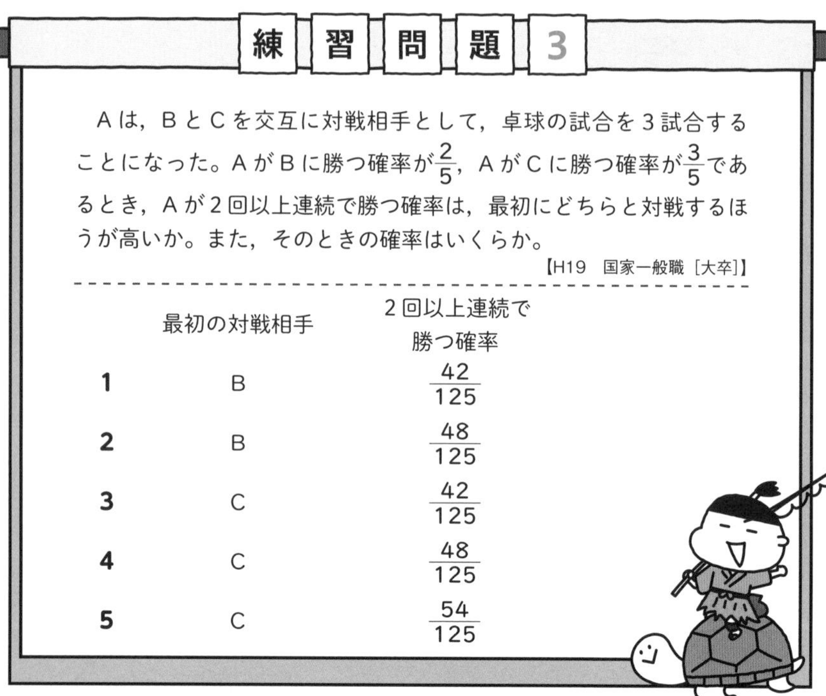

練習問題 3

Aは，BとCを交互に対戦相手として，卓球の試合を3試合することになった。AがBに勝つ確率が$\frac{2}{5}$，AがCに勝つ確率が$\frac{3}{5}$であるとき，Aが2回以上連続で勝つ確率は，最初にどちらと対戦するほうが高いか。また，そのときの確率はいくらか。

【H19　国家一般職［大卒］】

	最初の対戦相手	2回以上連続で勝つ確率
1	B	$\frac{42}{125}$
2	B	$\frac{48}{125}$
3	C	$\frac{42}{125}$
4	C	$\frac{48}{125}$
5	C	$\frac{54}{125}$

まず，「2回以上連続で勝つ」とはどういうことかを考えましょう。「確率」や「場合の数」の問題は，文中の内容をできるだけ具体的に表すところから始めていきます。

STEP 1 分けて

全部で3試合行うので，連続してAが2回勝つときは，
（ｉ）最初の試合と次の試合に勝ち，最後の試合に負ける場合と，
（ⅱ）最初に負け，次の試合と最後の試合に勝つ場合があります。
（ⅲ）全試合に勝つ場合も「2回以上連続で勝つ」ことに該当します。

またそれぞれの場合について，対戦相手が，Bから始まる場合と，Cから始まる場合があります。

	1回	2回	3回
ⅰ	○	○	×
ⅱ	×	○	○
ⅲ	○	○	○

STEP 2 かけて

最初の対戦相手がBの場合を考えてみましょう。対戦相手はB→C→Bの順になります。それぞれの場合について確率を求めてみましょう。

（ⅰ）勝→勝→負

最初にAはBに勝ち，続けてCに勝ち，最後にBに負ける場合にあたります。各試合に対するAの勝ち負けの確率をかけた値がこの場合の確率になります。

よって

$$\frac{2}{5}\times\frac{3}{5}\times\left(1-\frac{2}{5}\right)=\frac{2}{5}\times\frac{3}{5}\times\frac{3}{5}=\frac{18}{125}$$

以下，同様に。

（ⅱ）負→勝→勝

$$\left(1-\frac{2}{5}\right)\times\frac{3}{5}\times\frac{2}{5}=\frac{3}{5}\times\frac{3}{5}\times\frac{2}{5}=\frac{18}{125}$$

（ⅲ）勝→勝→勝

$$\frac{2}{5}\times\frac{3}{5}\times\frac{2}{5}=\frac{12}{125}$$

負ける確率は

負けることは勝つことの余事象なので，**負ける確率は**
1 −（勝つ確率）
で求められるわ。

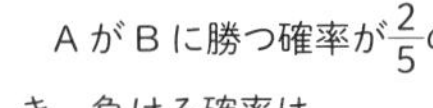

AがBに勝つ確率が$\frac{2}{5}$のとき，負ける確率は，

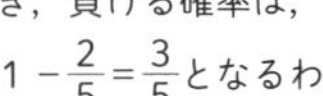

$1-\frac{2}{5}=\frac{3}{5}$となるわ。

次に最初の対戦相手がCの場合を考えてみましょう。対戦相手はC→B→Cの順になります。同様にAから見た各場合についての確率を求めると，

（ⅰ）勝→勝→負

$$\frac{3}{5}\times\frac{2}{5}\times\left(1-\frac{3}{5}\right)=\frac{3}{5}\times\frac{2}{5}\times\frac{2}{5}=\frac{12}{125}$$

（ⅱ）負→勝→勝

$$\left(1-\frac{3}{5}\right)\times\frac{2}{5}\times\frac{3}{5}=\frac{2}{5}\times\frac{2}{5}\times\frac{3}{5}=\frac{12}{125}$$

（ⅲ）勝→勝→勝

$$\frac{3}{5}\times\frac{2}{5}\times\frac{3}{5}=\frac{18}{125}$$

STEP 3 最後は和

以上をまとめると，Aが2回以上連続で勝つ確率は，最初の対戦相手がBの場合，すなわち対戦相手がB→C→Bの場合の（ⅰ），（ⅱ），（ⅲ）の和をとり，

$$\frac{18}{125}+\frac{18}{125}+\frac{12}{125}=\frac{48}{125}$$

最初の対戦相手がCの場合，同様に対戦相手がC→B→Cの場合の（ⅰ），（ⅱ），（ⅲ）の和をとり，

$$\frac{12}{125}+\frac{12}{125}+\frac{18}{125}=\frac{42}{125}$$

これら2つの値を比較すると，最初にBと対戦するほうが確率は高く，その値は$\frac{48}{125}$であることがわかります。

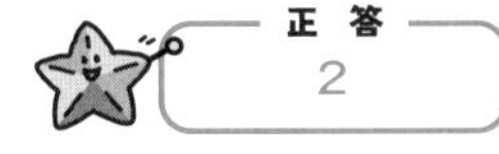

正答
2

第3章

基本問題に取り組んでみよう(図形編)

13 相似な三角形の問題
～基本形をマスターしよう～

形も大きさも同じ２つの図形を「合同」であるといいます。それに対して，形は同じでも大きさは違う２つの図形を「相似」であるといいます。ややこしそうですが，あまり難しく考えないでください。タイトルのとおり，基本形さえ覚えれば簡単に解くことができます。

例　題

三角形 ABC において，辺 BC は 3 cm であり，これを１：２に分けた点 D がある。辺 AB と平行に D から直線を引き，辺 AC との交点を E とする。このとき，辺 DE の中点 F を通る点 A からの直線と辺 BC の交点を G とする。DG は何 cm か。

【H17　市役所】

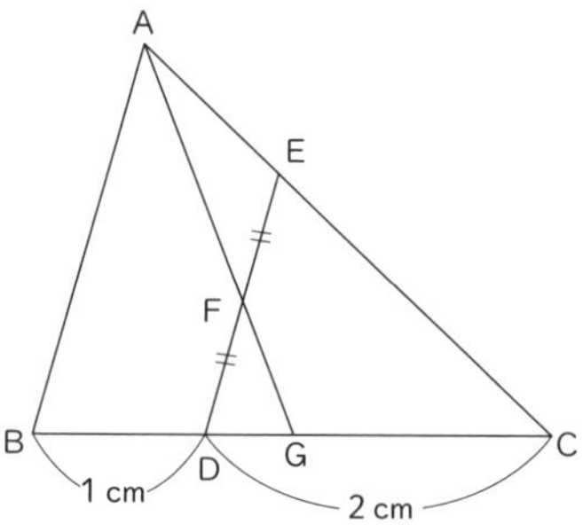

1　0.2 cm
2　0.3 cm
3　0.5 cm
4　0.6 cm
5　0.8 cm

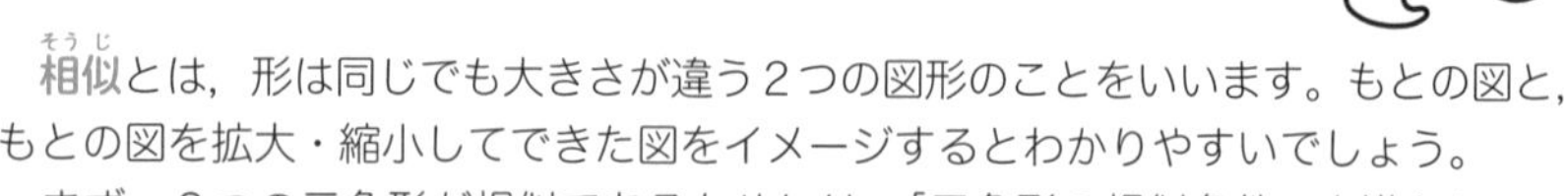

相似（そうじ）とは，形は同じでも大きさが違う２つの図形のことをいいます。もとの図と，もとの図を拡大・縮小してできた図をイメージするとわかりやすいでしょう。

まず，２つの三角形が相似であるためには，「三角形の相似条件」を満たしていることが必要です。

三角形の相似条件

・３組の辺の比がすべて等しい
・２組の辺の比が等しく，その間の角が等しい
・２組の角がそれぞれ等しい

また，相似な三角形では，対応する角の大きさは等しく，対応する辺の長さの比もすべて等しくなっています。

辺の比率？

相似な三角形は，各辺の比が等しくなるよ。

相似な三角形の場合，２つの三角形の１組の辺の比が２：３とわかれば，３組の比とも２：３となるんだ。

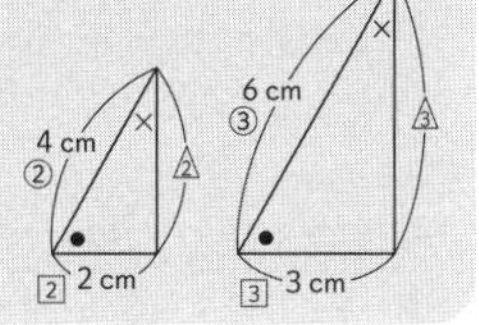

では，例題を見ていきましょう。

STEP 1 △ ABC と△ EDC に注目

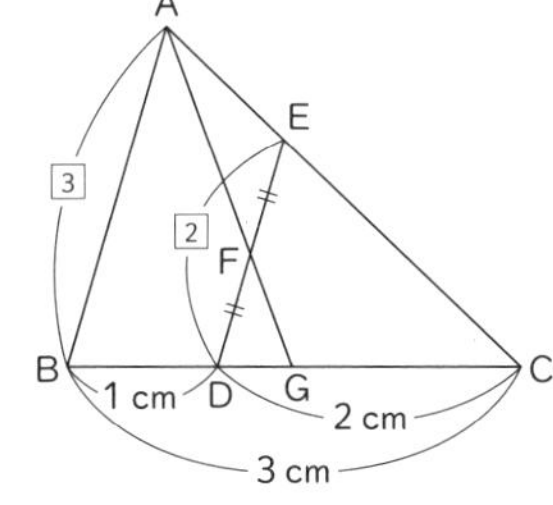

△ ABC と△ EDC は，「２組の角がそれぞれ等しい」という条件より，相似な三角形です。

CB：CD＝(２＋１)cm：２cm＝３：２より，

AB：ED＝３：２です。

また，F は ED の中点です。つまり，FD は ED の半分なので，AB：FD＝３：１です。

△ ABC と△ EDC は相似？

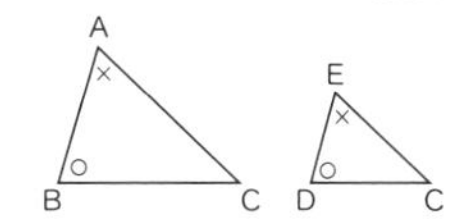

AB と DE は**平行なので，同位角が等しい**から

∠ CAB ＝∠ CED

∠ CBA ＝∠ CDE

２組の角がそれぞれ等しいので，△ ABC と△ EDC は相似よ。

第３章 基本問題に取り組んでみよう（図形編）

△ABGと△FDGに注目

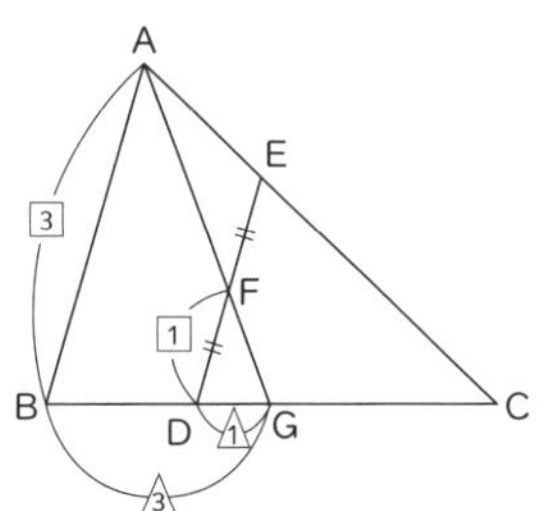

△ABGと△FDGも「2組の角がそれぞれ等しい」ので相似な三角形です。

STEP 1より，AB：FD＝3：1ですから，BG：DG＝3：1がわかります。

相似の基本形①

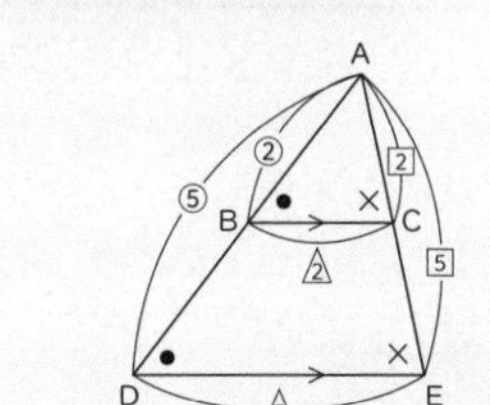

上の図で，BC // DEならば●と×の角はそれぞれ等しいので（同位角）△ABCと△ADEは相似だよ。

このとき，AB：AD＝AC：AE＝BC：DEになっているよ。

STEP 3

比を利用して，長さを求める

STEP 2より，

BD：DG＝(3－1)：1＝2：1，

BD＝1 cmなので

1：DG＝2：1

DG＝1×1÷2

＝0.5

DG＝0.5〔cm〕になります。

比の公式

A：B＝C：D

のときは

A×D＝B×C

だったよね？

練習問題 1

図のように，1辺が10の正方形ABCDがある。今，辺ADを7：3に内分する点をP，辺CDを3：7に内分する点をQとし，AQとBPの交点をMとするとき，BM：MPの値として正しいのは次のうちどれか。

【H16　地方上級】

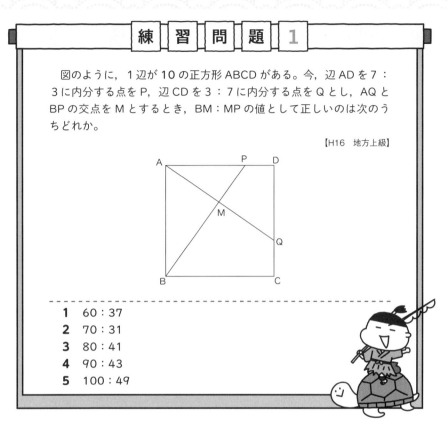

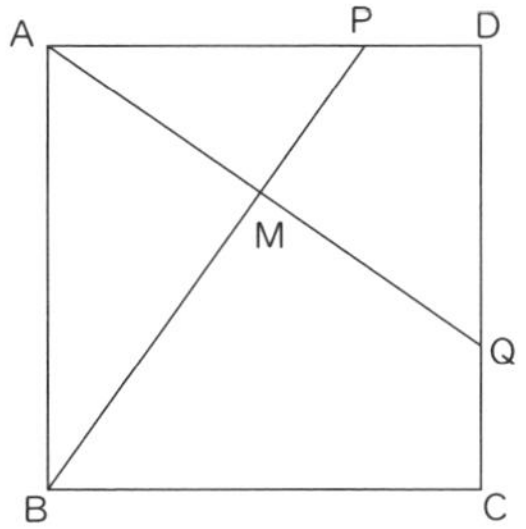

1　60：37
2　70：31
3　80：41
4　90：43
5　100：49

ここでもう1つ，相似の基本形をあつかってみましょう。ところが，問題の図の中には相似形が見当たりません。

STEP 1　相似な三角形をつくろう

こんなときは，補助線を引いてみることです。

AQとBCを延長して交点をNとしてみましょう。これで，相似な三角形が見つかるはずです。

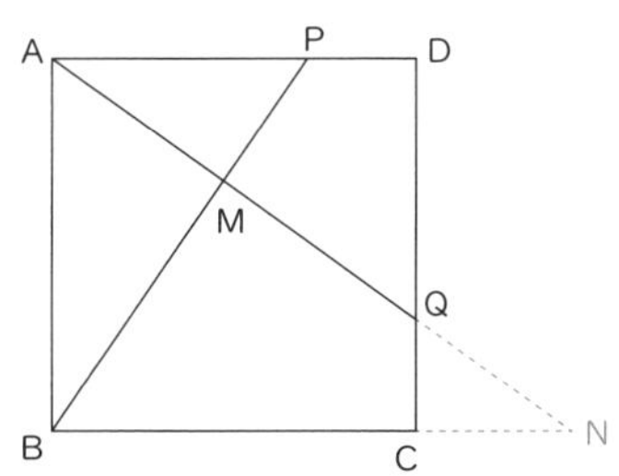

STEP 2 △ AQD と△ NQC に注目

△ AQD と△ NQC は「２組の角がそれぞれ等しい」ので，相似になっています。

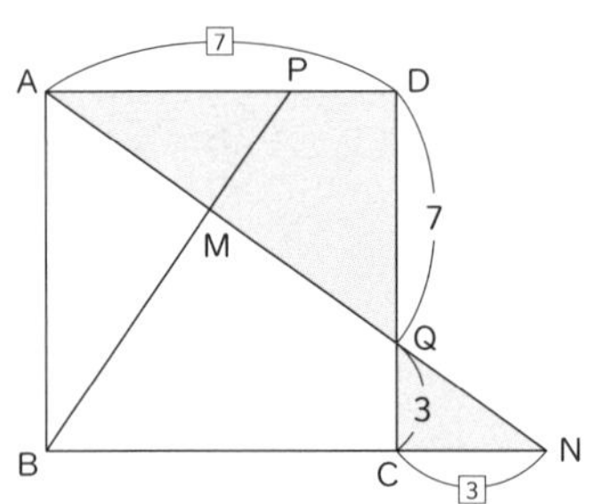

相似の基本形②

E D A B C

上の図で，ED // BC ならば●と×の角は等しいので（錯角）△ CBA と△ EDA は相似だよ。

相似を利用して BN の長さを求めます。

CQ：DQ ＝ 3 ： 7 より，NC：AD ＝ 3 ： 7 です。

AD ＝ 10 より，

$$NC : 10 = 3 : 7$$

$$NC = 10 \times 3 \div 7 = \frac{30}{7}$$

よって，$BN = 10 + \frac{30}{7} = \frac{100}{7}$となります。

STEP 3 △ AMP と△ NMB に注目

△ AMP と△ NMB も同様に「２組の角がそれぞれ等しい」ので，相似になっています。

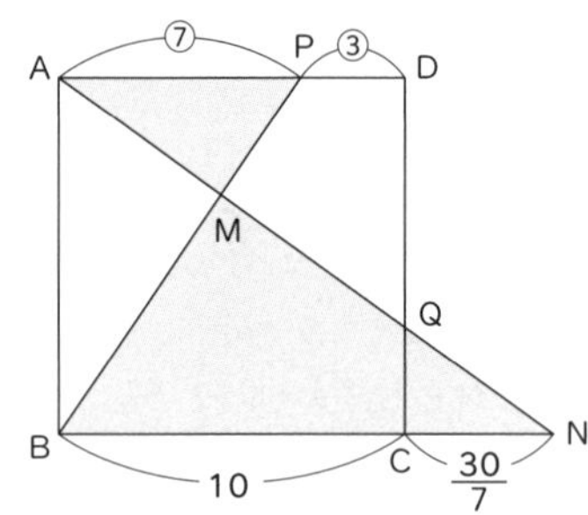

PA：PD ＝ 7 ： 3，AD ＝ 10 ですから

PA ＝ 7 となります。

よって，$BN : PA = \frac{100}{7} : 7 = 100 : 49$　になります。

また，BM：MP ＝ BN：PA より，

BM：MP ＝ 100：49 です。

別の相似を使う方法

下の図のように辺 AB と平行に P から直線を引き，AQ との交点を R とします。

△ APR と△ ADQ は 2 組の角がそれぞれ等しいから相似です。相似比は 7 ：10 になります。DQ の長さは，Q が辺 CD を 3 ：7 に内分することより，DQ ＝ 7 です。

相似記号

相似を表すときに「∽」という記号を用いる場合があるわ。△ APR と△ ADQ が相似であるときは，

△ APR ∽△ ADQ

と書くわ。

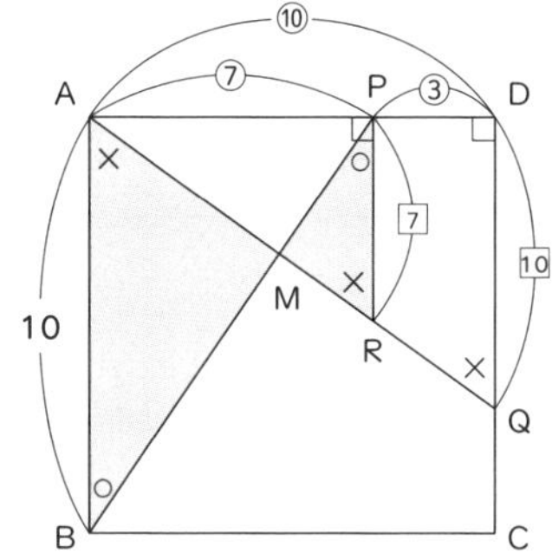

ここで，PR：DQ ＝ AP：AD ＝ 7 ：10

よって，DQ ＝ 7 を代入して，PR の長さは，

$PR : 7 = 7 : 10$

$PR = 7 \times 7 \div 10$

$PR = \dfrac{49}{10}$

です。

また，△ ABM と△ RPM も相似だから，

$BM : MP = AB : PR = 10 : \dfrac{49}{10} = 100 : 49$

練習問題 2

次の図において，四角形ABCDはAD//BCの台形であり，P，Qはそれぞれ辺AB，対角線ACの中点である。また，RはACとPDの交点である。AD = 6cm，BC = 16cmのとき，RQ：QCの値として正しいものはどれか。

【H30　裁判所】

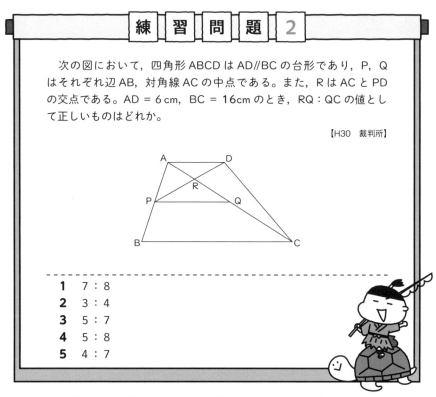

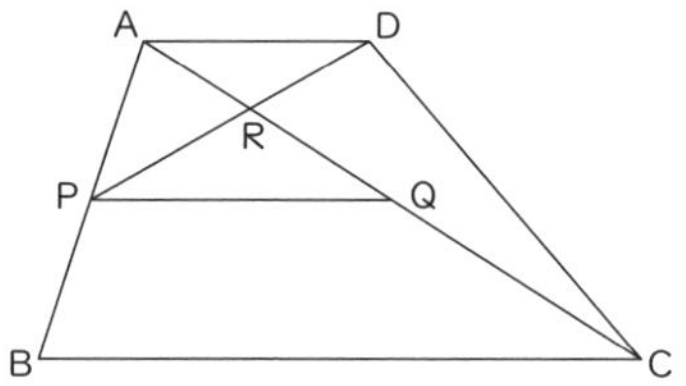

1　7：8
2　3：4
3　5：7
4　5：8
5　4：7

本問の解説の前にまず**中点連結定理**を説明しておかなければいけません。

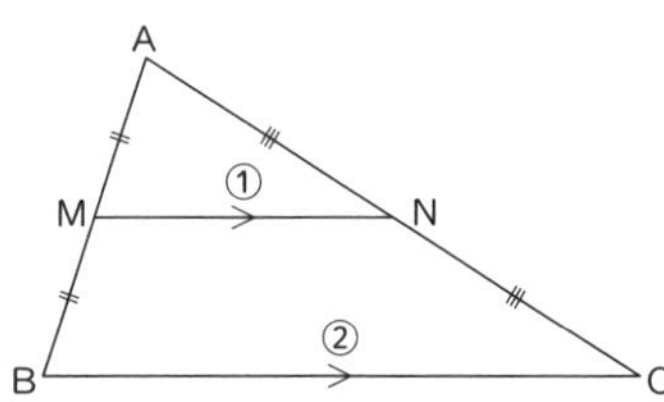

左の△ABCにおいて，M，Nが辺AB，辺ACの中点であるとき，MN＝$\frac{1}{2}$BC，MN//BCとなることを中点連結定理といいます。中学校で習うものです。

簡単に証明しておきましょう。△AMNと△ABCは相似です（AM：AB = AN：AC = 1：2，∠Aが共通なので，2組の辺の比とその間の角がそれぞれ等しいから）。そして相似比は1：2なので，MN = $\frac{1}{2}$BCです。また，対応する角である∠AMNと∠ABCは等しく，同位角が等しいことからMN//BCとなります。

それではこれを使って，解説をしていきます。

STEP 1　中点 P，Q に注目

先ほど説明したように，P，Q が辺 AB，辺 AC の中点ですので，中点連結定理より $PQ = \frac{1}{2}BC$，PQ//BC となります。これにより，$PQ = \frac{1}{2}BC = \frac{1}{2} \times 16 = 8$［cm］であることもわかります。

STEP 2　△ RDA と△ RPQ に注目

問題文にある AD//BC と STEP 1 で判明した PQ//BC により，AD//PQ であることがわかります。この形は相似でしたね。つまり，△ RDA ∽△ RPQ になります。

そして相似比は AD：PQ = 6：8 = 3：4 であり，AR：RQ = 3：4 となります。

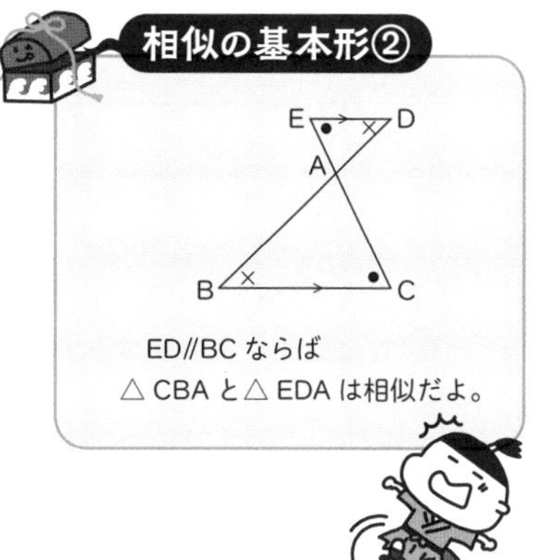

相似の基本形②
E
D
A
B
C
ED//BC ならば
△ CBA と△ EDA は相似だよ。

STEP 3　AR：RQ：QC に注目

問われている RQ と QC はともに対角線 AC 上の線分ですので，ここに注目します。

AR：RQ = 3：4 より，AR を③，RQ を④とすると，Q が AC の中点ですので，QC は⑦と表せます。以上より，RQ：QC = 4：7 とわかります。

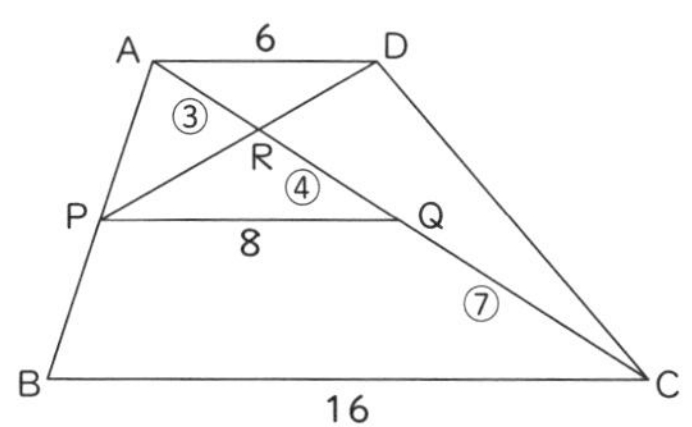

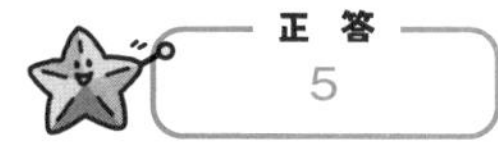

14 面積比の問題
～面積の比⇄辺の比～

数的推理であつかう面積の問題は，積分を使わないのはもちろんのこと，面積の公式だけを使って求める問題もわずかしかありません。では，どのように求めるのでしょう。比を使うのです。与えられている面積の比から，線分の比を求め，線分の比がわかれば，面積の比が求められる，という手順です。比は「算数・数学のおさらい」でやりましたね。では，例題を解いていきましょう。

例　題

次の図の四角形 ABCD は長方形で，AB ＝ 4 cm，AD ＝ 6 cm である。△ ABP と△ CDP の面積の比が 1 ： 2，△ ADP と△ BCP の面積の比が 1 ： 3 のとき，△ BDP の面積として正しいものはどれか。

【H13　特別区】

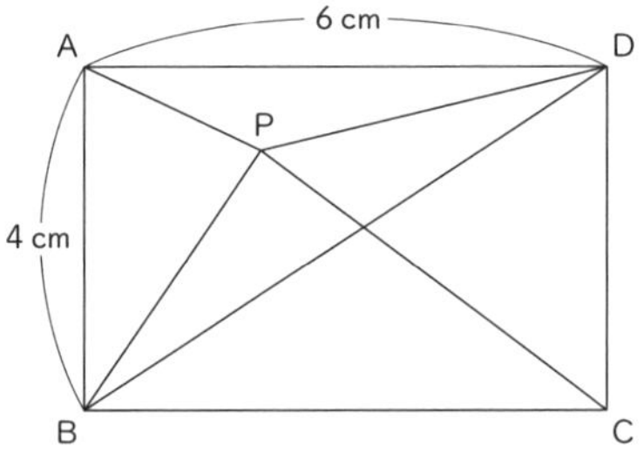

A　6 cm　D
P
4 cm
B　C

1　3 cm^2
2　4 cm^2
3　5 cm^2
4　6 cm^2
5　7 cm^2

△ BDP は高さも底辺もわかりませんから直接面積を求めることはできませんね。こんなときは面積を求めるために比を使うのです。

STEP 1　面積の比から，高さの比へ

P から BC，AB，AD，DC に垂直な線を引き，BC との交点を E，AB との交点を F，AD との交点を G，DC との交点を H とします。

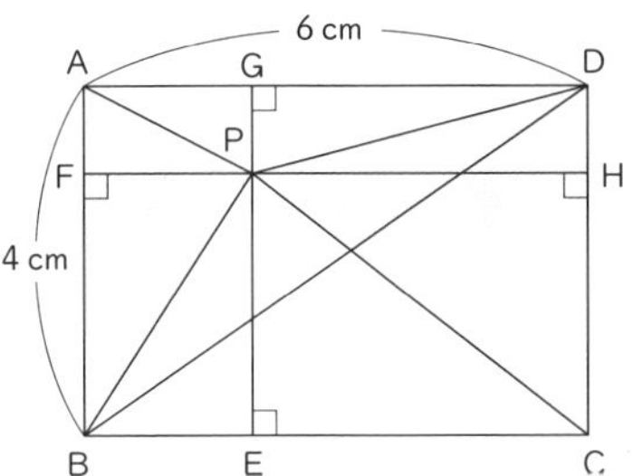

△ ABP と△ CDP の面積の比は 1 ： 2 です。それぞれの底辺を AB，DC と考えると長さが同じですね。するとこの場合，面積の比は高さに比例するので，

BE：EC ＝ FP：HP ＝ 1 ： 2 がわかります。

三角形の面積と底辺，高さ

底辺の等しい三角形の面積の比は，高さの比と同じだよ。たとえば

△ APB の面積は，8 × 6 ÷ 2 = 24

△ AQB の面積は，8 × 2 ÷ 2 = 8

2 つの三角形の面積比は

△ APB：△ AQB = 24：8 = **3 ： 1**

高さの比は，

6 ： 2 = **3 ： 1**

で等しくなるよ。

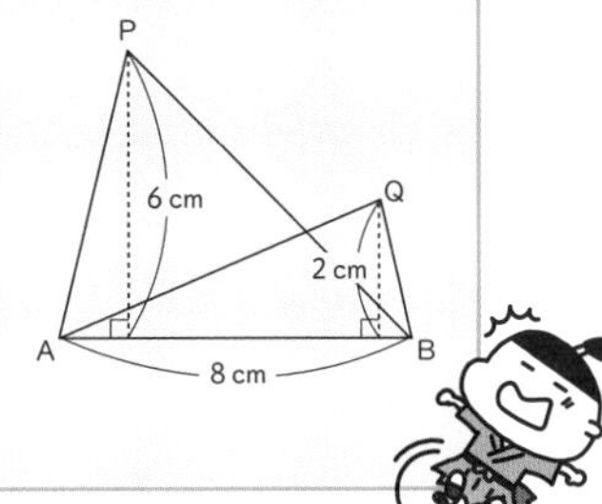

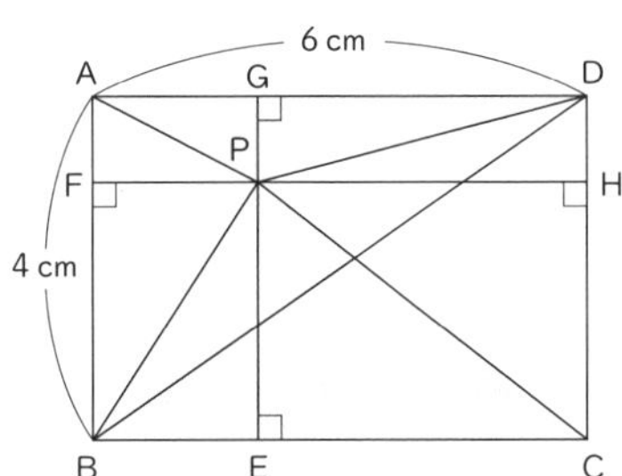

△ ADP と△ BCP についても同様に考えます。

底辺をそれぞれ AD，BC と考えると，底辺が同じ長さですので，面積の比は高さの比で決まります。

したがって，

GP：EP ＝△ ADP：△ BCP ＝ 1 ： 3

STEP 2 線分の比から面積へ

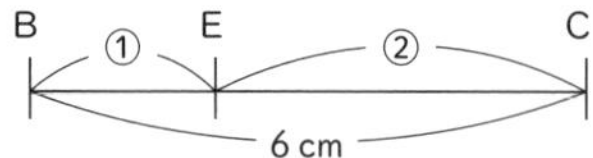

BE の長さは，BE：BC＝1：(1＋2)＝1：3だから，

BE：6＝1：3

BE＝6×1÷3＝2〔cm〕です。

BE：EC＝1：2より，BE＝2〔cm〕，EC＝4〔cm〕

AF：FB＝1：3より，AF＝1〔cm〕，FB＝3〔cm〕がわかりますね。

これで，△BDP の面積は，

△BDP＝△ABD－(△ABP＋△ADP)

で求めることができそうです。

△ABD＝6×4÷2＝12〔cm^2〕

△ABP＝4×2÷2＝4〔cm^2〕，

△ADP＝6×1÷2＝3〔cm^2〕より，

△BDP＝12－(4＋3)＝5〔cm^2〕

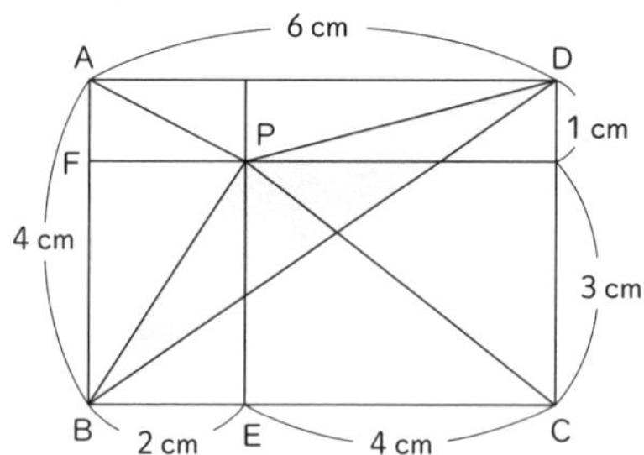

さあ，練習問題に移りましょう。次の問題は，長方形から平行四辺形に変わりましたが，まったく同じ考え方でできますよ。

練習問題 1

次の図のように平行四辺形 ABCD の内部に 1 点 P を取り，各頂点と点 P を結んだところ，△ ADP = 8 cm^2，△ ABP = 9 cm^2，△ BCP = 16 cm^2 となった。点 P から AD に平行な線分を引き，辺 CD との交点を Q とするとき，△ DPQ の面積として，正しいものは次のうちどれか。

【H15 市役所】

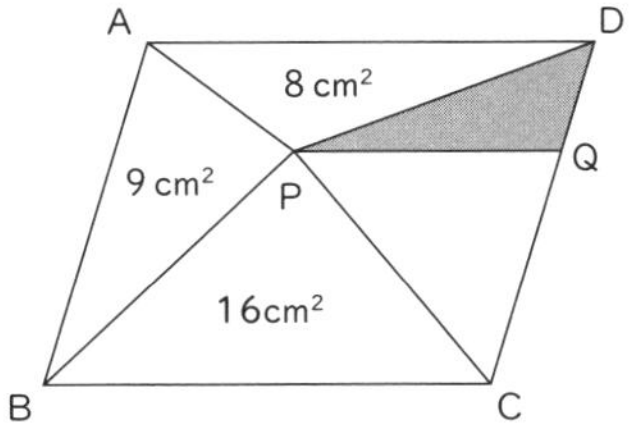

1 3 cm^2
2 4 cm^2
3 5 cm^2
4 6 cm^2
5 7 cm^2

まず，平行四辺形 ABCD の面積を求めましょう。
P を通り，AB，AD に平行な直線を引くと，何かが見えてきますよ。

STEP 1 三角形の面積

平行四辺形には，次のような性質があります。

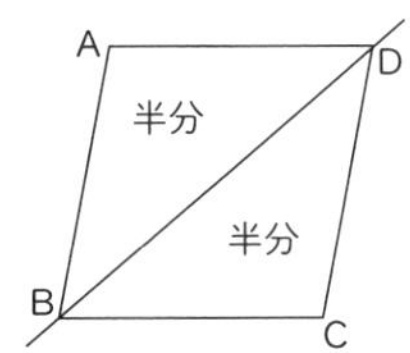

△ ADB の面積と△ CBD の面積が等しくなります。
つまり，対角線で真っ二つになるのです。

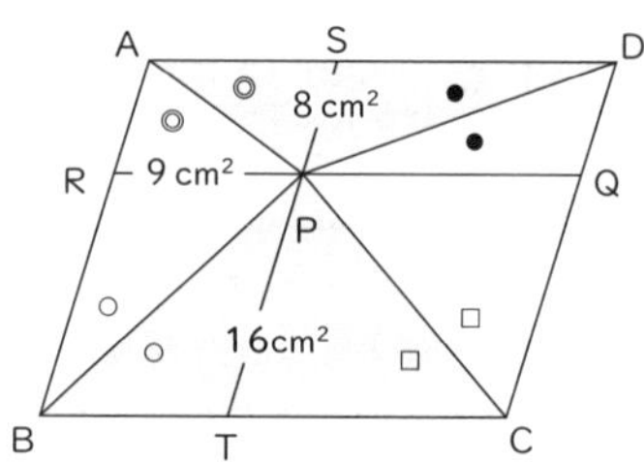

PQを延長してABとの交点をRとし，Pを通りABに平行な線を引き，AD, BCとの交点をそれぞれS，Tとします。

また，上の図のように△ASPの面積を◎，△SDPの面積を●，△PBTの面積を○，△PTCの面積を□とすると，すでに面積がわかっている△ADPと△BCPの和は

◎＋●＋○＋□

です。

また，このときの平行四辺形の面積は，

◎＋◎＋●＋●＋○＋○＋□＋□

と表せます。

△ADPと△BCPの和…◎＋●＋○＋□＝8＋16＝24〔cm^2〕

平行四辺形…◎＋◎＋●＋●＋○＋○＋□＋□＝(◎＋●＋○＋□)×2

したがって平行四辺形の面積は，

24×2＝48〔cm^2〕

となります。

△CDPの面積は，全体の平行四辺形から△ADP，△ABP，△BCPの面積を引けばいいので，

48－(8＋9＋16)＝48－33＝15〔cm^2〕です。

STEP 2 線分の比から面積へ

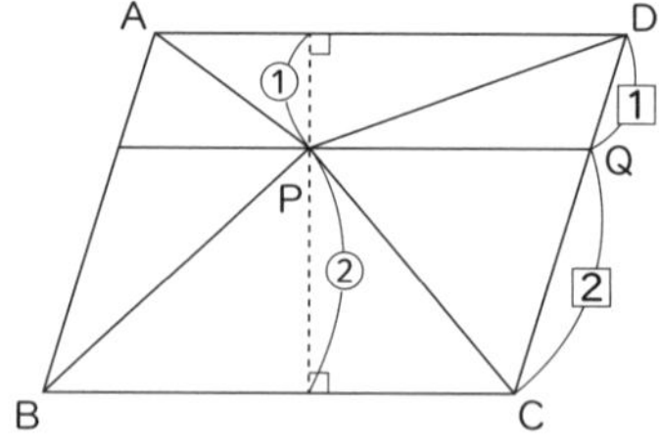

ここで△ADPと△BCPを見てください。

四角形ABCDは平行四辺形なのでAD＝BCです。つまり△ADPと△BCPは底辺が等しいので，面積の比は高さの比になります。

底辺の等しい三角形

底辺の等しい三角形では，
面積の比は高さの比に等しく
△ APB と△ AQB の面積比＝ 5 ： 2
が成り立つわ。

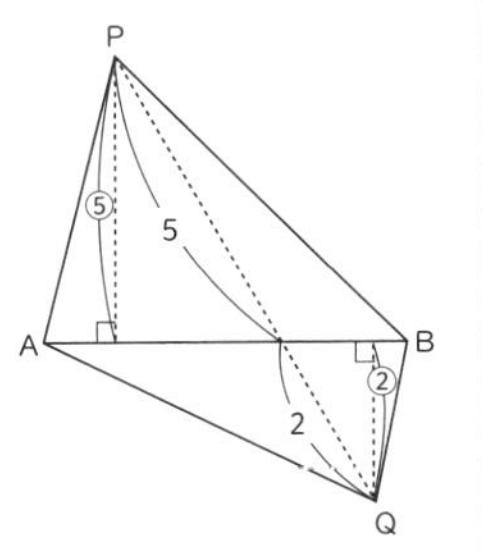

よって，△ ADP と△ BCP の高さの比は 8 ：16 ＝ 1 ： 2 です。問題文より，AD // PQ ですから，△ ADP と△ BCP の高さの比は DQ：QC と等しくなるので，DQ：QC ＝ 1 ： 2 です。

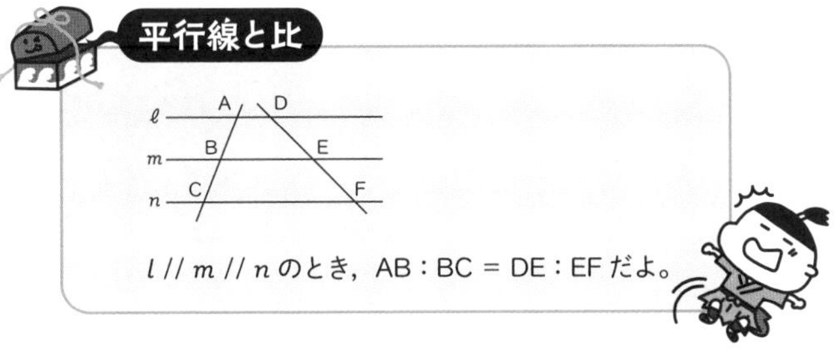

平行線と比
A
D
ℓ
B
E
m
C
F
n
l // m // n のとき，AB：BC = DE：EF だよ。

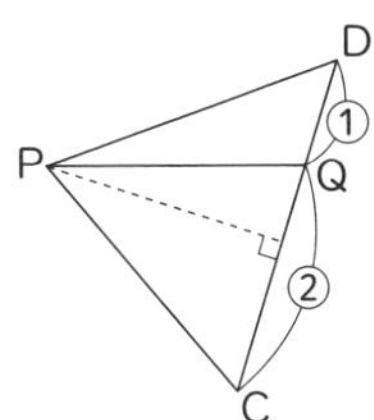

よって，△ PCQ と△ DPQ の面積の比は 2 ： 1 ですから，△ CDP と△ DPQ の面積の比は

（2 ＋ 1）：1 ＝ 3 ： 1 です。

したがって，△ DPQ の面積は，

15〔cm^2〕：●〔cm^2〕 ＝ 3 ： 1

●＝ 15 × 1 ÷ 3 ＝ 5〔cm^2〕です。

高さの等しい三角形

高さの同じ三角形の面積の比は，底辺の比と同じだよ。

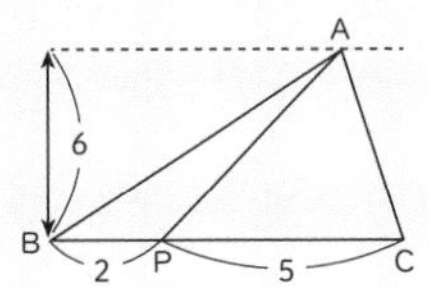

例　BP：PC = 2：5

△ ABP = 2 × 6 ÷ 2 = 6

△ APC = 5 × 6 ÷ 2 = 15

△ ABP：△ APC

= 6：15

= 2：5

練習問題 2

次の図のような台形ABCDに対角線ACおよびBDを引き，その交点をEとする。△ADEの面積が64，△CBEの面積が144であるとき，△ABCの面積として妥当なものはどれか。

【H13　大卒警察官】

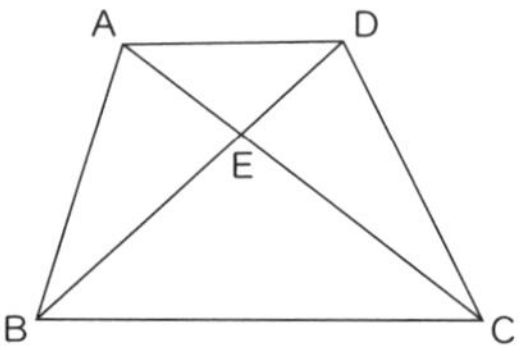

1　196
2　225
3　240
4　256
5　272

ここではまず，**相似な三角形の辺の比と面積の比**について考えます。

たとえば，△ABCと△PQRが相似な三角形であるときの△ABCと△PQRの面積の比を考えます。

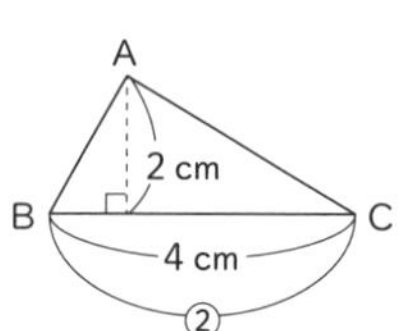

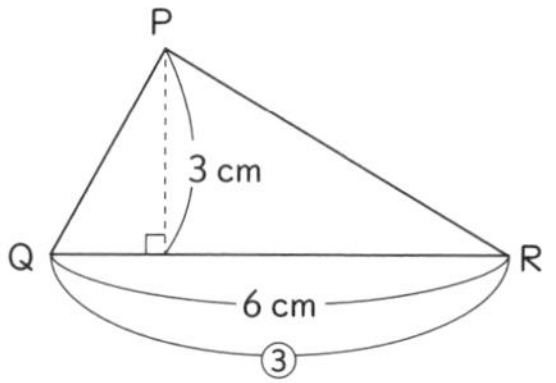

上の図では，BC：QR＝4〔cm〕：6〔cm〕＝2：3です。そのときの面積の比は

△ABC＝4×2÷2＝4〔cm^2〕

△PQR＝6×3÷2＝9〔cm^2〕

より，△ABCと△PQRの面積の比は4：9です。

簡単に言えば，$2^2：3^2$＝4：9ということです。

相似な三角形で，辺の比が $a：b$ のとき，その面積の比は $a^2：b^2$ で表されます。

これを利用して，面積の比から長さの比を求めましょう。

面積の比から，線分の比へ

△ADEと△CBEについて見ると，AD // BCであり，２組の角がそれぞれ等しいので，相似な三角形です。

また△ADEの面積と△CBEの面積の比は，

64：144＝4：9

$\quad = 2^2 : 3^2$

と考えると，AE：CE＝2：3となります。

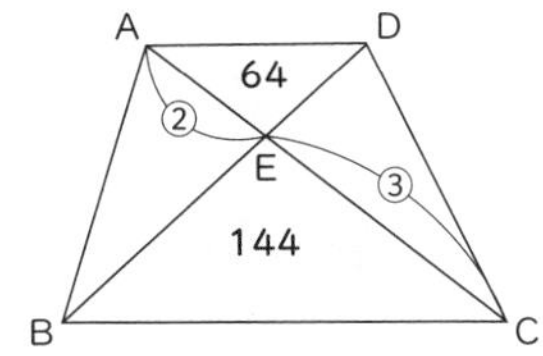

STEP 2 線分の比から，面積の比へ

△CBEと△ABCは，CEとCAをそれぞれの底辺とすると高さの同じ三角形で，CE：CA＝3：(3＋2)＝3：5なので，面積の比も3：5になります。

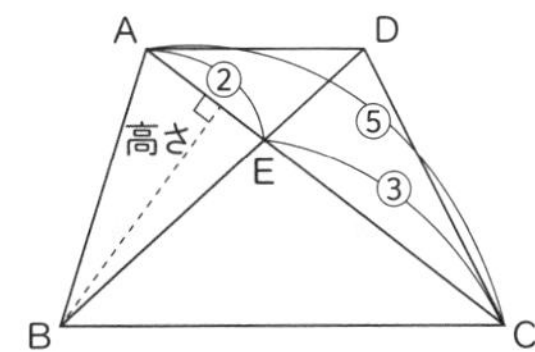

したがって，△CBE：△ABC＝3：5で，△CBE＝144より，△ABCの面積は，

144：△ABC＝3：5

△ABC＝144×5÷3

△ABC＝720÷3

△ABC＝240

15 三平方の定理の問題

～直角三角形を探せ，つくれ～

テーマ 15 では，三平方の定理をあつかいます。三平方の定理は直角三角形で使う定理です。図の中にはじめから直角三角形があるものもあれば，ないものもあります。ないものは補助線を引いて直角三角形をつくります。さっそく練習してみましょう。

例　題

図のように，半径 5 cm の円に 2 点で接する平行四辺形の面積は，次のうちどれか。

【H10　大卒警察官】

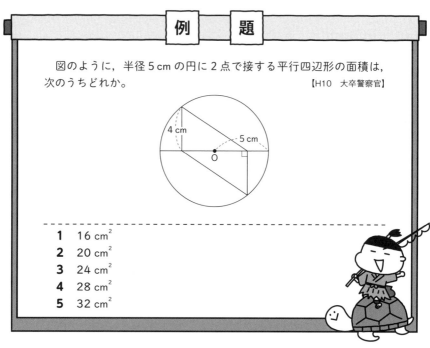

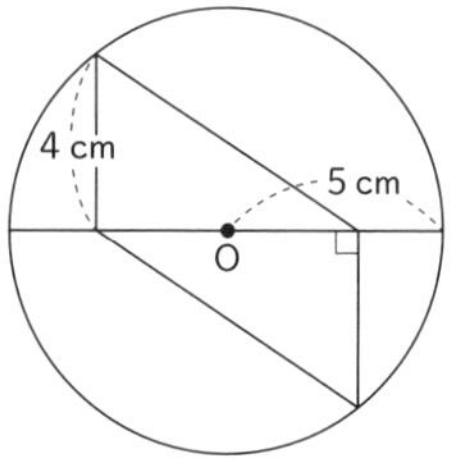

4 cm
5 cm
O

1　16 cm^2
2　20 cm^2
3　24 cm^2
4　28 cm^2
5　32 cm^2

直角三角形では，次のような「**三平方の定理**」が使えます。直角をはさむ 2 辺の長さを a，b，斜辺の長さを c とすると，

三平方の定理：$a^2 + b^2 = c^2$　になります。

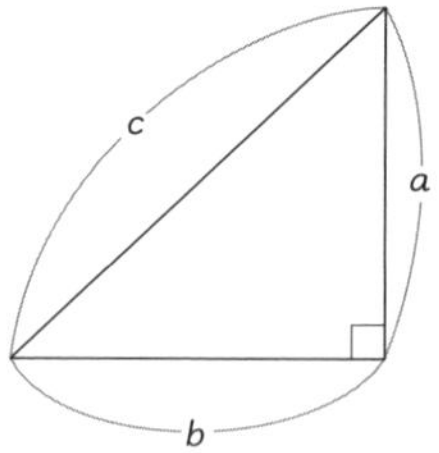

c
a
b

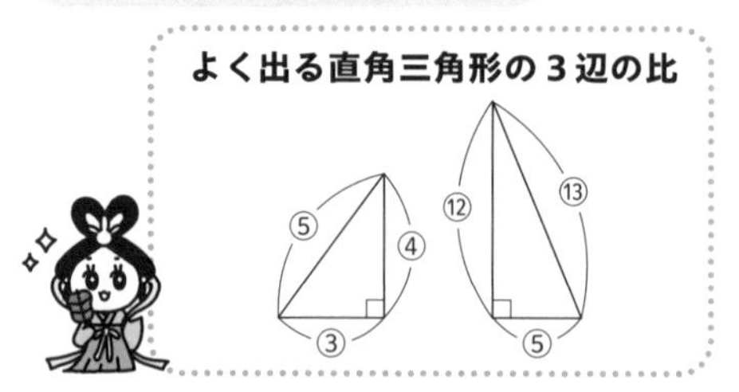

ターゲットはどれ？

平行四辺形の面積は，底辺×高さで求められるのでしたね。底辺を4 cmとしても，高さがわかりません。まずは**高さを求めることに集中しましょう。**

次の図のようにA，B，C，Dを決めます。また，AOとCOを結びます。

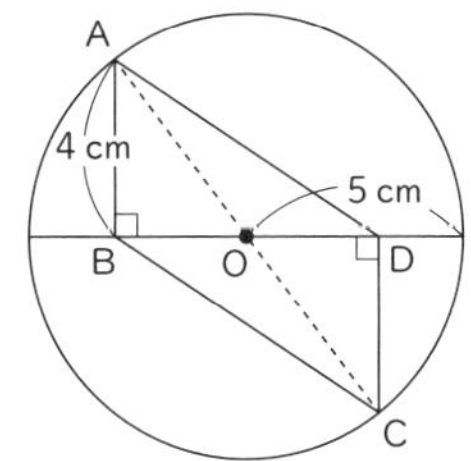

AB//DCですから，∠CDB＝∠ABD＝90°です。

また，DC＝AB＝4〔cm〕です。

AOの長さは，円の半径ですから5 cmです。

△ABOは直角三角形ですから，

三平方の定理を使うと，BOの長さは，

$AB^2 + BO^2 = AO^2$

$4^2 + BO^2 = 5^2$

$16 + BO^2 = 25$

$BO^2 = 25 - 16$

$= 9$

BO＝3，－3

「長さ」なので正の数になりますから，BOの長さは3〔cm〕となります。

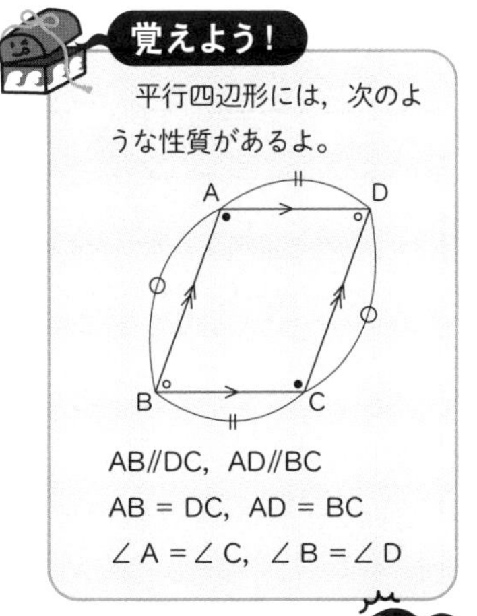

覚えよう！
平行四辺形には，次のような性質があるよ。
A
D
B
C
AB//DC，AD//BC
AB = DC，AD = BC
∠A =∠C，∠B =∠D

同様に，△OCDについても三平方の定理を使います。

COの長さは，円の半径だから5 cmです。

DOの長さは，$DO^2 + DC^2 = CO^2$より，$DO^2 + 4^2 = 5^2$ですから，DO＝3〔cm〕となります。

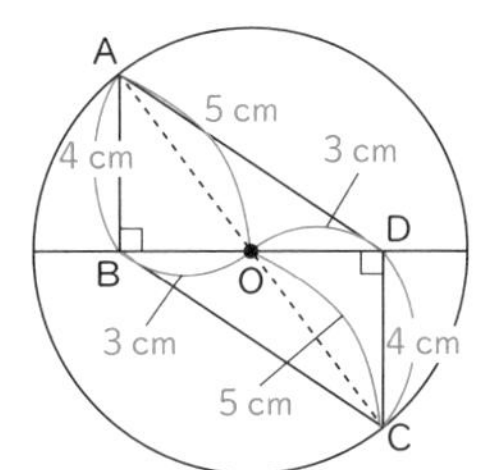

STEP 2 求める面積は？

したがって，求める平行四辺形の面積は，底辺 AB が 4 cm，高さは BO ＋ DO ＝ 3 ＋ 3 ＝ 6〔cm〕ですから，

6 × 4 ＝ 24〔cm^2〕です。

対称性を用いると

図の対称性から△ OAB と△ OCD は合同なので DO ＝ BO ＝ 3〔cm〕とすぐに求めてもかまわないわ。

ちなみに合同は△ OAB ≡△ OCD と書くの。

では，次の問題に進みましょう。

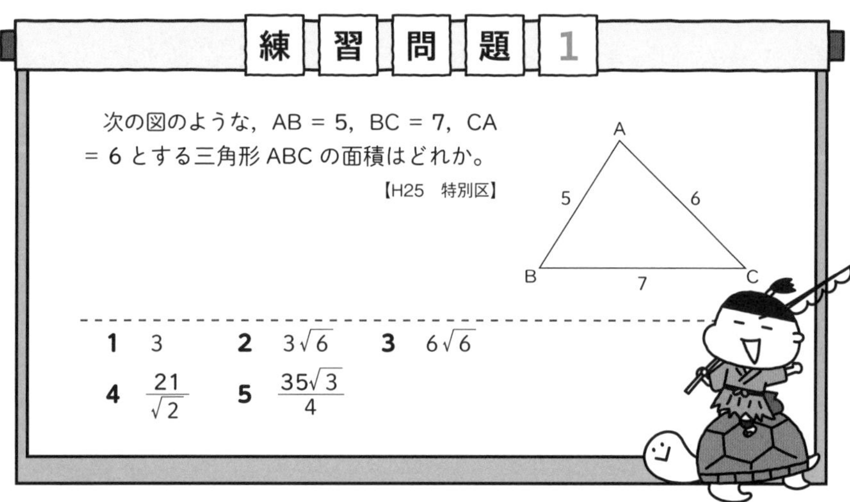

練習問題 1

次の図のような，AB ＝ 5，BC ＝ 7，CA ＝ 6 とする三角形 ABC の面積はどれか。

【H25　特別区】

1　3　　**2**　$3\sqrt{6}$　　**3**　$6\sqrt{6}$

4　$\dfrac{21}{\sqrt{2}}$　　**5**　$\dfrac{35\sqrt{3}}{4}$

三平方の定理を使うにはどうしたらいいでしょう？　補助線を引くことを考えてみます。

STEP 1 ターゲットはどれ？

三角形の面積は，底辺×高さ÷ 2 で求められますよね。そこで，次のように，線分 BC を底辺としたときに，高さになるように，頂点 A から辺 BC に対して垂線 AH を引きます。

また，三平方の定理が使えるように，BH ＝ x とすると，CH ＝ 7 － x となります。

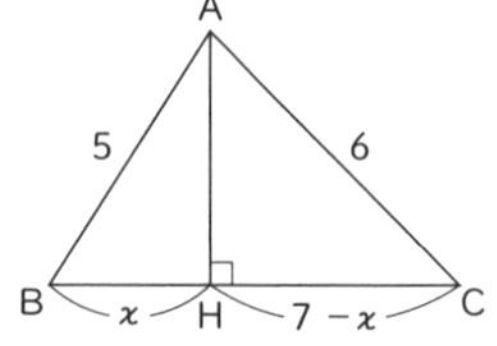

三平方の定理を使うには

三平方の定理 $a^2 + b^2 = c^2$ は3辺の関係を表すものだから，**値が2つわからないと，最後の1辺を求める式をつくれないよ。**

そこで，△ABHや△ACHについて，1辺の長さしか与えられていないから，**線分BHや線分CHの長さを x を使って表す**んだ。

STEP 2 定理でバッサリ

△ABHにおいて，BH $= x$〔cm〕，AB $= 5$〔cm〕を $BH^2 + AH^2 = AB^2$ に代入して，

$AH^2 = AB^2 - BH^2 = 5^2 - x^2$

同様に，△ACHにおいて，CH $= 7 - x$〔cm〕，AC $= 6$〔cm〕を $CH^2 + AH^2 = AC^2$ に代入して，$AH^2 = AC^2 - CH^2 = 6^2 - (7 - x)^2$

ここで，AH^2 が2通りに表されたので，それらは等しく，

$5^2 - x^2 = 6^2 - (7 - x)^2$　という方程式ができます。

$25 - x^2 = 36 - (49 - 14x + x^2)$

$25 - x^2 = 36 - 49 + 14x - x^2$

$38 = 14x$

$x = \frac{19}{7}$ となります。

STEP 3 求める長さと面積は？

求まった $x = \frac{19}{7}$ を $AH^2 = 5^2 - x^2$ に代入します。

$$AH^2 = 5^2 - \left(\frac{19}{7}\right)^2 = 25 - \frac{361}{49} = \frac{1225}{49} - \frac{361}{49} = \frac{864}{49}$$

$AH = \sqrt{\frac{864}{49}}$　AHは長さなので，正の数です

$= \frac{12\sqrt{6}}{7}$

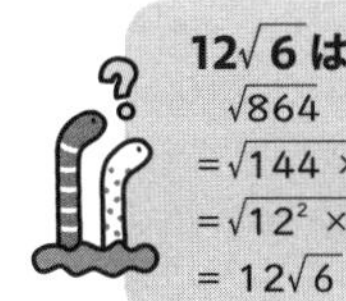

$12\sqrt{6}$ は？

$\sqrt{864}$

$= \sqrt{144 \times 6}$

$= \sqrt{12^2 \times 6}$

$= 12\sqrt{6}$

したがって，求める三角形の面積は，

△ABC $= 7 \times \frac{12\sqrt{6}}{7} \div 2 = 6\sqrt{6}$〔$cm^2$〕

正答

3

では，次の問題に進みましょう。

練習問題 2

下の図のように∠ BAC = 75°の△ ABC を，線分 DE を折り目として点 A が辺 BC 上の点 A′にくるように折り返す。∠ BA′D = 90°，線分 AD = 6，線分 BA′= $2\sqrt{3}$とするとき，辺 BC の長さはいくらか。

【H29　裁判所】

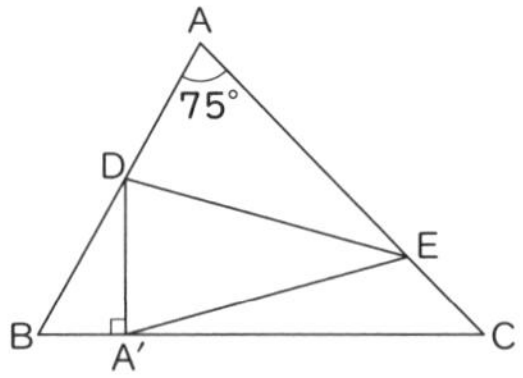

1　$10\sqrt{3}$
2　$6 + 8\sqrt{3}$
3　$8 + 6\sqrt{3}$
4　$9 + 5\sqrt{3}$
5　$12 + 2\sqrt{3}$

まずは，問題文にある辺や角度の大きさをかき込みます。

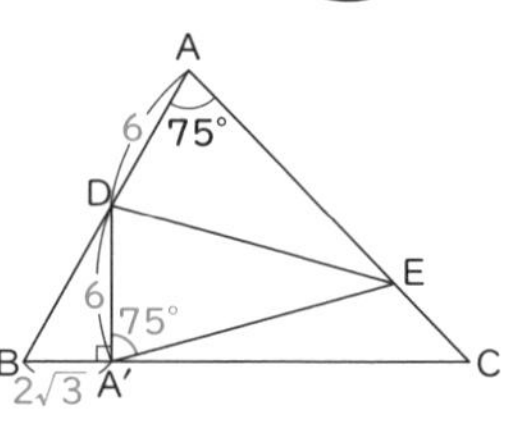

次に，「折り返す」ことに注目しましょう。折り返したということは，もとの図形と，折り返した先の図形とは，まったく同じ形，つまり合同なはずです。そこで，A′D = 6，∠ DA′E = 75°になります。当然のことですが，忘れずに書き込んでおきましょう。

STEP 1　ターゲットはどれ？

まず△ DBA′は直角三角形ですから，三平方の定理が使えます。これで，線分 DB の長さは出せます。ただ，△ DBA′が特別な三角形であることに気が付けば計算が楽になりますし，角度もわかります。

BA′：DA′= $2\sqrt{3}$ ：6 = 1：$\sqrt{3}$ですので，△ DBA′は 30°，60°，90°の直角三角形であることがわかります。これで角度と，DB = $2\sqrt{3} \times 2 = 4\sqrt{3}$ということがわかりました。

∠ EA′C = 180° − 90° − 75° = 15° もついでにかき込んでおきましょう。

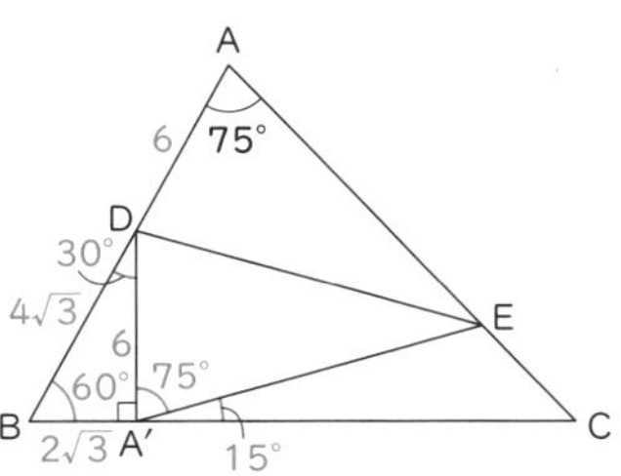

三角定規（30°定規）の辺の比

3つの角が 30°，60°，90° の直角三角形の辺の比は，**正三角形の半分で 1 ： 2 ： $\sqrt{3}$ になるよ。**

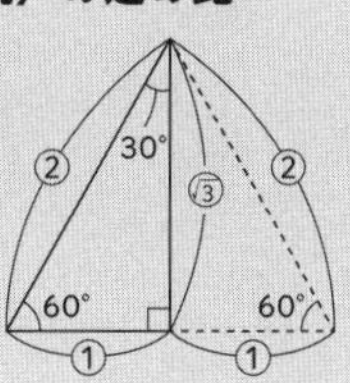

STEP 2 次のターゲットは？

∠ A が 75° が使いづらいですよね。ところが，A から辺 BC に垂線 AF を下ろすと，同位角∠ DA′B ＝∠ AFB ＝ 90° が等しいので，DA′//AF となります。そうすると，同位角がまた等しくなり，∠ BDA ＝∠ BAF ＝ 30°。△ ABF も 30°，60°，90° の直角三角形であることがわかりました。これで∠ CAF ＝ 45° と，

AF ＝ $(6+4\sqrt{3})\times\frac{\sqrt{3}}{2}=3\sqrt{3}+6$，BF ＝ $(6+4\sqrt{3})\times\frac{1}{2}=3+2\sqrt{3}$，ということがわかりました。あと少しです。

もう一つの三角定規

30° 定規が出てきたけど，もう一つ 45° 定規についても触れておきましょう。

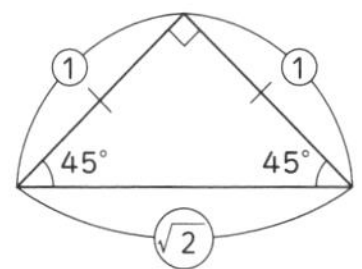

3つの角が 45°，45°，90° の直角三角形の辺の比は，1 ： 1 ： $\sqrt{2}$ になるわ。

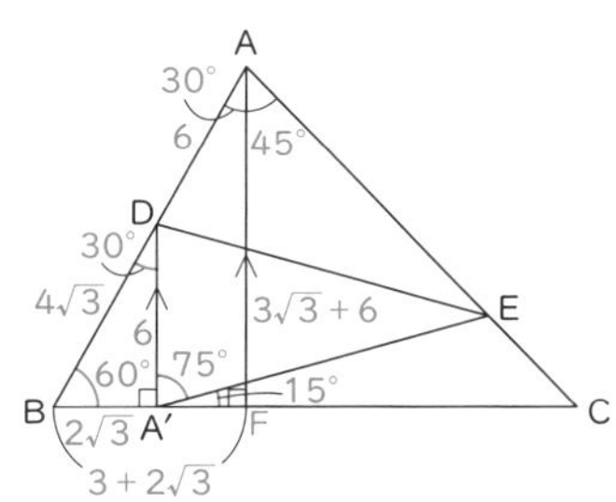

STEP 3 △ AFC に注目

問われている辺 BC を求めるには，あと線分 FC が出せれば OK です。

△ AFC は 45°，90°，45° の直角三角形ですので，AF : FC ＝ 1 ： 1 です。よって，FC ＝ $3\sqrt{3}+6$ ですから，BC ＝ BF ＋ FC ＝ $(3+2\sqrt{3})+(3\sqrt{3}+6)=9+5\sqrt{3}$ と求まります。

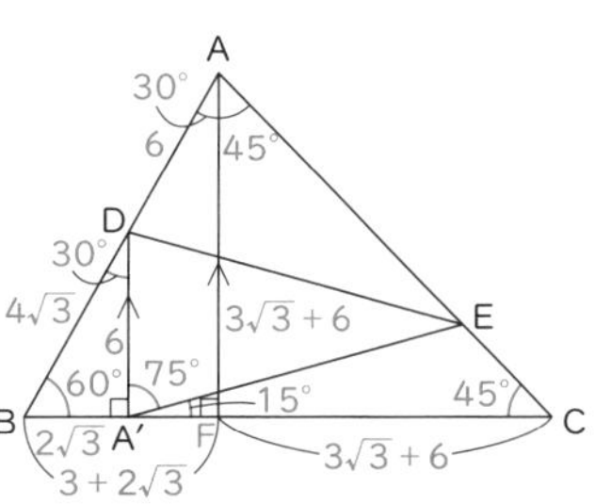

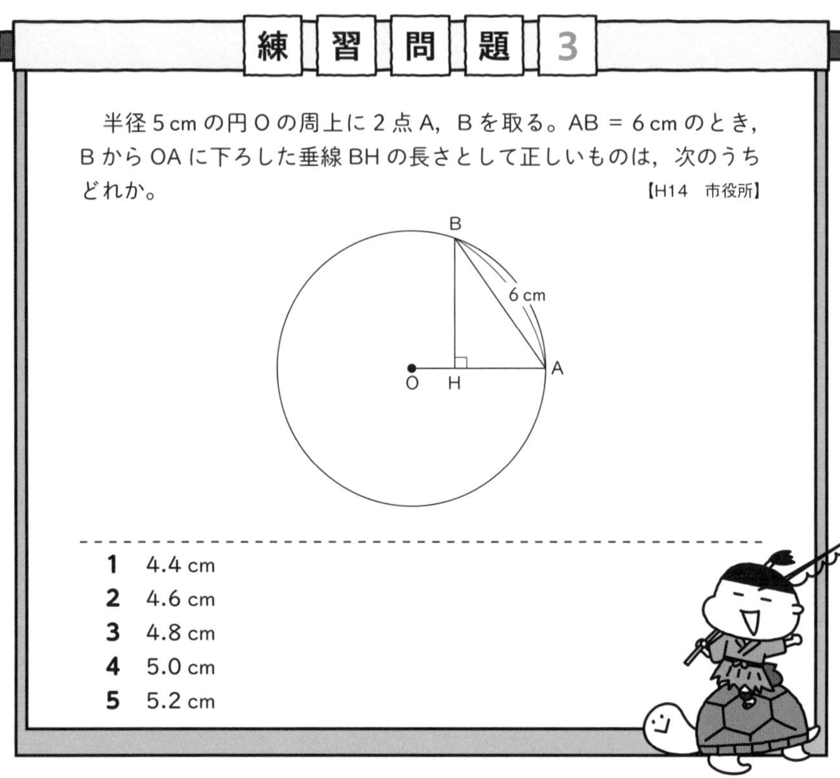

練習問題 3

半径 5 cm の円 O の周上に 2 点 A，B を取る。AB ＝ 6 cm のとき，B から OA に下ろした垂線 BH の長さとして正しいものは，次のうちどれか。

【H14　市役所】

1　4.4 cm
2　4.6 cm
3　4.8 cm
4　5.0 cm
5　5.2 cm

直角三角形は見えますが，1 つの辺の長さしかわかっていません。また角度もわかっていません。このままでは解けませんね。

そこで補助線を引いて，別の直角三角形を見つけましょう。カギは「半径 5 cm」です。

円は中心が主役

円とは中心から等しい距離の点の集合だよ。つまり，**円は中心が主役**になるはずだから，与えられた図で中心と結ばれていない点があれば，結んでおくべきだ。一気に解法が見つかることがあるよ。

STEP 1　ターゲットはどれ？

BO を結ぶと直角三角形 BOH ができます。△ BOH と△ BHA のどちらの三角形を使えばいいでしょう？

今回は，2 つの三角形をまとめて利用します。

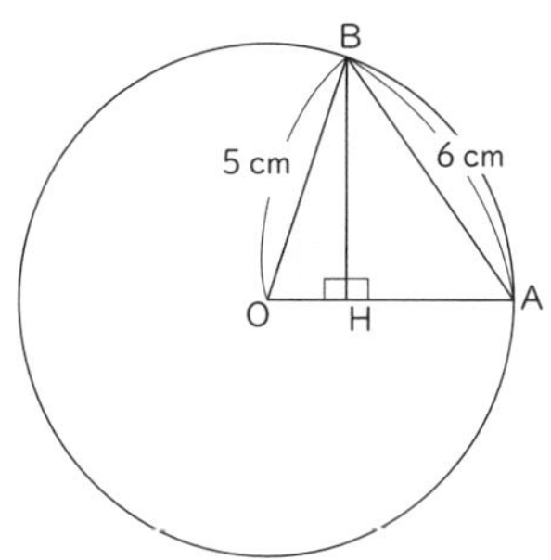

STEP 2 定理でバッサリ

BO は円の半径なので 5 cm です。OH ＝ x〔cm〕とすると，AH の長さは，$5 - x$〔cm〕となります。

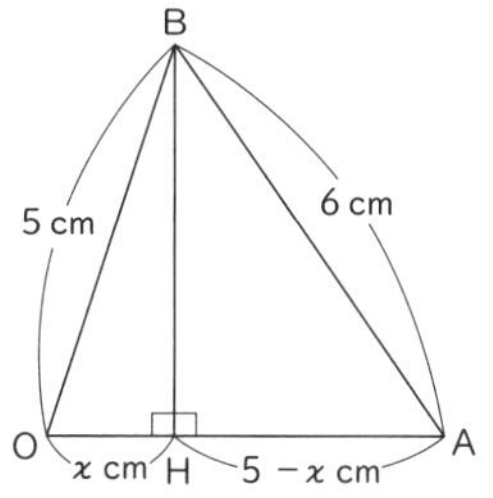

2 つの直角三角形△ BOH と△ BHA を三平方の定理にあてはめます。

まず，△ BOH では，$BO^2 = BH^2 + OH^2$ より，

$BH^2 = BO^2 - OH^2$ なので，

$BH^2 = 5^2 - x^2$ …①

となります。

また，△ BHA では，$AB^2 = BH^2 + AH^2$ より，

$BH^2 = AB^2 - AH^2$ なので，

$BH^2 = 6^2 - (5 - x)^2$ …②

となります。

①，②の式は，どちらも BH^2 の長さを表したものですから，

$$6^2 - (5 - x)^2 = 5^2 - x^2$$
$$36 - (25 - 10x + x^2) = 25 - x^2$$
$$36 - 25 + 10x - x^2 = 25 - x^2$$
$$10x = 25 + 25 - 36$$
$$10x = 14$$
$$x = \frac{7}{5}$$

計算おたすけ

$(5 - x)^2$

$= (5 - x)(5 - x)$ ①②③④

$= 5 \times 5 - 5 \times x - x \times 5 + (-x) \times (-x)$

$= 25 - 5x - 5x + x^2$

$= 25 - 10x + x^2$

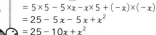

STEP 3 求める長さは？

BH の長さを求めるのでしたね。OH の長さがわかったので，もう一度，△ BOH で三平方の定理です。

STEP2の①より，

$$BH^2 = 5^2 - \left(\frac{7}{5}\right)^2$$

$$= 25 - \frac{49}{25} = \frac{625}{25} - \frac{49}{25} = \frac{576}{25}$$

$$BH = \sqrt{\frac{576}{25}} = \frac{24}{5} = 4.8\text{〔cm〕}$$

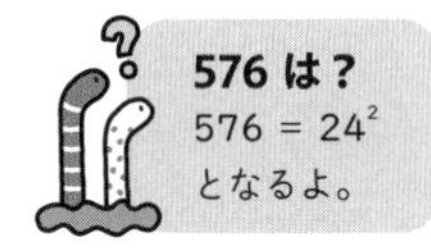

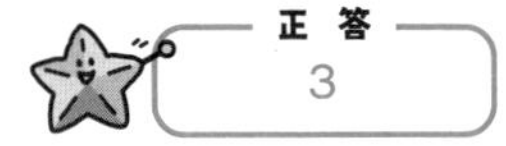

x が苦手な人は

△ AOB は，AO = BO = 5〔cm〕の二等辺三角形なので，AB の中点を M とすると OM ⊥ AB となります。

二等辺三角形は

頂点 A から底辺 BC に下ろした垂線は底辺を二等分し，またこの垂線により∠ A も二等分されるよ。

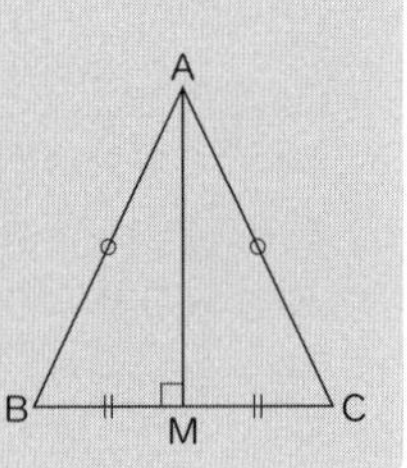

また AB = 6〔cm〕より AM = 3〔cm〕。

三平方の定理より，$OM^2 = AO^2 - AM^2 = 5^2 - 3^2 = 16$，OM = 4〔cm〕。

△ OMA は3辺の比が5：4：3の直角三角形であることがわかります。

さらに△ BHA と△ OMA はともに直角三角形で∠ A が共通なので，２組の角がそれぞれ等しく相似となり，△ BHA も AB：BH：AH = 5：4：3の直角三角形となります。

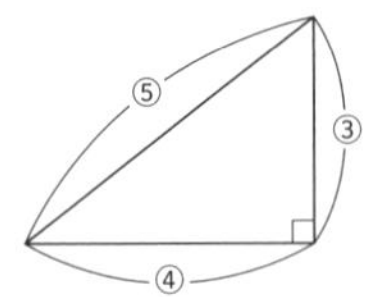

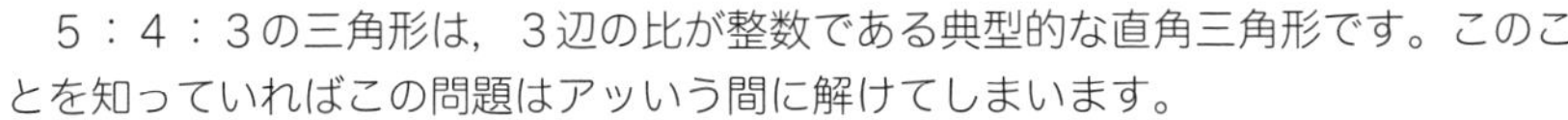

5：4：3の三角形は，3辺の比が整数である典型的な直角三角形です。このことを知っていればこの問題はアッいう間に解けてしまいます。

よって $BH=\frac{4}{5}AB=\frac{4}{5}\times 6=\frac{24}{5}=4.8$〔cm〕 です。

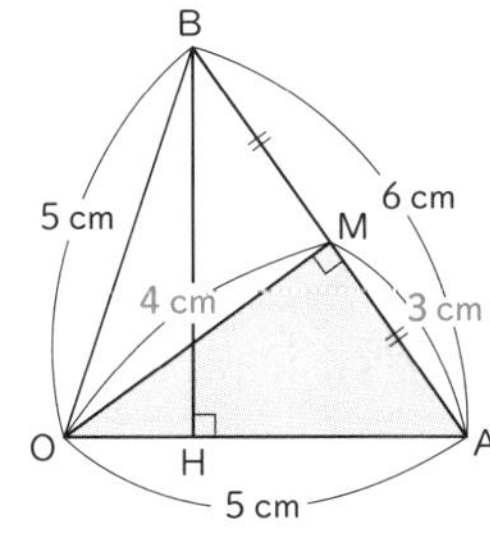

16 円の性質の問題

～定理や公式を理解して納得～

ここでは円の性質をあつかいます。円の面積の公式，円周角の定理…。しっかり思い出してください。

例　題

次の図で，∠ABC = ∠AED = ∠R，DE = BE である。このとき，∠DAC を求めよ。　【H11　市役所】

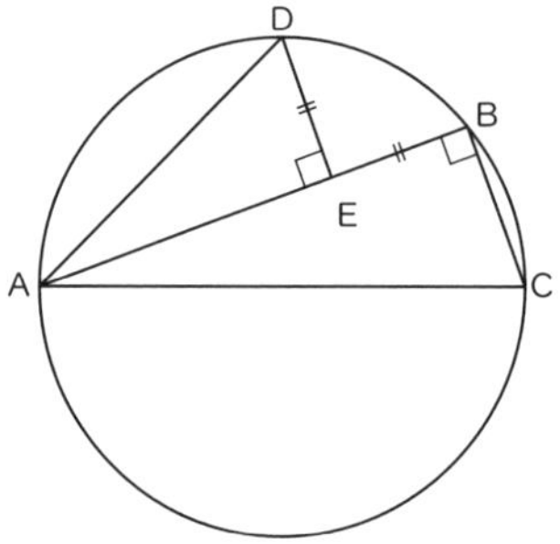

1　30°
2　36°
3　45°
4　50°
5　60°

まずは，角度に関する問題からです。ここでは，円に内接する四角形の性質を確認しましょう。

といっても，このままでは何も進みません。自分の知識が使えるように，補助線を引きましょう。

ちなみに∠R = 90°，つまり，直角のことを表しています。

STEP 1　線を引いて下ごしらえ

問題文で与えられている長さに関する情報，DE = BE をフルに使えるように，まず，D と B を直線で結びます。

∠ AED = 90° より，∠ DEB = 90°

また，DE = BE ですから，△ DBE は直角二等辺三角形です。

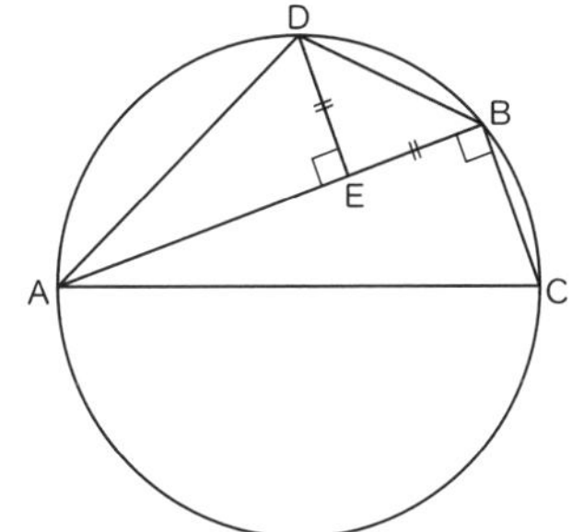

STEP 2 求める答えに急接近

いよいよ∠ DAC を求めていきましょう。

四角形 DACB は，円に内接する四角形であり，∠ DBC + ∠ DAC = 180° になるので，∠ DBC の大きさを求めればよさそうです。

△ DBE は直角二等辺三角形です。∠ EBD = 45° になっていますから，∠ DBC = 90° + 45° = 135° です。

したがって，∠ DAC = 180° − 135° = 45° となります。

では，練習問題をやってみましょう。円の性質のほかに，三角形の角の二等分線の性質を利用しますよ。

円に内接する四角形の性質

円に内接する四角形の対角の和は 180° になっているよ。（$x + y = 180°$）

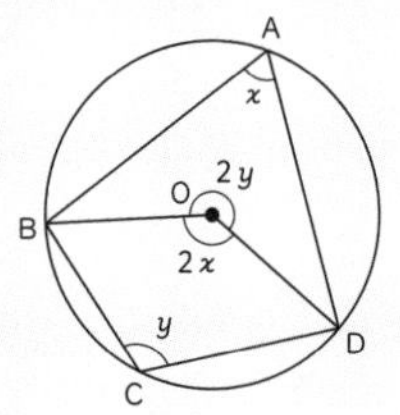

簡単に説明するね。中心 O と B，D をつなぐよ。**円周角の定理より，中心角は円周角の 2 倍の大きさ**だよ。よって，2 つの∠ BOD は図のように $2x$ と $2y$ になるよ。図より $2x + 2y = 360$〔度〕だから両辺を 2 で割って $x + y = 180$〔度〕になるよ。

次の図のように，1辺が4 cm，5 cm，6 cm の三角形 ABC がある。この三角形に外接円をかき，∠B の二等分線と辺 AC および外接円との交点をそれぞれ P，D としたとき，BP = $\frac{10}{3}$ cm であった。このとき，弦 AD の長さとして，妥当なものはどれか。【H11　東京都】

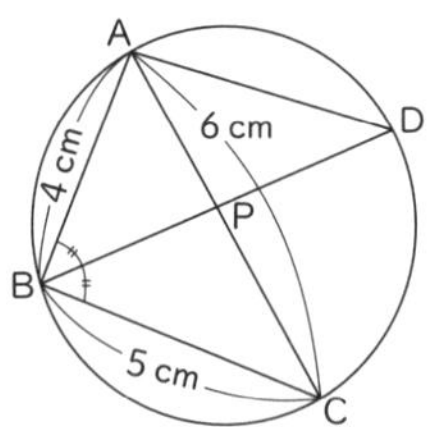

1 $\frac{10}{3}$ cm　**2** $\frac{11}{3}$ cm

3 $\frac{15}{4}$ cm　**4** 4 cm

5 $\frac{17}{4}$ cm

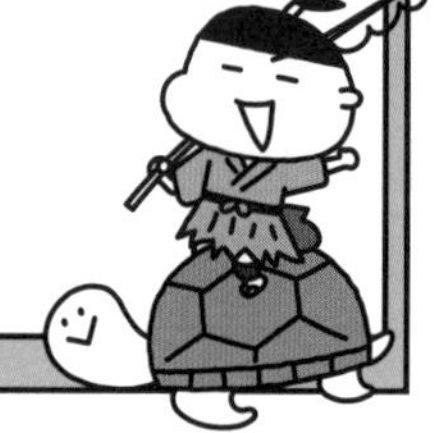

いろいろな図形の用語，知識が出てきます。1つ1つ覚えれば解けますよ。

STEP 1 まず，下ごしらえ

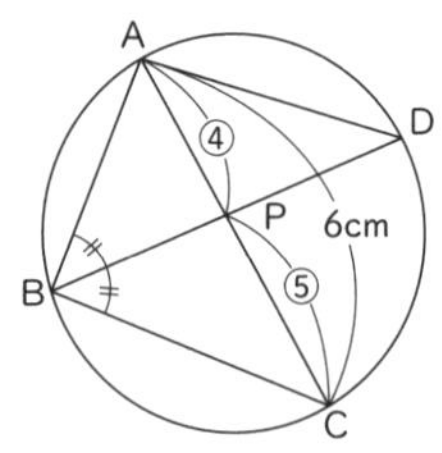

BP は∠B の二等分線ですから，三角形の角の二等分線の性質を使いましょう。

AB：BC ＝ AP：CP より，

AP：CP ＝ 4：5

だから，AC：AP ＝（4 ＋ 5）：4 ＝ 9：4

です。

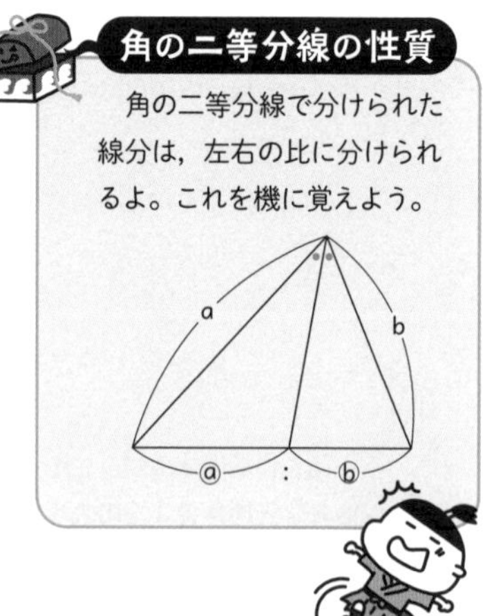

角の二等分線の性質
角の二等分線で分けられた線分は，左右の比に分けられるよ。これを機に覚えよう。
a
b
ⓐ : ⓑ

AC = 6〔cm〕ですから，6：AP = 9：4

$AP = 6 \times 4 \div 9 = \frac{\overset{8}{\cancel{24}}}{\underset{3}{\cancel{9}}} = \frac{8}{3}$〔cm〕

STEP 2　求める答えに急接近

ADの長さを求めましょう。ADを含む三角形といえば△APDですね。△APDと△BPCに注目してみましょう。

同じ弧CDに対する円周角なので，

∠DAC = ∠CBDです。

また，対頂角は等しいので，

∠DPA = ∠CPBです。

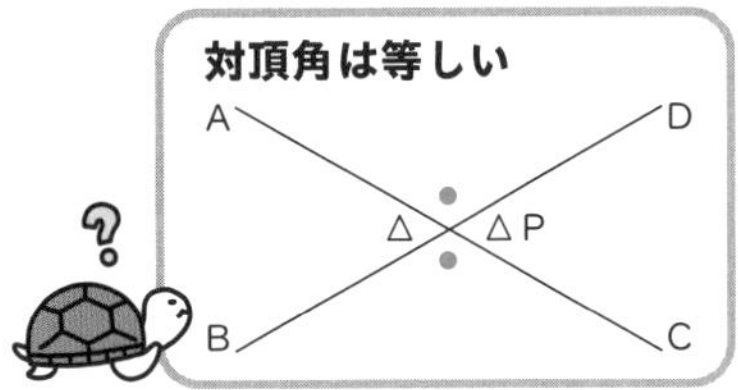

対頂角は等しい
A
D
△
△ P
B
C

円周角の定理
$\overset{\frown}{AB}$（弧AB）に対する円周角はすべて等しくなっているよ。また，$\overset{\frown}{AB}$に対する中心角は円周角の2倍だよ。
O
A
B

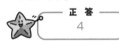

2組の角がそれぞれ等しいので，△APDと△BPCは相似な三角形です。したがってAD：BC = AP：BPとなっています。

ここで $AP = \frac{8}{3}$，$BP = \frac{10}{3}$ なので

$AP : BP = \frac{8}{3} : \frac{10}{3} = 8 : 10 = 4 : 5$ です。

AD：BC = AP：BPより，AD：BC = 4：5

となり，BC = 5 cmより，AD = 4 cmです。

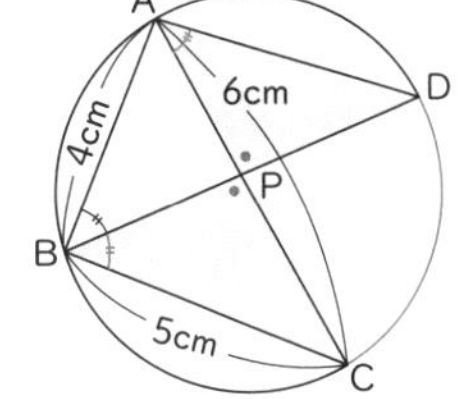

A
D
6cm
4cm
P
B
5cm
C

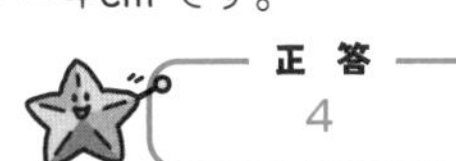

正答
4

別解

APの求め方

AC = 6〔cm〕のときのAPの求め方ですが，APの長さはACを（5 + 4）= 9〔個〕に分けた4個分なので，

$6 \times \frac{4}{4+5} = \frac{8}{3}$〔cm〕でも求められます。

次も円周角の定理を使います。自信のない人はもう一度この問題を確認してください。

練習問題 2

下の図において，点 O は円の中心，A，B，C，D は円周上の点，∠ ACB の角度は 35° であるとき，∠ BED の角度として，最も妥当なのはどれか。

【H25 大卒消防官】

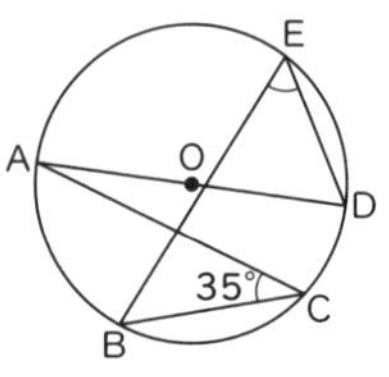

1 35°　2 45°　3 55°
4 65°　5 75°

STEP 1 まず下ごしらえ

円周角の定理を使うには，同じ弧に対する円周角を見つけなければいけません。

唯一与えられている∠ ACB（＝ 35°）は $\overset{\frown}{AB}$ に対する円周角なので，$\overset{\frown}{AB}$ に対する円周角をあぶり出すため，点 A と点 E，点 B と点 D をつなぎます。

そうすると，円周角の定理より，∠ AEB や∠ ADB が 35° であることがわかります。

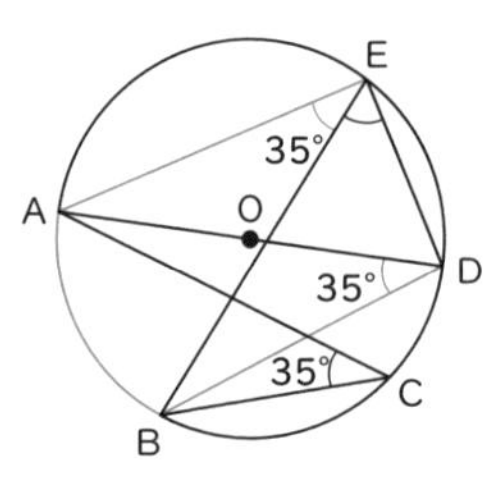

STEP 2 求める答えに急接近

∠ BED の角度は，∠ AED の角度がわかれば求まります。

線分 AD は円 O の直径なので，∠ AED ＝ 90° になります（半円の弧に対する円周角は 90°）。

したがって，

∠ BED ＝∠ AED －∠ AEB
　　　＝ 90° － 35° ＝ 55°

と求まります。

正答
3

半円の弧に対する円周角

弧が半円になるとき，その弧に対する中心角は 180° だから，その円周角は半分の大きさなので，∠ ABC は 90° になるよ。

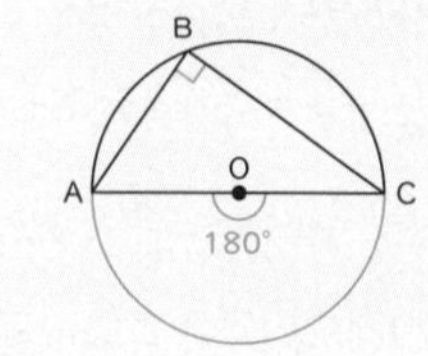

次は円の面積に関する問題に挑戦しましょう。どのような図形が重なっているかを意識してやってみてください。

練習問題 3

下の図は，おうぎ形と半円を組み合わせたもので，AB = DE である。斜線部分 P，Q，R，S の面積に関して，(P + Q) = (R + S) であるとき，∠BAC の大きさとして正しいものは，次のうちどれか。

【H14　地方上級】

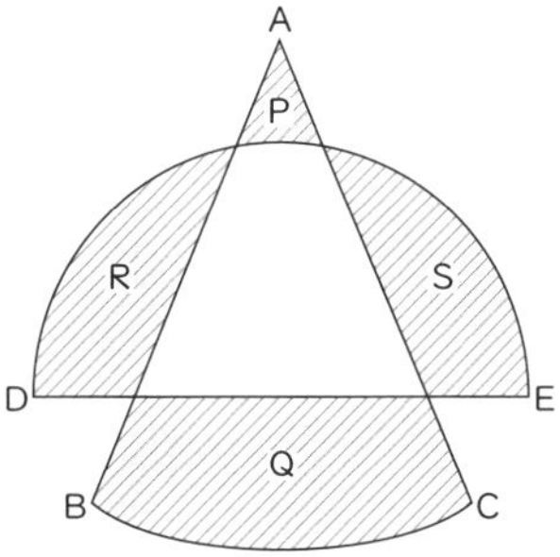

1　30°　　**2**　45°　　**3**　60°
4　75°　　**5**　90°

複雑な形状でびっくりするかもしれませんが，落ち着いて考えましょう。まずは，面積が等しいことから糸口を見つけましょう。

STEP 1　まず，下ごしらえ

中央の斜線の入っていない部分を T とします。
(P + Q) = (R + S) だから，
(P + Q + T) = (R + S + T) もいえますね。

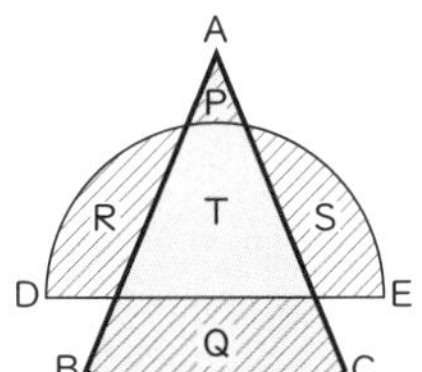

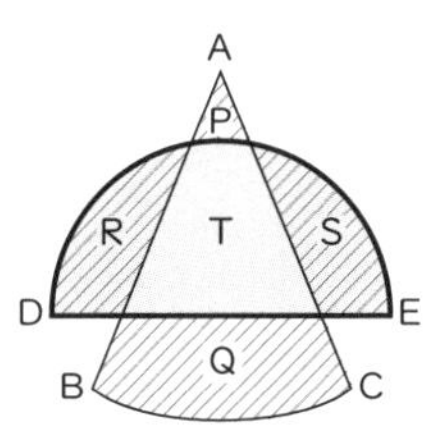

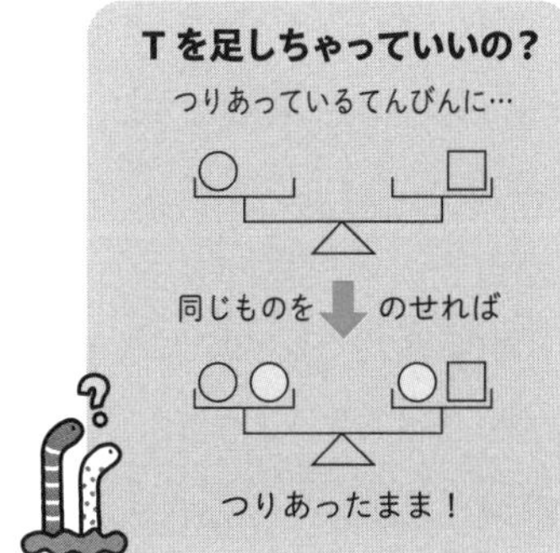

T を足しちゃっていいの？
つりあっているてんびんに…
同じものを
のせれば
つりあったまま！

STEP 2 求める答えに急接近

おうぎ形 ABC の面積と DE を直径とする半円の面積が等しいことがわかりました。それぞれの面積を求めましょう。

まず，半円の面積から求めます。仮に半円の半径を 2 とすると，直径 DE は 4 です。

よって面積は，

$2 \times 2 \times \pi \div 2 = 2\pi$ です。

次に，おうぎ形 ABC です。$\angle BAC = x$ とします。

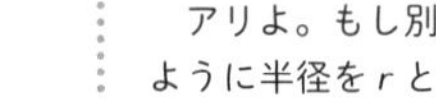

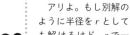

仮に…ってアリ？

アリよ。もし別解のように半径を r としても解けるけど，r で一般に成り立つものは，特別なときでも当然成り立つわ。

このおうぎ形の半径 AB は，問題文より AB ＝ DE ですから 4 です。

よって面積は，

$4 \times 4 \times \pi \times \frac{x}{360} = 16\pi \times \frac{x}{360}$

です。

したがって，この 2 つの面積は等しいので $16\pi \times \frac{x}{360} = 2\pi$ になります。

両辺に共通な π の部分を除くと，

$16 \times \frac{x}{360} = 2$

両辺に 360 をかけて，$16x = 720$　$x = 45$

したがって，$\angle BAC = 45°$ です。

円の面積とおうぎ形の面積①

円の面積
＝半径×半径×円周率

おうぎ形の面積（中心角が $x°$）
＝半径×半径×円周率×$\frac{x}{360}$

だね。

やっぱり文字で解こう

半円の面積から求めます。

半円の半径を r とすると，DE ＝ $2r$ ですから，面積は $\pi r^2 \times \frac{1}{2}$ です。

次におうぎ形 ABC です。

$\angle BAC = x$ とすると，半径 AB ＝ DE ＝ $2r$ だから面積は $\pi(2r)^2 \times \frac{x}{360} = 4\pi r^2 \times \frac{x}{360}$ になります。

2 つの面積が等しいので，

$\pi r^2 \times \frac{1}{2} = 4\pi r^2 \times \frac{x}{360}$ より，$x = 45$ になります。

練習問題 4

次の図のような，点Oを中心とする半径2cmの円がある。直径ABと垂直な半径OCをかき，点Cから半径OAを2等分する点Dを通る直線が円と交わる点をEとしたとき，斜線部分の面積はどれか。ただし，円周率はπとする。 【H19 特別区】

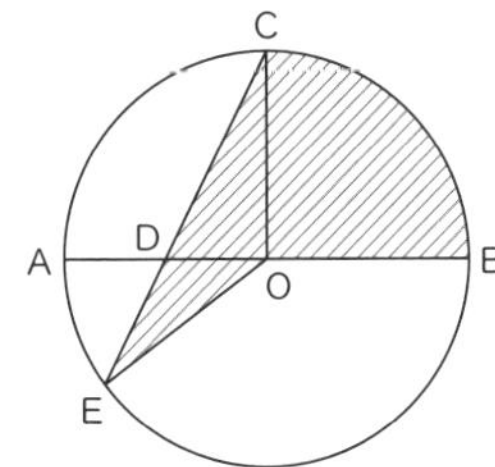

---

1 $\pi+\frac{7}{4}\mathrm{cm}^2$

2 $\pi+\frac{8}{5}\mathrm{cm}^2$

3 $\pi+\frac{11}{6}\mathrm{cm}^2$

4 $2\pi-\frac{5}{4}\mathrm{cm}^2$

5 $2\pi-\frac{7}{5}\mathrm{cm}^2$

斜線部分の図形を分けて考えます。どのような図形に分けて考えればよいでしょうか。面積の求め方がわかっている図形を利用します。

STEP 1 まず，下ごしらえ

おうぎ形や三角形であれば面積が求まります。すぐに思いつくのが斜線部分の図形をおうぎ形OBCと△CEOに分けることでしょう。

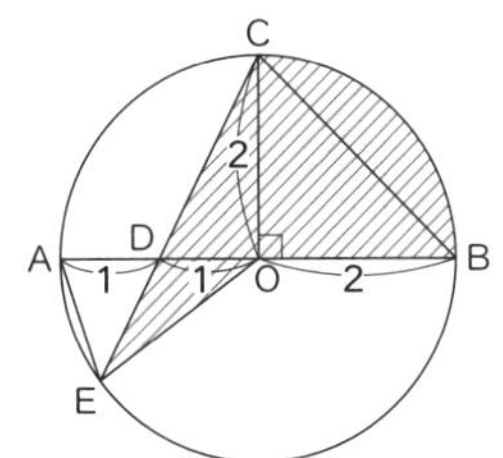

おうぎ形OBCは半径2〔cm〕の円の4分の1ですからその面積は
$2^2\pi \div 4 = \pi$〔cm^2〕　となり，容易に求まります。

△CEOはこのままでは難しいので，△CDOと△DEOに分けて考えると，△CDOはすぐに求まります。

DはOAの中点だから，DO＝1〔cm〕より，
△CDO＝$1 \times 2 \div 2 = 1$〔cm^2〕
残った△DEOはどうでしょうか。

STEP 2 求める答えに急接近

やはりDがOAの中点であることに注目します。
△DEOと△DAEはDO＝ADより，これらをそれぞれの底辺とみなすと頂点Eが共通のため，両者の面積は等しくなります。

次に△DAEと△DCBについて，
∠AED＝∠CBD，∠EAD＝∠BCD，
それぞれが円周角になります。
よって2組の角がそれぞれ等しいので，△DAEと△DCBは相似形です。
相似比を求めてみましょう。AD＝1〔cm〕ですが，これに対応するCDは，三平方の定理より，
$CO^2 + DO^2 = CD^2, CO^2 + DO^2 = 2^2 + 1^2 = 5$　からCD＝$\sqrt{5}$〔cm〕。相似比が$1 : \sqrt{5}$なので面積比は$1^2 : \sqrt{5}^2 = 1 : 5$になります。
すなわち△DAEの面積は△DCBの面積の5分の1です。
△DCB＝$3 \times 2 \div 2 = 3$〔cm^2〕より，
△DEO＝△DAE＝$3 \times \frac{1}{5} = \frac{3}{5}$

以上より，斜線部分の面積は
おうぎ形OBC＋△CEO
＝おうぎ形OBC＋△CDO＋△DEO
$= \pi + 1 + \frac{3}{5} = \pi + \frac{8}{5}$〔$cm^2$〕

正答
2

相似比と面積比

相似な図形について相似比がX：Yのとき，面積比は$X^2 : Y^2$だよ。相似比というのは長さの比なんだ。相似な三角形の場合は対応する辺の長さの比に相当するよ。

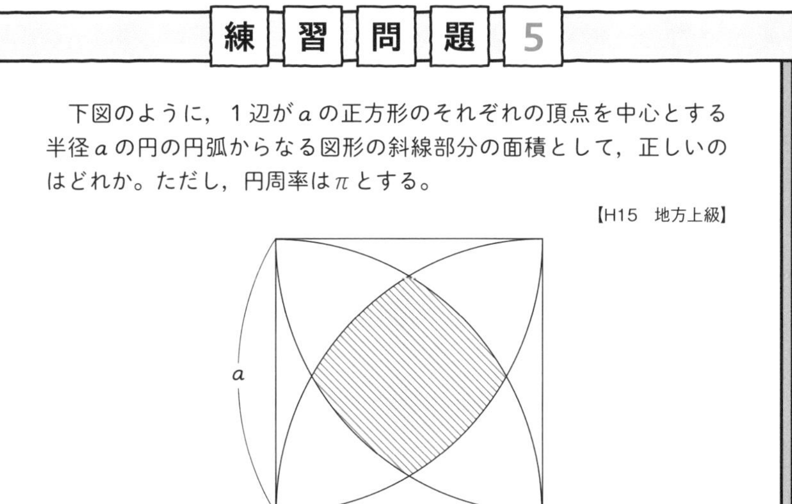

練習問題 5

下図のように，1辺がaの正方形のそれぞれの頂点を中心とする半径aの円の円弧からなる図形の斜線部分の面積として，正しいのはどれか。ただし，円周率はπとする。

【H15　地方上級】

1　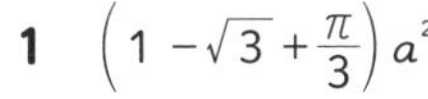 $\left(1-\sqrt{3}+\dfrac{\pi}{3}\right)a^2$

2　$\left(2+\dfrac{\sqrt{3}}{4}-\dfrac{2}{3}\pi\right)a^2$

3　$\left(\sqrt{2}-\dfrac{\pi}{3}\right)a^2$

4　$\left(1-\sqrt{2}+\dfrac{\pi}{4}\right)a^2$

5　$\left(1+\dfrac{\sqrt{3}}{4}-\dfrac{\pi}{3}\right)a^2$

複雑な形ですね。いろいろ考えたくなりますが，斜線部分の面積を求めるにはまず，下の図のように**正方形の面積から，P～Sの部分を引く**ことを考えましょう。

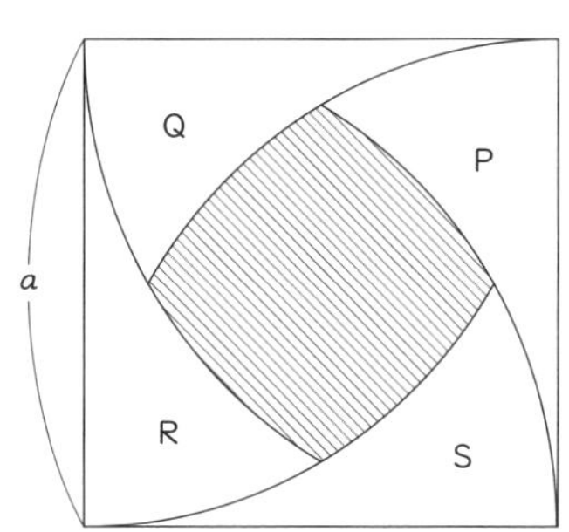

STEP 1 まず，下ごしらえの準備

P～S は見るからにすべて同じ面積ですね。では，P の面積を求めましょう。

P の面積は，①1 辺が a の正三角形と②半径が a，中心角 30° のおうぎ形の面積の和から，③半径が a，中心角 60° のおうぎ形の面積を引いたものですね。

正三角形？

△ABC は，AB，BC，CA ともにおうぎ形の半径で等しいので，正三角形だよ。したがって，∠ABC = 60° だよ。

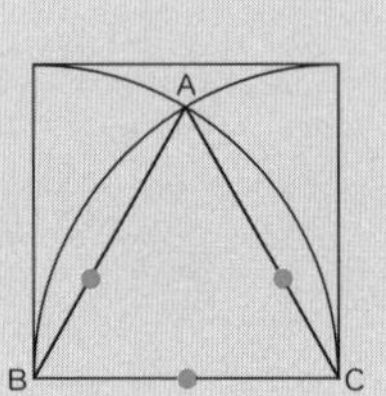

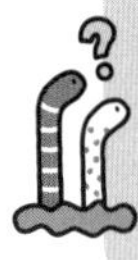

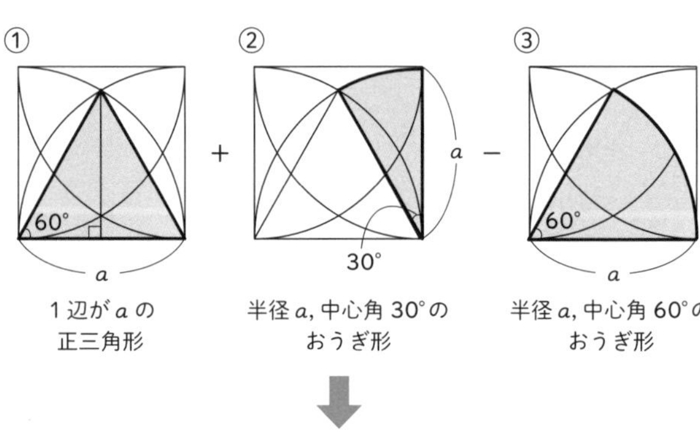

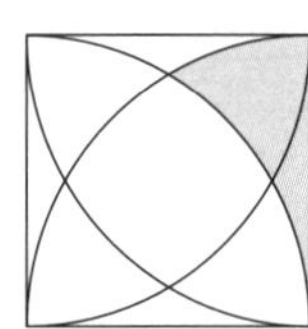

STEP 2 下ごしらえ

では，①～③の面積を 1 つずつ求めていきましょう。

①1 辺が a の正三角形の面積

$$a \times \frac{\sqrt{3}}{2} a \div 2 = a \times \frac{\sqrt{3}}{2} a \times \frac{1}{2} = \frac{\sqrt{3}}{4} a^2$$

②半径 a，中心角 30° のおうぎ形の面積

$$a \times a \times \pi \times \frac{30^\circ}{360^\circ} = \pi a^2 \times \frac{1}{12} = \frac{1}{12} \pi a^2$$

③半径 a，中心角 60° のおうぎ形の面積

$$a \times a \times \pi \times \frac{60^\circ}{360^\circ} = \pi a^2 \times \frac{1}{6} = \frac{1}{6}\pi a^2$$

したがって，P の面積は，①＋②－③なので，

$$\frac{\sqrt{3}}{4}a^2 + \frac{1}{12}\pi a^2 - \frac{1}{6}\pi a^2$$

$$= \frac{\sqrt{3}}{4}a^2 + \frac{1}{12}\pi a^2 - \frac{2}{12}\pi a^2$$

$$= \frac{\sqrt{3}}{4}a^2 - \frac{1}{12}\pi a^2$$ です。

正三角形の面積

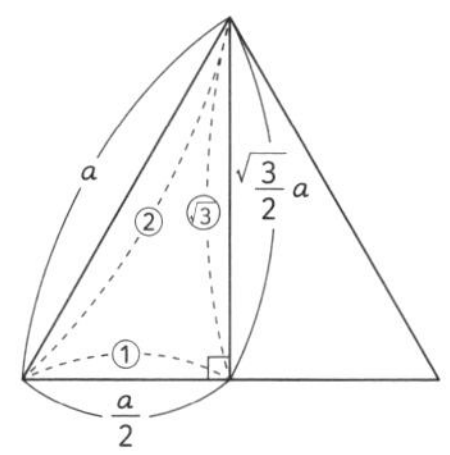

1 辺が a の正三角形の高さは $\frac{\sqrt{3}}{2}a$ になるので，正三角形の面積は，

$$\frac{1}{2} \times a \times \frac{\sqrt{3}}{2}a = \frac{\sqrt{3}}{4}a^2$$

たとえば，1 辺の長さが 3 の正三角形の面積は，$a = 3$ なので，

$\frac{\sqrt{3}}{4} \times 3^2 = \frac{9}{4}\sqrt{3}$ になるわ。

$\frac{\sqrt{3}}{4}a^2$ を公式として覚えておくと計算が速くなるわ。

STEP 3 求める答えに急接近

斜線部分の面積は，正方形の面積から P の面積の 4 倍を引けばいいので，

$$a^2 - \left(\frac{\sqrt{3}}{4}a^2 - \frac{1}{12}\pi a^2\right) \times 4$$

$$= a^2 - \sqrt{3}a^2 + \frac{\pi}{3}a^2$$

$$= \left(1 - \sqrt{3} + \frac{\pi}{3}\right)a^2$$

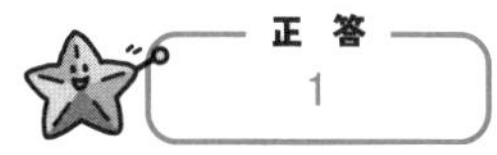

17 円と接線の問題
～隠れた直角三角形はどこか～

ここでも，三平方の定理を使います。

数的推理の問題によく出るのは，円と接線の関係。半径と接線の間に直角ができるので，直角三角形はたくさん出てきます。三平方の定理の登場です。というわけで，半径と接線で形づくられた直角三角形を見つけていきましょう。

例題

図のように，円A，B，Cと直線ℓが互いに接している。円Aと円Bの半径が等しく，また，円Cの半径が2であるとき，円Aの半径はいくらか。

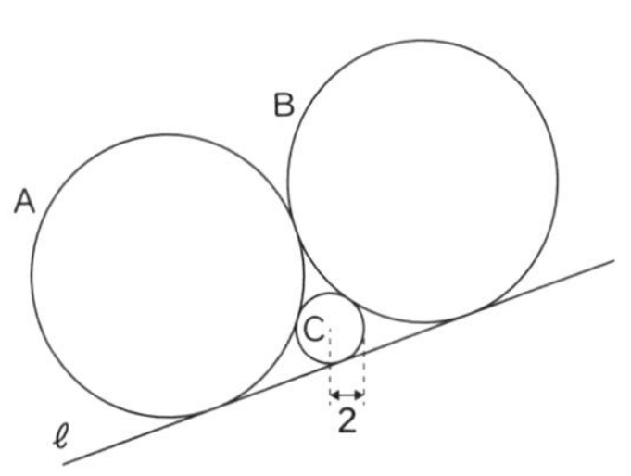

【H29　国家一般職［大卒］】

1　$4\sqrt{3}$
2　7
3　8
4　$6\sqrt{2}$
5　9

ℓが斜めになっているので，見にくいですね。まずはℓが水平になるように図をかき直しましょう。接点を通る半径と接線は垂直ですので，どんどん半径を描き込みましょう。

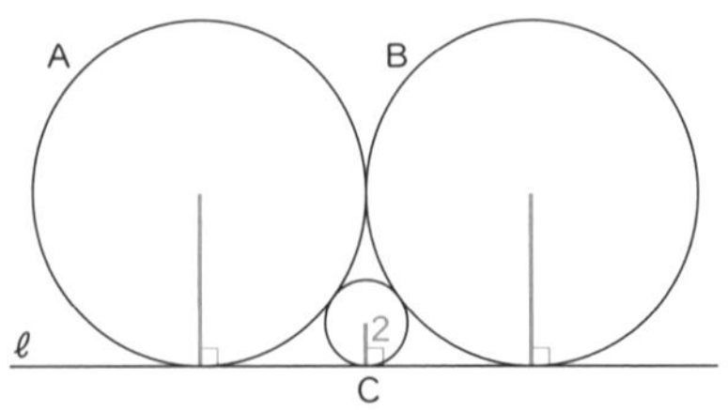

円と接線の関係

円の接線は，接点を通る半径に垂直だよ。

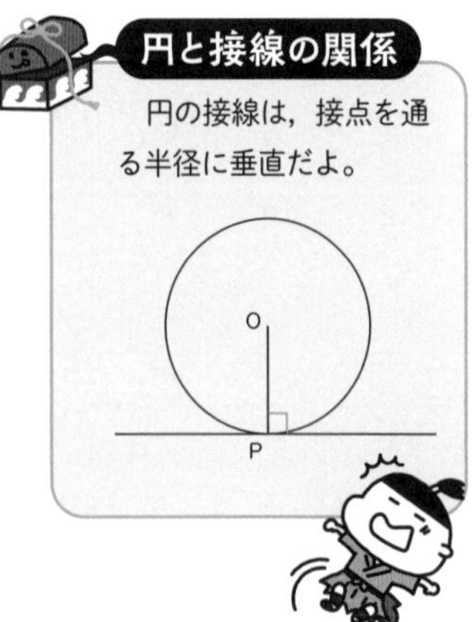

STEP 1 ターゲットはどこ？

まだこの図では直角三角形がありませんね。そこで，他の接点や接線を探してみましょう。そうですね。円A，円B，円Cもそれぞれ接していますね。図に半径や接線をさらにかき込んでみましょう。ターゲットの直角三角形が現れましたね。

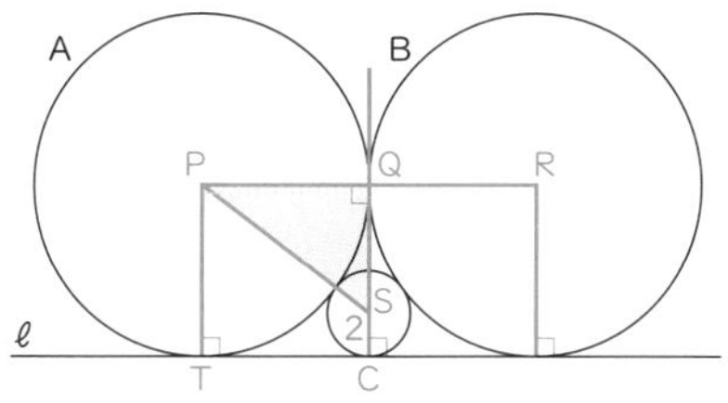

STEP 2 定理でバッサリ

円Aの半径をrとします。PTとPQの長さは円Aの半径なのでrです。PSは$r+2$です。あとはQSですが，QCの長さもrなので，QSは$r-2$です。これで三平方の定理を使う準備ができました。

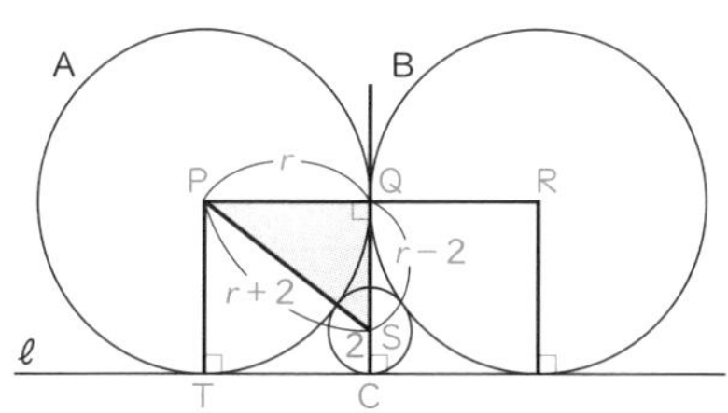

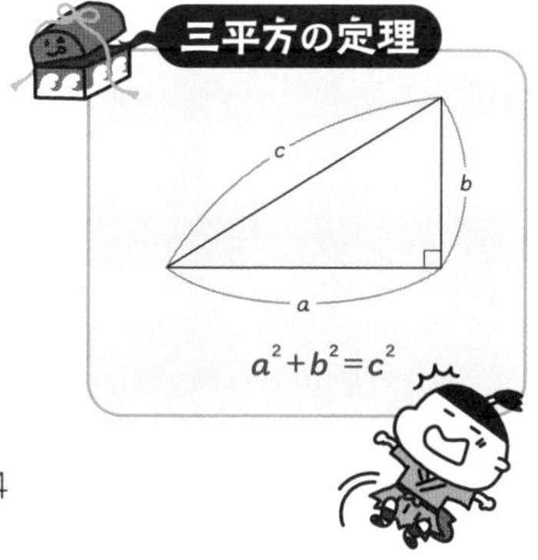

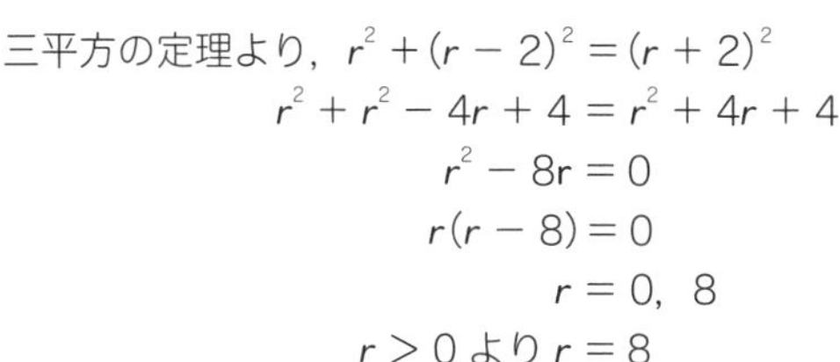

三平方の定理より，$r^2+(r-2)^2=(r+2)^2$

$$r^2+r^2-4r+4=r^2+4r+4$$
$$r^2-8r=0$$
$$r(r-8)=0$$
$$r=0,\ 8$$

$r>0$より$r=8$

練習問題も基本的には同じ考え方です。どんどん解いていきましょう。

練習問題 1

次の図のように，1辺の長さ8の正方形ABCD内に，BCを直径とする半円がある。点Aから半円に接する線を引き，これが辺CDと接する点をEとしたとき，三角形ADEの面積として，正しいのはどれか。

【H27　警視庁】

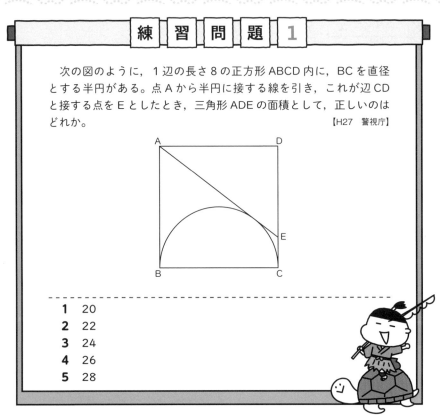

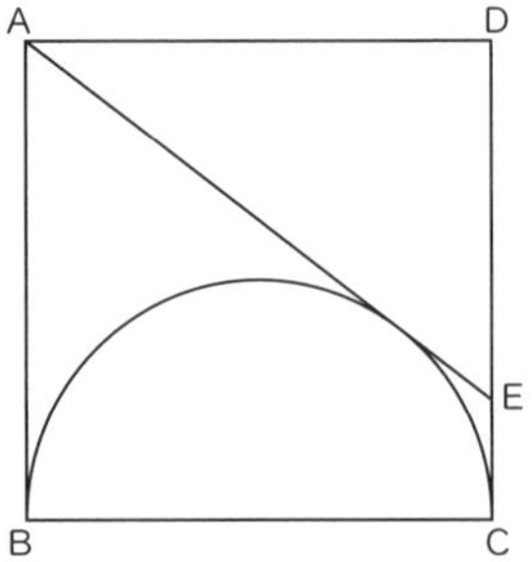

1　20
2　22
3　24
4　26
5　28

三角形の面積は，底辺×高さ÷2で求められます。△ADEの面積は，底辺ADが8なので，高さの線分DEの長さがわかれば求まります。ターゲットの直角三角形はどこかわかりますか？

STEP 1　ターゲットはどこ？

線分DEを求めるには，△ADEで三平方の定理が使えなければいけません。そこで，線分AEや線分DEの長さを文字でおくことを考えます。

ただもう少し分析してみると，**線分AEは円に接していますので**，その接点をFとすると，線分AFと線分EFに分けられます。

そして，**円外の1点から2本の接線を引いたとき，その点から接点までの長さは等しいので**，AF＝AB＝8です。

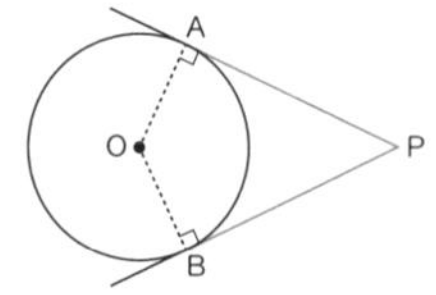

そこで，EF ＝ x とおけば，AE ＝ 8 ＋ x と表すことができ，また同様に EC ＝ EF ですから，EC ＝ x で，DE ＝ 8 － x となります。

これで三平方の定理を使う準備ができました。

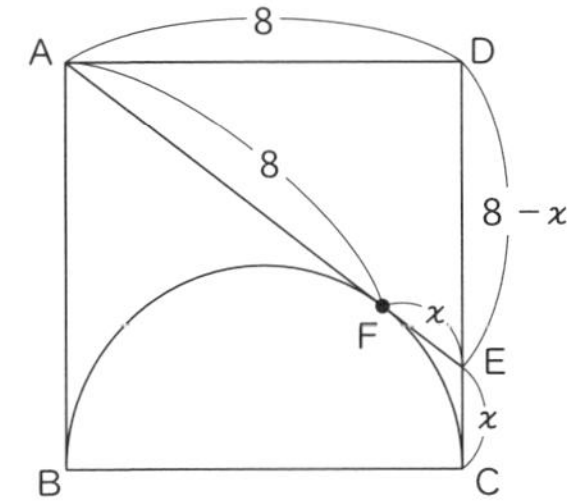

STEP 2 定理でバッサリ

△ ADE において，AD ＝ 8，AE ＝ 8 ＋ x，DE ＝ 8 － x を三平方の定理 $AD^2 + DE^2 = AE^2$ に代入して，

$$8^2 + (8 - x)^2 = (8 + x)^2$$
$$64 + 64 - 16x + x^2 = 64 + 16x + x^2$$
$$-32x = -64$$
$$x = 2$$

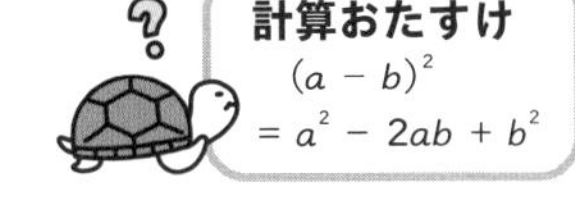

したがって，DE ＝ 8 － x ＝ 8 － 2 ＝ 6 であり，求める三角形の面積は，

△ ADE ＝ 8 × 6 ÷ 2 ＝ 24

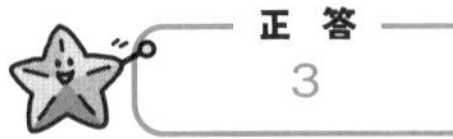

では，次の問題に進みましょう。

練習問題 2

図のような１辺が８ｍで，残りの２辺が１２ｍの二等辺三角形の花壇に，円形の花時計をつくる。このとき，花壇からはみ出さないようにつくることのできる最大の花時計の直径はいくらか。

【H11　国家一般職［大卒］】

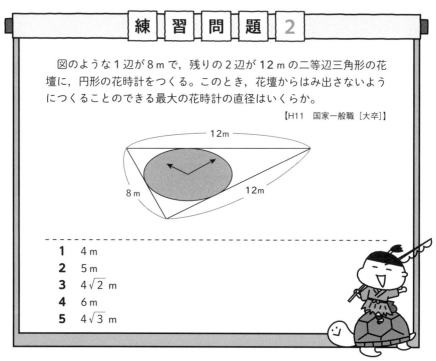

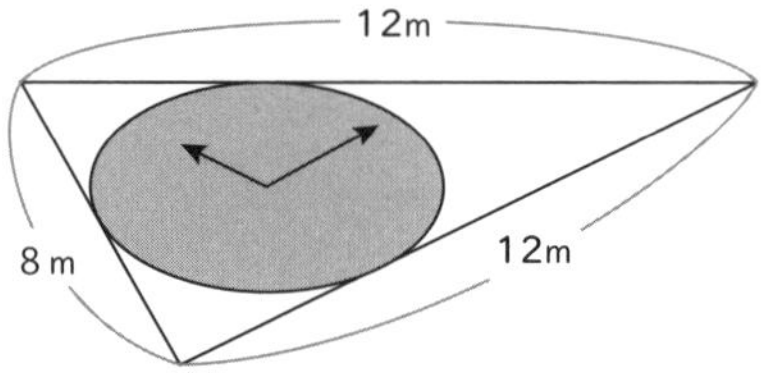

12m
8m
12m

1　4ｍ
2　5ｍ
3　$4\sqrt{2}$ ｍ
4　6ｍ
5　$4\sqrt{3}$ ｍ

まずは，三角形からはみ出さないで最大の直径を持つ円はどのような円であるかを考える必要があります。

STEP１では，その点について考えましょう。

STEP 1　ターゲットはどこ？

図のように，二等辺三角形の花壇 PQR の内部に点 O をとり，点 O から３辺に引いた垂直な線をそれぞれ AO，BO，CO とします。

点 O を中心に円の直径を少しずつ大きくします。

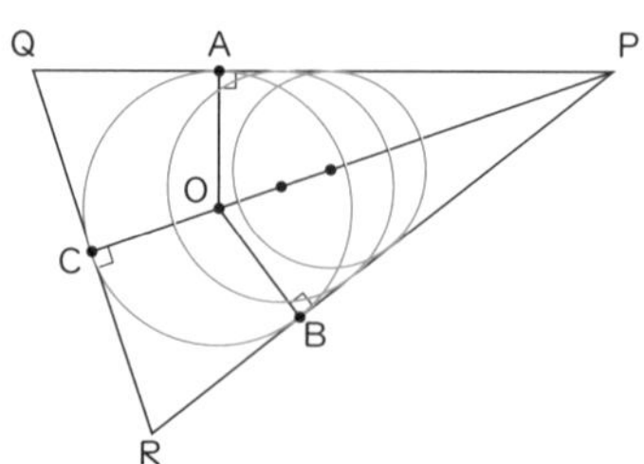

できる限り直径を大きくすると，三角形とくっつきます。そして，OA = OB = OC のとき，つまり O が三角形の内接円の中心になるときです。

内接円？

図形の内側にぴったり入る円のことだよ。

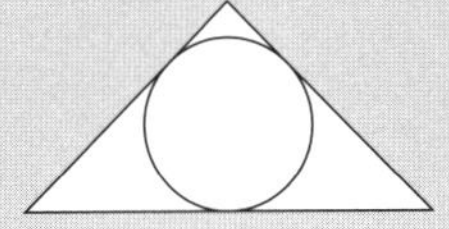

STEP 2 定理でバッサリ

△PQRが二等辺三角形ですから，PからQRに垂直な線PCを引くと，∠PCQ＝90°となり，三平方の定理が使えます。

二等辺三角形真っ二つ

長さが等しい2辺にはさまれた角の二等分線はすごいんだ。右の図のように，いろいろなところが等しくなるよ。

△PQCに三平方の定理を使うと，

$PC^2 + 4^2 = 12^2$

$PC^2 = 144 - 16$

$\quad = 128$

$PC = \sqrt{128}$

$\quad = \sqrt{2^2 \times 2^2 \times 2^2 \times 2}$

$\quad = 2 \times 2 \times 2 \times \sqrt{2}$

$\quad = 8\sqrt{2}$

と求められます。

△PQRの面積は，$8 \times 8\sqrt{2} \div 2 = 32\sqrt{2}$（$m^2$）です。

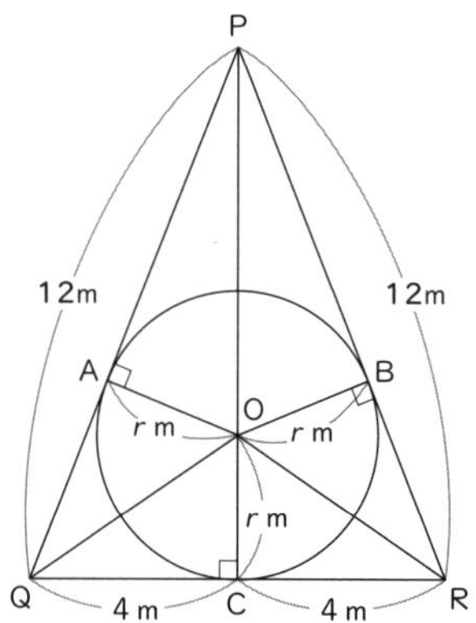

円の半径を求めるために，同じ△ PQR の面積を内接する円の半径 r を用いて表すと，

△ PQO ＋△ RPO ＋△ QRO

$= 12 \times r \div 2 + 12 \times r \div 2 + 8 \times r \div 2$

$= 6r + 6r + 4r$

$= 16r$

になるので，

$16r = 32\sqrt{2}$ より，

$r = 2\sqrt{2}$〔m〕

求めるのは，円の直径なので２倍しなければなりませんから，

$2\sqrt{2} \times 2 = 4\sqrt{2}$〔m〕 になります。

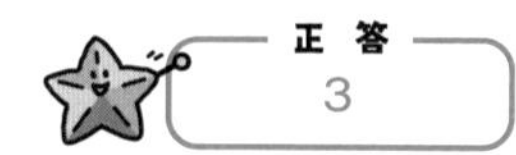

第4章

図表でらくらくスピードアップ

18 ダイヤグラムの問題
～相似を使ってゴールへ進め～

横軸に時刻や出発してからの時間を取り，縦軸にある地点からの距離をとって，進行の様子を表したグラフをダイヤグラムといいます。

例　題

A，Bの2人は25 mプールの同じ端から同時にスタートして泳ぎ始めた。Aは毎秒1.25 m，Bは毎秒0.5 mの速さで泳ぎ，2人が同時に同じ端に着くまで泳ぎ続ける。このとき，AとBがすれ違う回数と，AがBを追い越す回数の組合せとして妥当なものは次のうちどれか。

【H13　市役所】

	すれ違い	追い越し
1	4回	2回
2	5回	2回
3	5回	3回
4	6回	2回
5	6回	3回

この問題では出会った時間や，場所が問われていないので，ダイヤグラムをそれほど正確にかく必要はありません。まずは実際に使ってみましょう。

STEP 1　ダイヤグラムをかこう

「時間＝距離÷速さ」ですね。

Aは毎秒1.25 mの速さで泳ぐのですから，25 mプールを泳ぐには25 ÷ 1.25 ＝ 20秒かかります。

Bは毎秒0.5 mの速さなので，25 ÷ 0.5 ＝ 50秒かかります。

2人とも往復するので，Aは40秒後，80秒後…にスタート地点に戻り，Bは100秒後，200秒後…にスタート地点に戻るので，200秒後には，Aは5往復，Bは2往復して，スタート地点に戻ってきますね。200は40と100の最小公倍数です。

まず，Aの泳ぎをグラフにしてみます。横軸が時間を表し，2本の平行な線のうち，下線がスタート地点，上線がスタート地点と反対側の端を表します。40秒後，

80 秒後…にスタートした地点，20 秒後，60 秒後…にはスタート地点と反対の端にいるので，下の図のような折れ線のグラフをかくことができます。グラフの直線の傾きが大きいほど速く動いていることを表します。矢印もかき込んで見やすくしておきましょう。

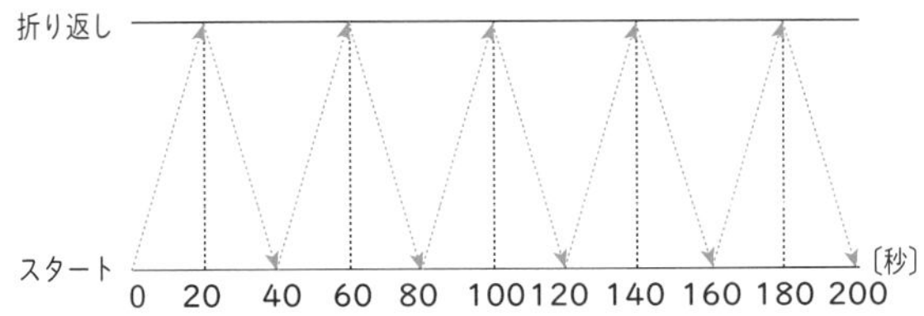

同じグラフに B の泳ぎの様子もかき加えてみましょう。B は 100 秒後，200 秒後にスタート地点，50 秒後，150 秒後にスタート地点と反対の端にいるので，下の図のようになります。

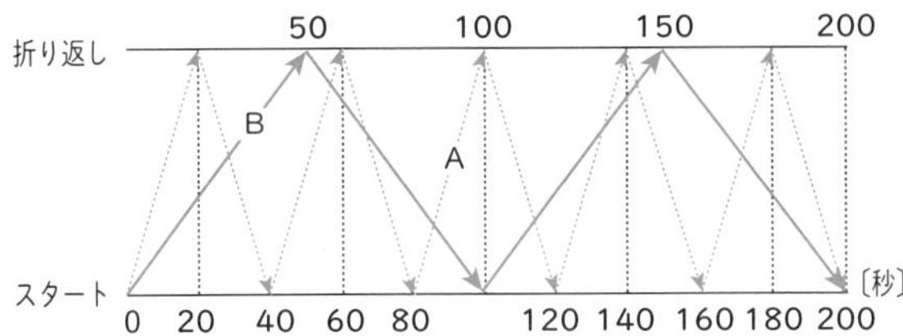

STEP 2 ダイヤグラムを読もう

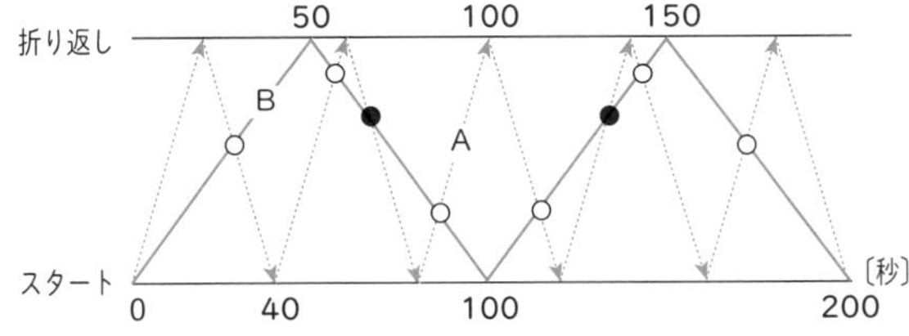

2 人は，直線の交わっているところで追い越したりすれ違ったりします。反対向きに泳いでいるときに直線が交わる点がすれ違う場所（時間），同じ向きに泳いでいるときに直線が交わる点が追い越す場所（時間）です。

ダイヤグラムでは，右上がりと右下がりの直線が交われば「**出会い（すれ違い）**」を，右上がりどうし，右下がりどうしの直線が交わるときは「**追い越し**」を表します。A と B がすれ違うのは○の 6 回，A が B を追い越すのは●の 2 回になります。

出会いの回数を計算で解こうとすると大変なことになります。数値を求める必要がない本問のような問題は，ダイヤグラムが最も得意とする問題です。

これだけじゃないですよ。場所や時間も求めることができるのです。次の問題で，確かめてみてください。そして，計算による解法と比べてみてください。

練習問題 1

42 km のサイクリングコースの出発点から，A は自転車で時速 18 km でスタートしゴールまで向かった。途中で速度を 2 割増しにして休むことなく進んだところ，最後まで時速 18 km で進んだ場合に比べ 12 分早くゴールできた。出発点から速度の変更地点までの距離と速度の変更地点からゴールまでの距離の比として，正しいものは次のうちどれか。

【H11　大卒警察官】

1　16：17　**2**　17：18　**3**　18：19
4　19：20　**5**　20：21

横軸を時間，縦軸を出発点からの距離にしてダイヤグラムをかいてみましょう。速度を増すとグラフの傾きが急になります。

STEP 1　ダイヤグラムをかこう

42 km を時速 18 km で進むと，$42 \div 18 = \frac{\overset{7}{\cancel{42}}}{\underset{3}{\cancel{18}}} = \frac{7}{3}$（時間）で到着することになります。

1時間＝60分ですから，時間を分にするには60倍します。

$\frac{7}{3} \times 60 = 140$（分）です。

途中から2割速度を増したら12分早くゴールできたのですから，140 − 12 = 128（分）でゴールしたということです。

太い実線が実際に進んだ様子，点線部分は最後まで同じ速度で進んだ様子を表しています。

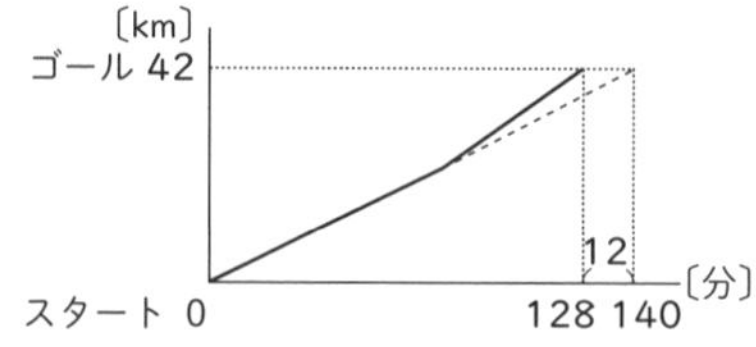

ダイヤグラムを読もう

このグラフから，距離の比をどのように求めるのでしょうか。ダイヤグラムで，時間や距離を求めるには，**図形の知識を用いる**ことになります。

実線を伸ばしてみましょう。途中から２割増しの速さで進んだので，同じ時間に進んだ距離も２割増しになるはずですね。

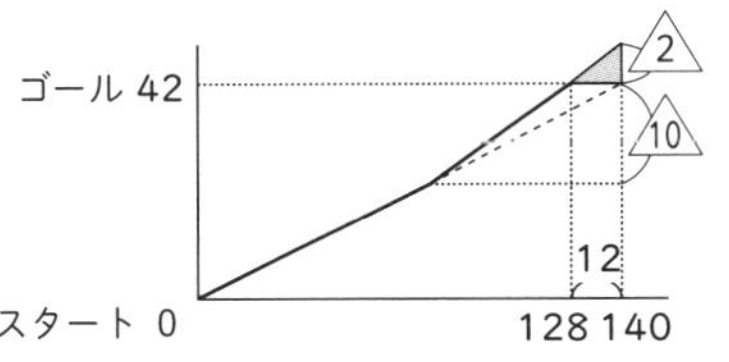

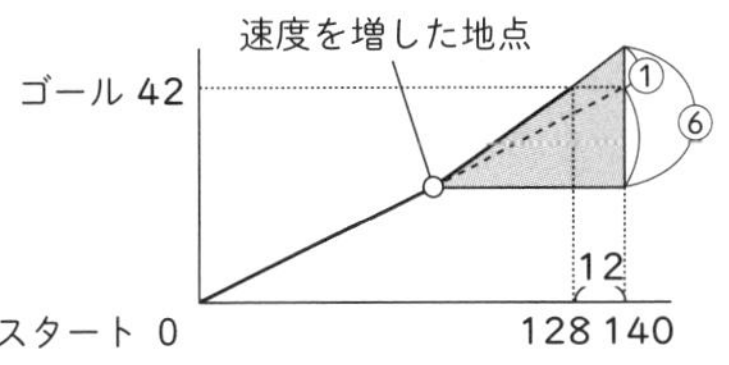

色を付けた２つの三角形は相似で高さの比は２：（２＋10）なので，底辺の比も２：12＝１：６になります。

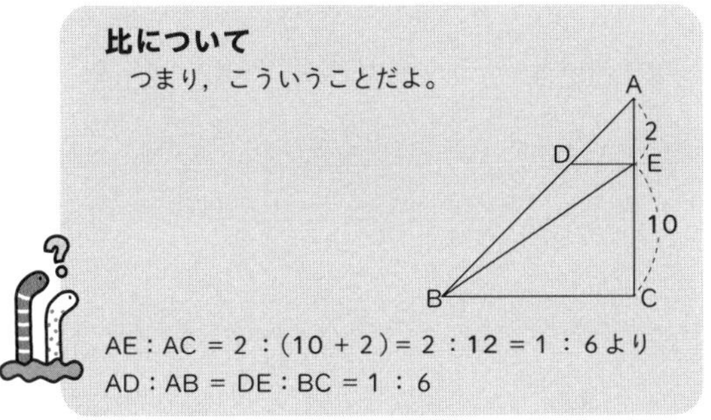

比について
つまり，こういうことだよ。
A
D
E
B
C
2
10
AE : AC = 2 :（10 + 2）= 2 : 12 = 1 : 6より
AD : AB = DE : BC = 1 : 6

△ ADE の三角形の底辺 DE は 12 ですから，△ ABC の三角形の底辺 BC は 12 × 6 = 72 ですね。

つまり，スタート地点から 140 － 72 = 68〔分〕のところで，速度を増したのです。

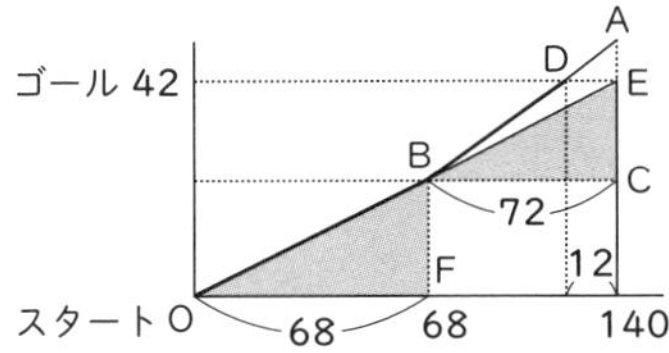

速度の変更地点までの距離を求めてから，比を求めることもできますが，**△ OBF と△ BEC は相似な三角形**で，底辺の比は 68 : 72 = 17 : 18 なので，高さの比も BF : EC = 17 : 18 になります。

したがって，スタートから変更地点までと変更地点からのゴールまでの距離の比は，BF : EC と等しく，17 : 18 です。

実際の距離から

68 分後におけるスタート地点からの距離を求めると，$18\times\frac{68}{60}=20.4$〔km〕なので，距離の比は，$20.4:(42-20.4)=17:18$ と求めるのはちょっと面倒ね。

計算による解き方

速度の変更前を x〔km〕，変更後を y〔km〕とおきます。求めたい比は $x:y$ ですね。

$\frac{x}{18}$〔時間〕　$\frac{y}{18\times1.2}$〔時間〕

0　42

時間＝$\frac{距離}{速さ}$でしたね。速度の変更前にかかった時間は$\frac{x}{18}$〔時間〕，変更後は$\frac{y}{18\times1.2}$〔時間〕です。

また，速度変更をしない場合は$\frac{42}{18}$〔時間〕かかります。そこから，12 分早くゴールできたのですから，もとの時間から引きましょう。12 分は，$\frac{12}{60}$時間，つまり$\frac{1}{5}$〔時間〕です。

$$\frac{x}{18}+\frac{y}{18\times1.2}=\frac{42}{18}-\frac{1}{5}\quad\cdots①$$
$$x+y=42\quad\cdots②$$

①の両辺に 18 × 30 をかけて分母を消しましょう。

$$\frac{x}{18}\times18\times30+\frac{y}{18\times1.2}\times18\times\overset{25}{30}=\frac{42}{18}\times18\times30-\frac{1}{5}\times18\times\overset{6}{30}$$
$$30x+25y=1260-108$$
$$30x+25y=1152\quad\cdots①'$$

計算おたすけ
30 ÷ 1.2 = 300 ÷ 12

①′ から②× 25 を引きます

$$\begin{array}{lrl} ①' & 30x+25y & =1152 \\ -)\ ②\times25 & 25x+25y & =1050 \\ \hline & 5x & =102 \\ & x & =\frac{102}{5} \end{array}$$

$x=\frac{102}{5}$を②に代入して，　$y=42-x=42-\frac{102}{5}=\frac{210}{5}-\frac{102}{5}=\frac{108}{5}$

よって，$x:y=\frac{102}{5}:\frac{108}{5}=17:18$ です。

練習問題 2

甲地から乙地へ向けA，B，Cの3人が出発したが，出発状況と途中経過は次のようであった。まずAが徒歩で出発し，その30分後にBが自転車で出発，さらにその1時間後Cは自動車で出発した。Cは出発後30分でAに追いつき，さらにその30分後にBに追いついた。CがBに追いついたとき，AとCの距離の差は7.5 kmあった。おのおのの速さは一定であるとすると，Bの速さとして正しいものは次のうちどれか。

【H16　特別区】

1　8 km／時　　**2**　10 km／時

3　12 km／時　　**4**　14 km／時

5　16 km／時

A，B，Cの3人のグラフの進み方をダイヤグラムにします。

Aが出発した30分後にBが出発し，その1時間後にCが出発して30分後にAに追いついたということは，Aの出発から2時間後にCが追いついたことになります。

まずは，A，Cのグラフからかき始めましょう。

STEP 1　ダイヤグラムをかこう

CはAが出発して90分後に出発し，30分でAに追いつくのですから，右のようになりますね。

Bの進み具合をかき加えましょう。

BはAが出発して30分後に出発し，Cの出発後60分で（Aが出発してから150分後に）追いつかれたのですから，Bのグラフは，30分後に出発して，150分後にCのグラフと交わるようにかきます。Bの進み方はグラフの色線のようになります。

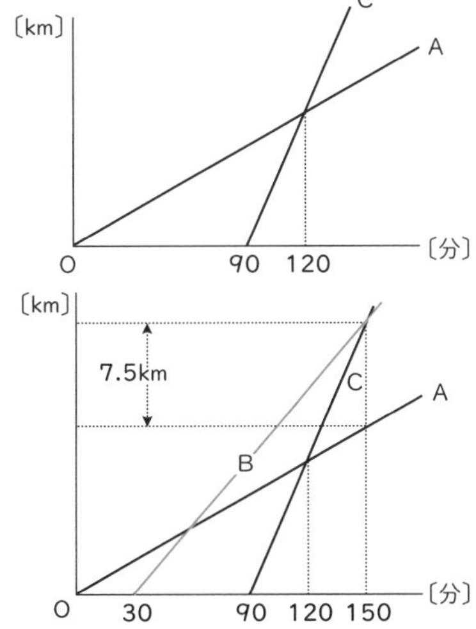

STEP 2 ダイヤグラムを読もう

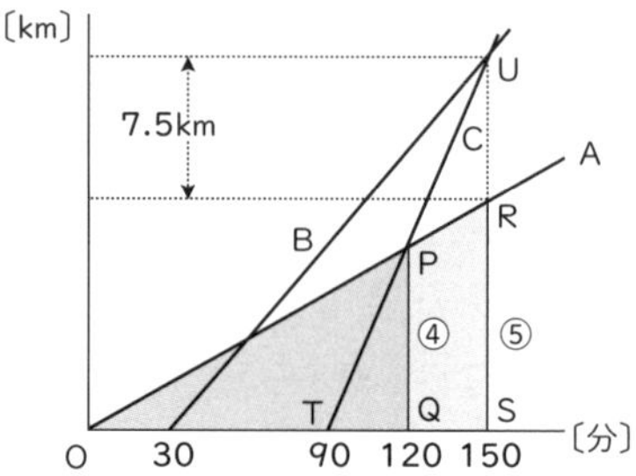

色を付けた2つの三角形△ROSと△POQは相似で，
OQ：OS＝120：150＝4：5ですから，
PQ：RS＝4：5となります。

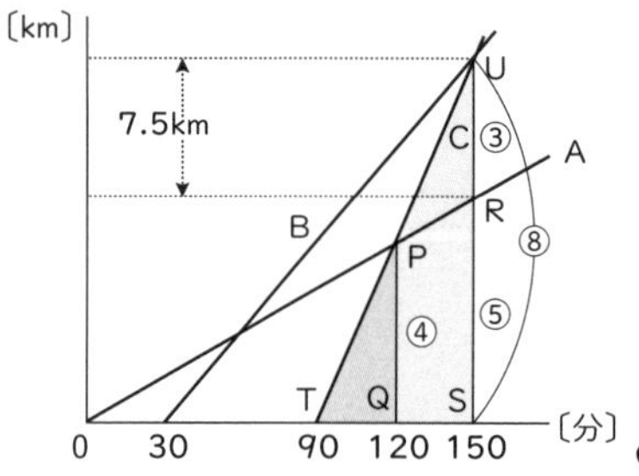

相似の基本形①
右の図で，BC//DEならば●と×の角はそれぞれ等しいので（同位角）△ABCと△ADEは相似だよ。
このとき，AB：AD＝AC：AE＝BC：DEになっているよ。

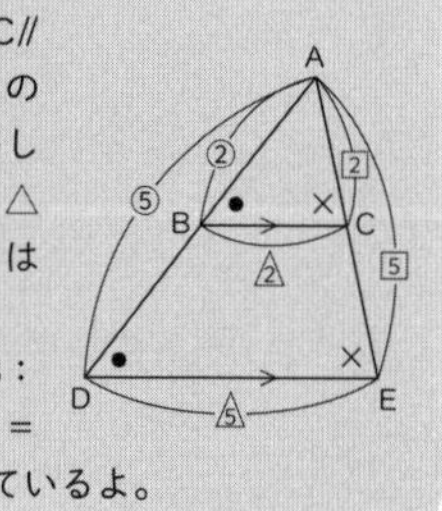

さらに，上の図で色を付けた2つの三角形も相似で，TQ：TS＝(120－90)：(150－90)＝30：60＝1：2ですから，PQ：US＝1：2＝4：8となり，
UR：US＝3：8であることがわかります。

UR（CがBに追いついたときのAとCの距離の差）は7.5 kmですから，US（BとCが出会った地点）は，
7.5：□＝3：8
□＝7.5×8÷3＝20〔km〕
したがって，BがCに追いつかれた地点は甲から20 km地点です。

Bはこれを，150－30＝120〔分〕＝2〔時間〕で進んだので，20÷2＝10　つまり，時速10 kmとなります。

正答
2

練習問題 3

P市からQ町までは1本道で通じている。AはP市を出発して一定の速度でQ町に向かい，Aが出発した1時間後にBがQ町を出発してP市に向かった。2人が出会った後，3時間後にBがP市に，4時間後にAがQ町に到着した。Bの歩く速度はAより毎時1km速いとすると，P市とQ町の間の距離として妥当なものは次のうちどれか。

【H13　大卒警察官】

1　16 km　　2　18 km　　3　20 km
4　22 km　　5　24 km

ダイヤグラムをかこう

出会ってからA，Bはそれぞれ3時間，4時間で到着したのですから，次のようになります。AがP市を出発してから t 時間後に2人が出会ったとします。このとき，BがQ町を出発してから2人が出会うまでの時間は $t-1$〔時間〕と表せます。簡単なグラフでかまいませんよ。

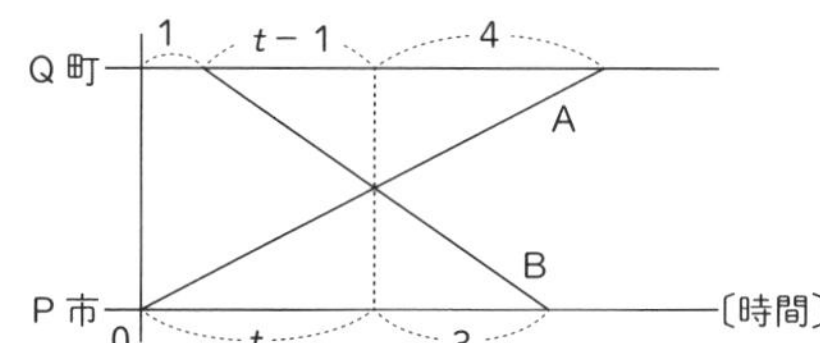

STEP 2 ダイヤグラムを読もう

下の図の色を付けた2つの三角形は相似です。対応する辺の比を考えると，

$4 : t = x : y$　…①　がいえます。

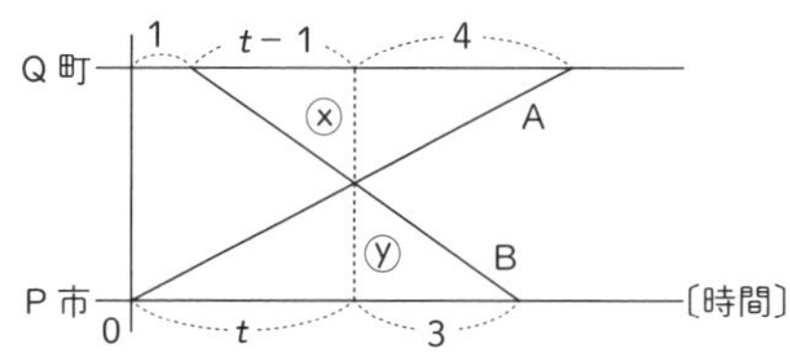

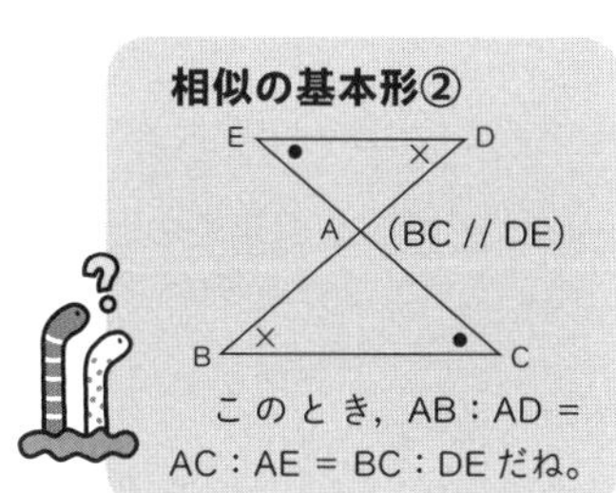

さらに，次の２つの三角形に注目してください。

やはり，**相似な三角形**です。

$t-1:3=x:y$ …② がいえます。

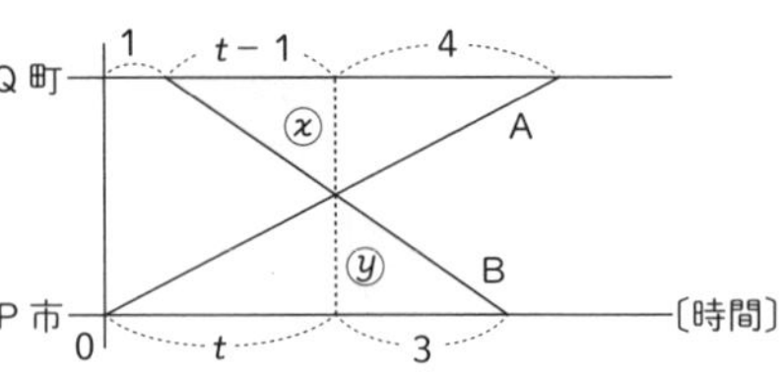

①，②より，$4:t=t-1:3$（$=x:y$）がわかりました。

$t(t-1)=4\times3$ より，

$$t^2-t=12$$

$$t^2-t-12=0$$

$$(t-4)(t-3)=0$$

$$t=4,\ -3$$ になります。

計算おたすけ

２次方程式は，２章テーマ９の74ページであつかった**解の公式**でも解けるよ。

$t^2-t-12=0$ の解は

$t=\dfrac{-b\pm\sqrt{b^2-4ac}}{2a}$ に

$a=1,\ b=-1,\ c=-12$

を代入して，

$$t=\frac{-(-1)\pm\sqrt{(-1)^2-4\times1\times-12}}{2\times1}$$

$$=\frac{1\pm\sqrt{1+48}}{2}$$

$$=\frac{1\pm\sqrt{49}}{2}$$

$$=\frac{1\pm7}{2}$$

$$=4,\ -3$$

t はAがP市を出発してから２人が出会うまでの時間だから正の数，つまり $t=4$ です。

このことより，Aは出会うまでに４時間，出会った後４時間進んでいるので，P市からQ町までの道のりを $4+4=8$〔時間〕，

Bは出会うまでに $4-1=3$〔時間〕，出会った後３時間進んでいるので，P市からQ町までの道のりを $3+3=6$〔時間〕かかったことになります。

「Bの歩く速さは，Aより毎時１km速い」ことから，Aの時速を v〔km〕，Bの時速を $v+1$〔km〕とすると，
Aが時速 v〔km〕で８時間に進んだ距離は，

$8\times v=8v$〔km〕

Bが時速 $v+1$〔km〕で６時間に進んだ距離は，

$6\times(v+1)=6(v+1)$〔km〕

A，BどちらもP市からQ町まで歩いているのですから，進んだ道のりは等しいので，

$$8v=6(v+1)$$

$$8v=6v+6$$

$$2v=6$$

$$v=3$$

AはPからQ町までの道のりを時速３kmで８時間かかって進んでることから，P市とQ町の間の距離は，

$3\times8=24$〔km〕

となります。

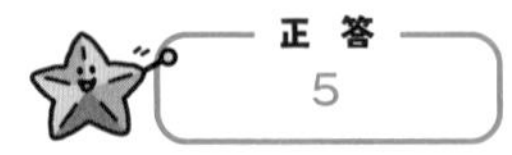

あるスポーツクラブの 25 m プールで，A 君が第 1 コース，B 君が第 2 コースをそれぞれ繰り返し往復しながら一定の速さで泳いでいる。A 君と B 君はともに 1 往復の 50 m を 1 分間で泳ぐが，A 君は 1 往復を泳ぐたびに 10 秒間だけ休憩する。

今，A 君と B 君がプールの同じ側のスタート位置から同時に泳ぎ始めた。しばらく泳いだところ，A 君はプールの中央の地点で B 君とすれ違い（1 回目），さらに 25 m 泳いだところで，今度は逆向きに同じ地点ですれ違った（2 回目）。その後も泳ぎ続けたところ，A 君は再びプールの中央の地点で 1 回目と同じ向きに B 君とすれ違った（3 回目）。2 回目と 3 回目の間に A 君が泳いだ距離はいくらか。

【H19　国家総合職】

1　175 m
2　250 m
3　275 m
4　325 m
5　350 m

例題に類似した発展問題です。横軸を時間，縦軸をプールの両端にとってダイヤグラムをかくことにします。

ダイヤグラムを詳しく解析するというよりは，問題にかかれている**状況を全体的に展望するということに利用**します。

STEP 1　ダイヤグラムをかこう

とりあえずスタートからダイアグラムをかいてみましょう。A 君，B 君ともにプールの 1 往復に 1 分を要します。

A 君は 1 回の 1 往復を終了したあと 10 秒おいてから次の 1 往復を開始します。

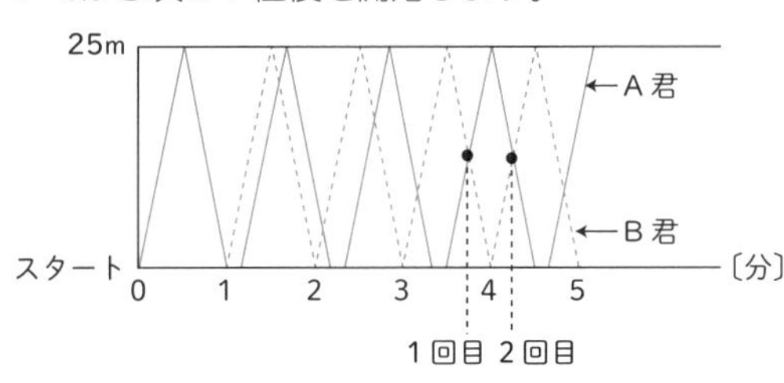

図にすると

10 秒は 1 分間の$\frac{1}{6}$だから，A 君を表す実線は図中横軸の目盛の 1 分の$\frac{1}{6}$ずつずれた位置から次の 1 往復が始まるよ。

A 君の様子は実線のようになります。B 君は単調に往復を繰り返しますので，図中の破線のようになります。

スタートから最初の１往復は A 君と B 君は同時に出発して同時に戻りますので，それぞれの様子を表す実線と破線は重なります。

２回目の往復から実線と破線がずれてきますが，それぞれの往復を表す直線と時間〔分〕を表す横軸とで形成される二等辺三角形の形は同じです。

このまましばらく往復の回数を進めてダイヤグラムをかき進めていくと…ありました，プールの中央の地点で互いに逆向きにすれ違う点が３分と４分の間に見つかります。

その後それぞれが折り返し，２回目に交わる点もすぐ隣にくることもわかります。

STEP 2 ダイヤグラムを読もう

このままダイヤグラムをかき進めていくと３回目の交点が見つかることが予想されますが，さすがに作業に手数がかかりすぎます。進めていく途中で図の精度が落ちて誤った結果を導くおそれもあります。読み方を工夫してみましょう。

スタート開始から１回目にすれ違うまでに，A 君は３往復と 25m の２分の１泳いでいます。

つまり，泳いだ距離は 50 × 3 ＋ 12.5 ＝ 162.5〔m〕です。**スタート時には A 君と B 君がそろってスタート位置から往復を開始していますが，次にこの状態になるのはいつかを考えてみます。**その後，同じ距離だけ泳いだあとに，プールの中央地点で３回目にすれ違うことになります。

図の対称性から A 君の実線と B 君の破線が再び重なるのは７分から８分の間の１往復であることがわかります。

７分後に再び同時にスタート位置を出発し，最初のスタートのときと同じく A 君が 162.5 m 泳いだ時点で２人がすれ違います。このときが３回目にすれ違うときです。

２回目にすれ違うのがスタートから４分 15 秒後ですので，このあと A 君は残りの１往復の４分の１を泳ぎ，７分までさらに２往復を泳ぎます。

対称とは

ダイヤグラムが右方に続くとして，４分の位置を中心に折り返すと，３分と５分，２分と６分，１分と７分，スタート時と８分の位置がそれぞれ重なることがわかるわ。

よって求める答えは

$$\underset{(4往復残り)}{12.5} + \underset{(5・6往復)}{50 \times 2} + \underset{(くり返し)}{162.5} = 275〔m〕$$

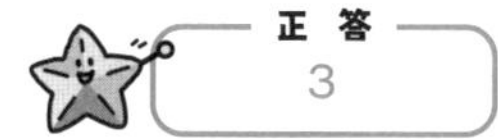

ダイヤグラムで確認

念のためにＡ君とＢ君が再びスタート位置を同時に出発するまでをかいてみますと，図のようになります。

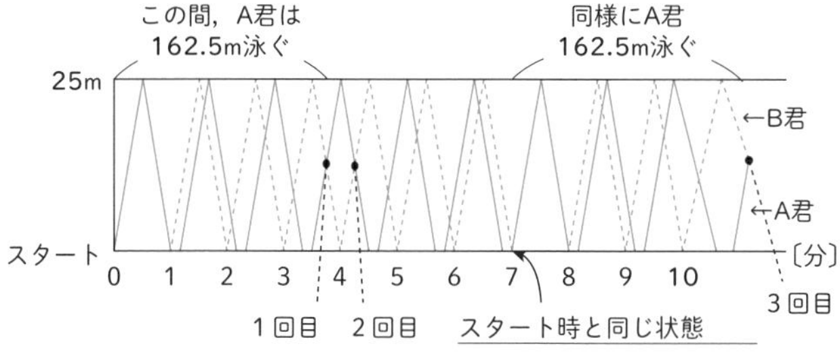

19 食塩水の問題
～てんびんでカンタンに解ける！～

公務員試験では，食塩水の問題で，てんびんによる解き方がよく使われます。そこでまずてんびんを使った解き方を紹介します。そして，その後に中学校の教科書等で使われている方程式による解き方（普通の解き方）も別解として紹介します。どちらも正しいので，どちらでも大丈夫！　比べてみて，自身に合うほうを磨いてください！

例　題

濃度10％の食塩水Aが200g，濃度6％の食塩水Bが300gある。今，食塩水Aから100gを取り出し，食塩水Bに入れてよく混ぜたあと，ここから100gを取り出して再び食塩水Aに戻した。このときの食塩水Aの濃度として正しいものは次のうちどれか。

【H13　市役所】

1　8.5％
2　8.7％
3　8.9％
4　9.1％
5　9.3％

まずはてんびんによる解法を紹介します。てんびんがつりあうように式を立てていけばいいんです。感覚的に式を立てたい方におススメです。

てんびんの使い方

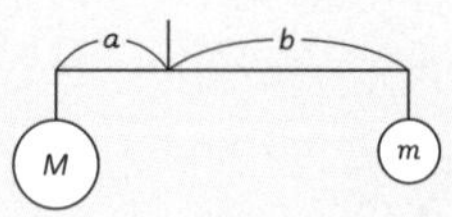

てんびんがつりあっているとき，$M \times a = m \times b$ が成り立っているよ。

$M \times a = m \times b$ ということは両辺を Mb で割って，$\dfrac{a}{b} = \dfrac{m}{M}$

つまり，$a : b = m : M$ が成り立つということだよ。上の図はこうなるよ。

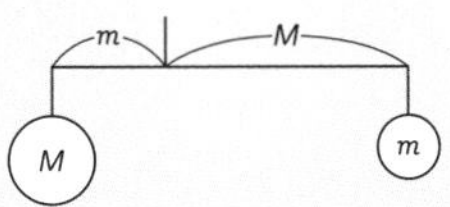

これは M の量が m に比べて大きいほど混ぜ合わせた濃度が M のものに近づくことを示しているよ。

てんびんをかこう

では，100 g の食塩水 A（10 %）と 300 g の食塩水 B（6 %）を混ぜるときの，てんびんをかいてみましょう。

濃度に関するてんびんは下の図のようにかきます。この図をもとに 1 回目に混ぜ合わせたあとの濃度を求めましょう。

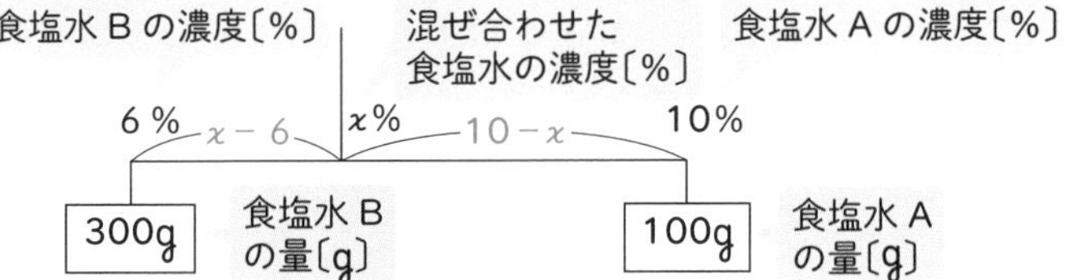

STEP 2 つりあいを考えよう

てんびんは，（重さ）×（腕の長さ）が左右で等しくなったときにつりあいます。

前の図の，$(10-x)$が右側の腕の長さ，$(x-6)$が左側の腕の長さと考えましょう。

右側の（重さ）×（腕の長さ）$=100\times(10-x)$と，

左側の（重さ）×（腕の長さ）$=300\times(x-6)$が等しいので，

$$300(x-6)=100(10-x)$$
$$3(x-6)=10-x$$
$$3x-18=10-x$$
$$4x=28$$
$$x=7$$

つまり，混ぜ合わせたときにできる食塩水の濃度は７％です。

STEP 3 次のてんびんをかこう

次に，100 g の食塩水（７％）と 100 g の食塩水 A（10 ％）を混ぜるときの，てんびんをかきます。

このてんびんは７％の食塩水 100 g と 10 ％の食塩水 100 g を混ぜ合わせるので，下のようになりますね。

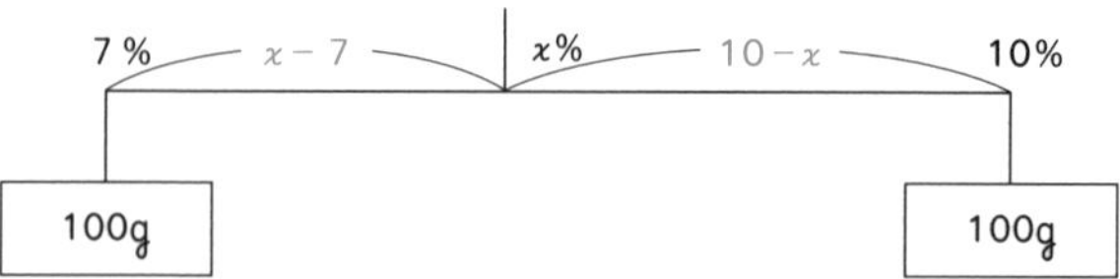

STEP 4 つりあいを考えよう

今回は，左側の腕の長さは$(x-7)$で，右側の腕の長さは$(10-x)$です。

つりあいの式は，

$100\times(x-7)=100\times(10-x)$

になります。

$$100(x-7)=100(10-x)$$
$$x-7=10-x$$
$$2x=17$$
$$x=\frac{17}{2}=8.5$$

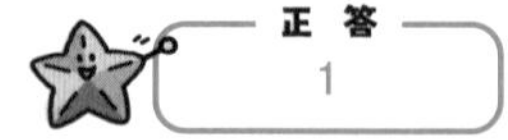

別解

普通に解いてみると

同じ問題を一般的なやり方で解いてみることにしましょう。

食塩水の問題は，一般的には**食塩の量に着目して解いていきます**。食塩水の濃度の公式から

食塩の重さ＝食塩水全体の重さ×濃度

ですから，以下のようになります。

食塩水の濃度の公式
濃度
＝食塩の重さ／食塩水全体の重さ
％で表記するときは
この値を 100 倍するよ。

(ⅰ) 100 g の食塩水 A（10 %）と 300 g の食塩水 B（6 %）を混ぜる。

食塩水 A(10 %)100 g の中の食塩＝100 × 0.1 ＝10〔g〕

食塩水 B(6 %)300 g の中の食塩＝300 × 0.06 ＝18〔g〕

できた食塩水は，100 ＋ 300 ＝ 400〔g〕で，その中に食塩が 10 ＋ 18 ＝ 28〔g〕含まれています。

食塩水の濃度は $\frac{28}{400}$ ＝ 0.07 なので，できたのは 7 %の食塩水です。

0.07 × 100 ＝ 7〔%〕

(ⅱ) 100 g の食塩水（7 %）と 100 g の食塩水 A（10 %）を混ぜる。

7 %の食塩水 100 g の中の食塩＝100 × 0.07 ＝ 7〔g〕

食塩水 A（10 %）の中の食塩 ＝ 100 × 0.1 ＝ 10〔g〕

できた食塩水は，100 ＋ 100 ＝ 200〔g〕で，その中に食塩が 7 ＋ 10 ＝ 17〔g〕含まれています。

食塩水の濃度は $\frac{17}{200}$ ＝ 0.085 となり，0.085 × 100 ＝ 8.5〔%〕の食塩水ができたことがわかります。

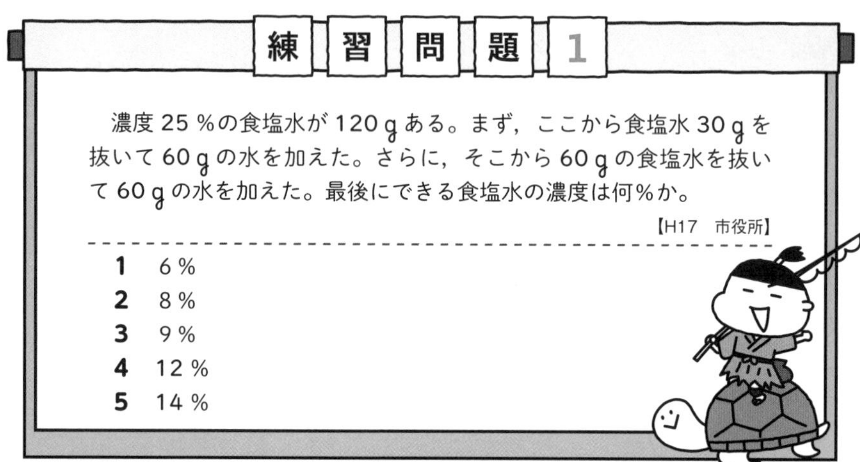

練習問題 1

濃度 25 %の食塩水が 120 g ある。まず，ここから食塩水 30 g を抜いて 60 g の水を加えた。さらに，そこから 60 g の食塩水を抜いて 60 g の水を加えた。最後にできる食塩水の濃度は何%か。

【H17　市役所】

1　6 %
2　8 %
3　9 %
4　12 %
5　14 %

水を加えたと書いてありますね。水は，食塩水に入っている塩の割合が 0 の（つまり塩が入っていない）もの，つまり，**濃度 0 %の食塩水**と考えます。

STEP 1　てんびんをかこう

まずはじめに，「食塩水 30 g を抜いて」とあります。25 %の食塩水を 30 g 抜いたので，この段階で 25 %の食塩水は 120 − 30 = 90〔g〕になります。

その後，「60 g の水を加えた」とあります。ここでてんびんがかけます。水は濃度 0 %とします。

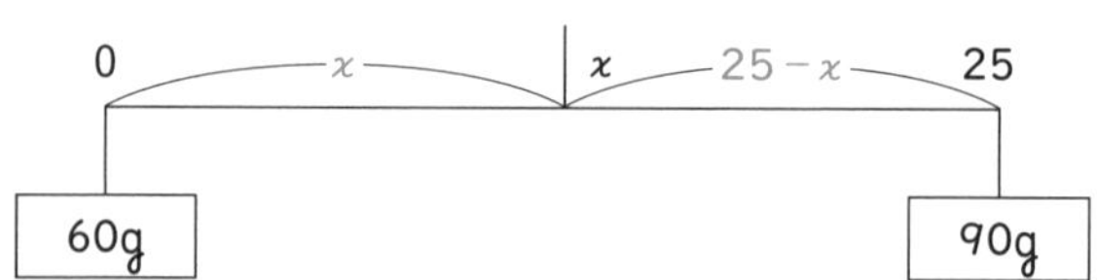

STEP 2　つりあいを考えよう

左側の腕の長さは x，右側の腕の長さは $(25 - x)$ なので，

$60 \times x = 90 \times (25 - x)$ より，$x = 15$

つまり，15 %の食塩水が 90 + 60 = 150〔g〕できました。

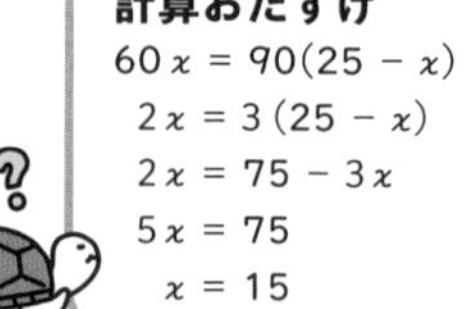

STEP 3 てんびんをかこう

次に，「60 g の食塩水を抜いて」とありますから，15%の食塩水は 150 − 60 = 90〔g〕になります。

最後に「60 g の水を加えた」とありますから，下のようなてんびんになります。

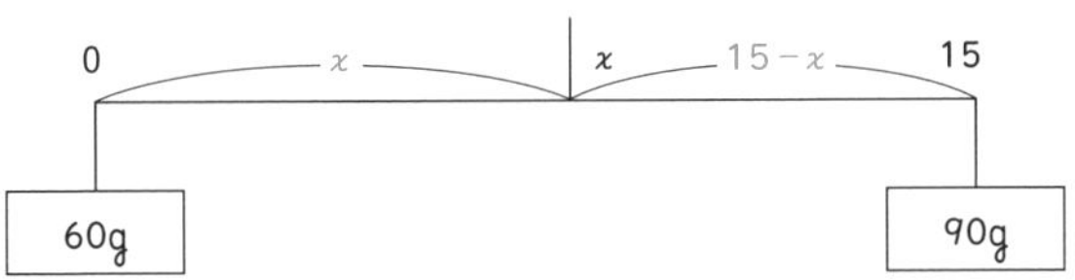

STEP 4 つりあいを考えよう

左側の腕の長さは x，右側の腕の長さは(15 − x)なので，

$60 \times x = 90 \times (15 - x)$ より，$x = 9$

つまり，9％の食塩水ができます。

計算おたすけ

$60x = 90(15 - x)$

$2x = 3(15 - x)$

$2x = 45 - 3x$

$5x = 45$

$x = 9$

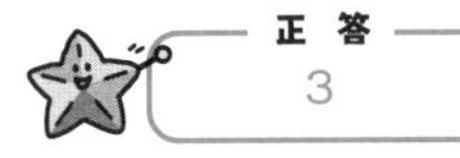

普通に解いてみると

(i) 90 g の食塩水（25%）と水 60 g を混ぜる。

食塩は 90 × 0.25 = 22.5〔g〕，食塩水は 90 + 60 = 150〔g〕ですから，

濃度は $\frac{22.5}{150} \times 100 = 15$〔%〕になります。

(ii) 90 g の食塩水（15%）と水 60 g を混ぜる。

食塩は 90 × 0.15 = 13.5〔g〕，食塩水は 90 + 60 = 150〔g〕ですから，

濃度は $\frac{13.5}{150} \times 100 = 9$〔%〕になります。

こちらのほうが，理屈が理解しやすい方はコチラで OK！

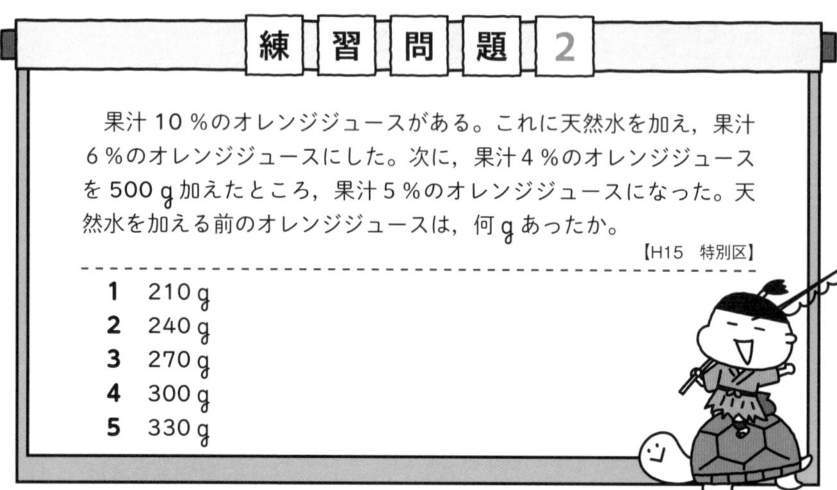

練習問題 2

果汁 10 %のオレンジジュースがある。これに天然水を加え，果汁6 %のオレンジジュースにした。次に，果汁４%のオレンジジュースを 500 g 加えたところ，果汁５%のオレンジジュースになった。天然水を加える前のオレンジジュースは，何 g あったか。

【H15　特別区】

1　210 g
2　240 g
3　270 g
4　300 g
5　330 g

果汁を食塩と同じと考えれば，今までと同じように，てんびんをかくことができます。天然水の果汁は０%です。

STEP 1　てんびんをかこう

天然水は果汁０%のジュースと考えればよかったですね。では，てんびんをかいてみましょう。わからない量が２つもあります。

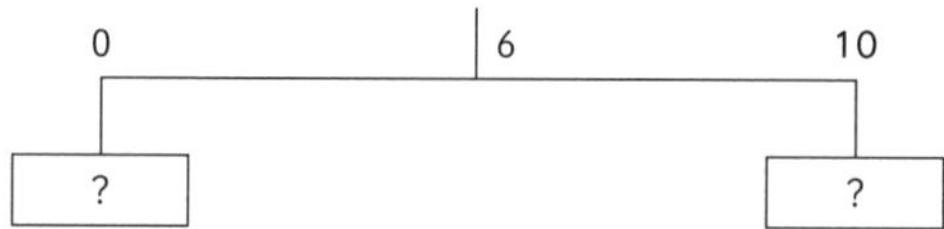

では，次の混ぜ合わせを見てみましょう。

果汁６%のオレンジジュースと果汁４%のオレンジジュース 500 g を混ぜると，果汁５%のオレンジジュースができるのですね。てんびんをかきましょう。

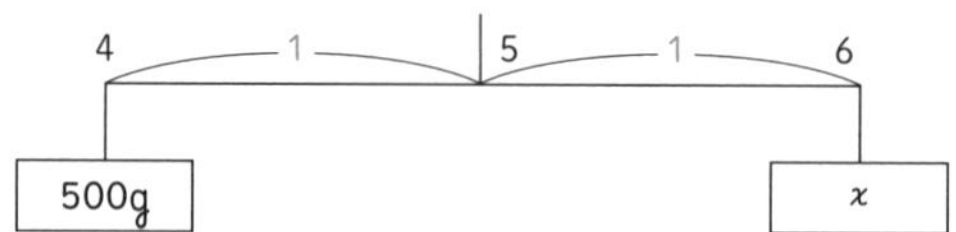

腕の長さは，左側，右側ともに１なので，重さも同じとなり，６%のオレンジジュースは 500 g できたとわかります。$500\times(5-4)=x\times(6-5)$を解いても $x=500$ とすぐに求められます。ここで，１つ目のてんびんに戻りましょう。

果汁 6%のオレンジジュースが 500 g できたことがわかったので，最初の果汁 10 %のオレンジジュースを x g とすると，濃度０%のジュース，つまり天然水は $500-x$〔g〕と表せます。

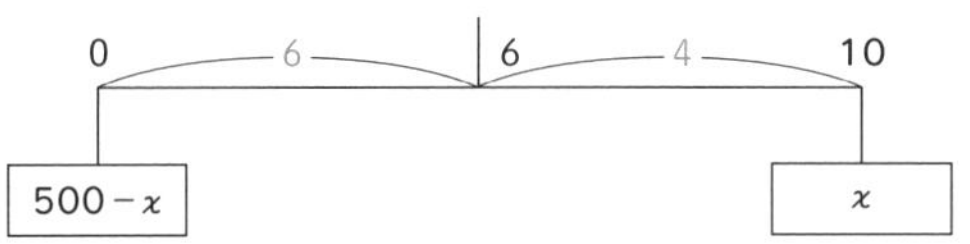

STEP 2 つりあいを考えよう

左側，右側の腕の長さは，それぞれ6，4なので，$(500 - x) \times 6 = x \times 4$ より，$x = 300$

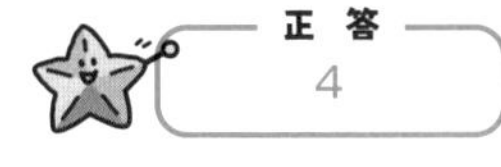

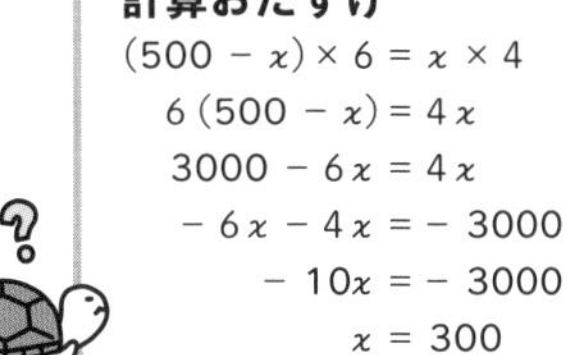

計算おたすけ

$$(500 - x) \times 6 = x \times 4$$
$$6(500 - x) = 4x$$
$$3000 - 6x = 4x$$
$$-6x - 4x = -3000$$
$$-10x = -3000$$
$$x = 300$$

この問題のように，混ぜ合わせの問題では逆から考えるとさっと解ける問題があります。

別解

普通に解いてみると

（ i ）1回目の混合で6％のジュースが x g できたとして方程式を解く。

2回目の混合の前後で**入っている果汁の量**が等しいことから，方程式をつくります。

x g に6％入っている果汁と，500 g に4％入っている果汁が合わさると，500 + x g のジュースに果汁が5％入った状態になるので，

$$x \times 0.06 + 500 \times 0.04 = (500 + x) \times 0.05$$ 両辺を 100 倍します

$$6x + 500 \times 4 = 5(500 + x)$$
$$6x + 2000 = 2500 + 5x$$
$$x = 500 \text{(g)}$$

これで，1回目の混合で 500 g のジュースができたことがわかりました。

（ ii ）天然水を加える前のジュースが y g あったとして方程式を解く。

1回目の混合の前後で**入っている果汁の量**が等しいことから，方程式をつくります。

y g に 10％入っている果汁の量は，天然水を加えて 500 g（6％）にしても変わらないので，

$$y \times 0.1 = 500 \times 0.06$$
$$y = 500 \times 0.6$$ 両辺を 10 倍します
$$y = 300 \text{(g)}$$

20 平均の問題
～みんな同じと考えよう～

ここでは平均の問題をあつかいます。平均とは，ばらつきのある数量を，平らにならしたものです。ポイントは，全員同じと考えることです。そこから合計へと話を展開していきます。

例　題

ある試験が行われ，450 人が受験した。受験者全体の平均点は 59 点で，合格者の平均点は 68 点，不合格者の平均は 53 点であった。この試験の合格者の数として正しいものは，次のうちどれか。

【H14　市役所】

1　140 人
2　160 人
3　180 人
4　200 人
5　220 人

個人の点数は，まったくわかりません。そこで，450 人がすべて 59 点だったと考えます。そう考えても，受験者全員の合計点は同じですね。

STEP 1　平均にならすと合計は？

受験者全員が平均点だったと考えると，合計点は 450 × 59〔点〕になります。

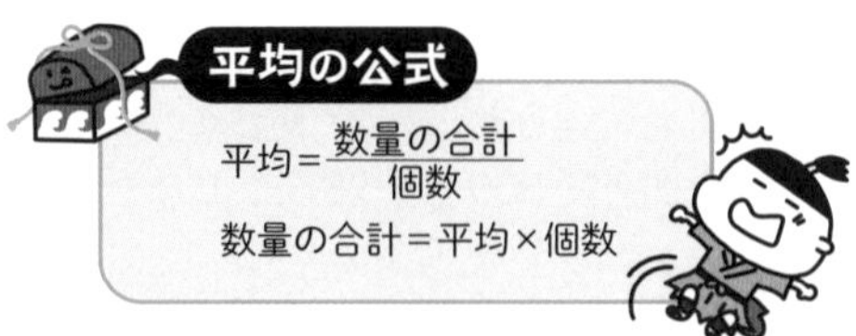
平均の公式
平均＝数量の合計／個数
数量の合計＝平均×個数

合格者の人数はわからないので，これを x 人としましょう。すると不合格者は 450 − x〔人〕になりますね。

合格者全員が 68 点，不合格者全員が 53 点だったと考えると，合格者の合計点は 68 × x〔点〕，不合格者の合点計は 53 ×（450 − x）〔点〕になります。

合計の方程式

受験者全員の合計点＝合格者の合計点＋不合格者の合計点より

$$\underbrace{68 \times x}_{\text{合格者の合計点}} + \underbrace{53 \times (450 - x)}_{\text{不合格者の合計点}} = \underbrace{59 \times 450}_{\text{全員の合計点}}$$

$$68x + 53(450 - x) = 59 \times 450$$
$$68x + 23850 - 53x = 26550$$
$$68x - 53x = 26550 - 23850$$
$$15x = 2700$$
$$x = 180$$

合格者の人数は，180 人です。

計算の工夫

　この場合のかけ算は，**すぐに計算しない**ほうが，あとで計算が楽になるわ。

$68x + 53(450 - x)$
$= 59 \times 450$
$68x + 53 \times 450 - 53x$
$= 450 \times 59$
$15x = 450 \times (59 - 53)$
$15x = 450 \times 6$
15 で割って，
$x = 30 \times 6 = 180$

てんびんでも解ける！

テーマ 19 で活躍したてんびんを使って解くこともできます。

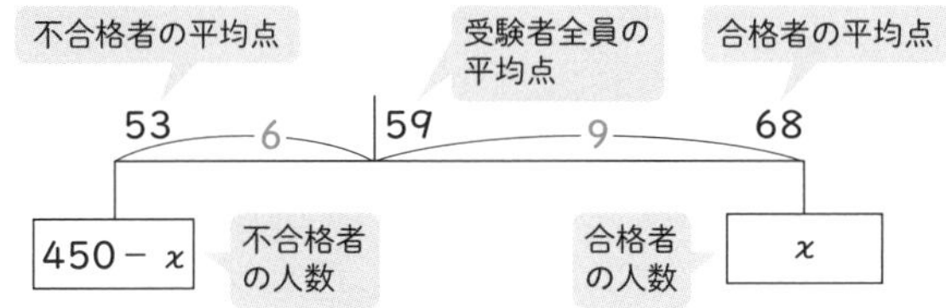

左側の腕の長さは，$59 - 53 = 6$，
右側の腕の長さは，$68 - 59 = 9$ なので，
$(450 - x) \times 6 = x \times 9$ より，$x = 180$

では，練習問題です。合計点を求める準備が少し大変です。

練習問題 1

ある試験が行われ100人が受験した。合格者は全部で40人，そのうちの40 %が女子で，また，男子の合格率は40 %であった。受験者全体の平均点が32点，男子受験者の平均点が30点であるとき，女子受験者の平均点として，正しいものは次のうちどれか。

【H15　市役所】

1　33点
2　34点
3　35点
4　36点
5　37点

わかっているのは男子の平均点だけです。

合計の方程式で，女子の平均点を求めるには，まず男子と女子の受験者数を求める必要がありますね。

STEP 1　平均にならすと合計は？

問題を整理しましょう。

	受験者全体	男子受験者	女子受験者
平均点	32	30	x（求める点数）
人数	100	?	?

まずは全合格者の男女の内訳について考えてみましょう。

合格者数は40人で，女子の合格者数は，40人の40 %ですから，

$40 \times 0.4 = 16$〔人〕

男子の合格者数は，

$40 - 16 = 24$〔人〕

となります。

さらに，男子の合格率は40 %なので，男子の受験者は

$24 \div 0.4 = 60$〔人〕

女子受験者は

$100 - 60 = 40$〔人〕

となります。やっと，男子と女子の受験者数がわかりましたね。

なぜ割り算？

男子の受験者をa人とすると，a人の40 %が24人だから，

$a \times 0.4 = 24$より，

$a = 24 \div 0.4 = 60$

	受験者全体	男子受験者	女子受験者
平均点	32	30	x（求める点数）
人数	100	60	40

受験者 100 人の平均点は 32 点だから，全体の合計点は 32 × 100〔点〕で，男子受験者の合計は 30 × 60〔点〕，女子受験者の合計は，x × 40〔点〕と書くことができます。数量の合計＝平均×個数でしたね。

STEP 2 合計の方程式

受験者全体の合計点＝男子受験者の合計点＋女子受験者の合計点
なので，方程式は，

$30 \times 60 + x \times 40 = 32 \times 100$

となります。

$1800 + 40x = 3200$

両辺を 10 で割って

$180 + 4x = 320$

$4x = 140$

$x = 35$

女子の受験者の平均点は 35 点です。

てんびんを使ってみよう

てんびんをかくと，

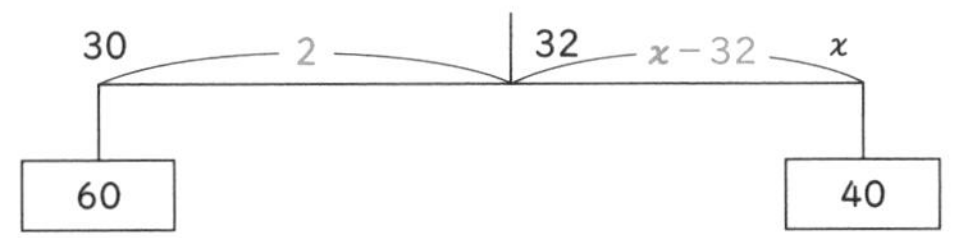

のようになり，

$60 \times (32 - 30) = 40 \times (x - 32)$ より，

$x = 35$

この場合も，男子，女子の受験者の人数は，前もって求めておかなければいけません。

計算おたすけ

$60(32 - 30) = 40(x - 32)$

両辺を ÷ 10

$6 \times 2 = 4(x - 32)$

$-4x = -4 \times 32 - 6 \times 2$

$4x = 140$

$x = 35$

練習問題 2

あるクラスで数学のテストを実施したところ，クラス全員の平均点はちょうど63点で，最も得点の高かったAを除いた平均点は62.2点，最も得点の低かったBを除いた平均点は63.9点，AとBの得点差はちょうど68点であった。このクラスの人数として正しいのはどれか。

【H20　国家一般職［大卒］】

1　29人
2　32人
3　35人
4　38人
5　41人

全体の平均点は最初からわかっています。一方で最も高かったAの得点も最も低かったBの得点も，クラスの人数もわかっていません。そこでこれらをそれぞれa点，b点，N人としましょう。条件をこれらの文字を用いて表していきます。

STEP 1　平均にならすと合計は？

平均点63点とクラスの人数N人を用いると，クラスの合計点数は$63N$点と容易に表せます。次に同じ合計点数をAの得点やBの得点を用いて表すことを考えます。

STEP 2　合計の方程式

Aの得点a点を用いると合計点数はどうなるでしょうか。**Aを除いた平均点は62.2ですが，これはAを除いた$N-1$人分の平均点を意味します。**よってクラス全体からA1人を除いた得点の合計は$62.2\times(N-1)$点になります。

これにAの点a点を加えるとクラス全体の合計点数になります。よって

$62.2\times(N-1)+a=63N$　…①

同様にBの得点b点については，B1人を除いた得点の合計は$63.9\times(N-1)$点となり，これにBの点b点を加えるとクラス全体の合計点数になります。よって

$63.9\times(N-1)+b=63N$　…②

ここまでで方程式が2つできました。未知数は3つあります。もう一度問題をよく見るとAの得点とBの得点の差が68とあります。

$a-b=68$　…③

これで，方程式が３つそろいました。あとは計算を進めて方程式を解くだけです。

未知数の個数と式の数

未知数の個数だけ，式の数がないと，未知数の数値は求まらないよ。今回は，未知数が a，b，N の３つなので，式が３つ必要になるよ。

①と②の右辺が同じであることに着目して，辺々引いてみます。

$62.2 \times (N-1) + a - \{63.9 \times (N-1) + b\} = 0$

$(62.2 - 63.9) \times (N-1) + a - b = 0$

この式の $a - b$ に③を代入します。

$(62.2 - 63.9) \times (N-1) + 68 = 0$

$-1.7(N-1) + 68 = 0$

$1.7(N-1) = 68$　　**両辺を÷ 1.7**

$N - 1 = 68 \div 1.7$

$N - 1 = 40$

$N = 41$

てんびんを使ってみると

A を用いた場合と，B を用いた場合で，２つてんびんをかきます。

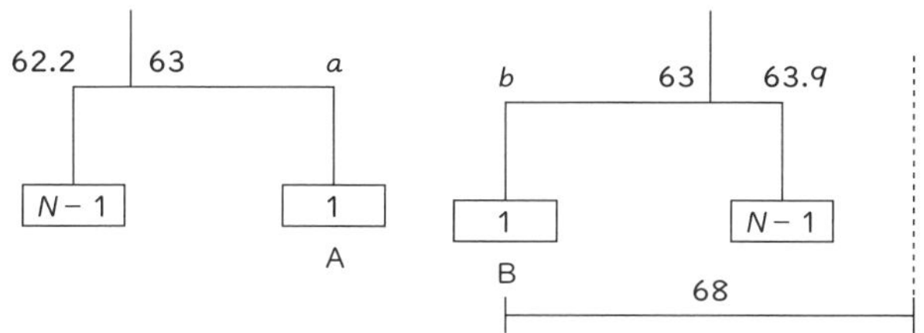

それぞれのてんびんについて

$(63 - 62.2) \times (N-1) = (a - 63) \times 1$

$(63.9 - 63) \times (N-1) = (63 - b) \times 1$

辺々足すと

$1.7 \times (N-1) = a - b = 68$　　**③より**

$N - 1 = 68 \div 1.7 = 40$

$N = 41$

練習問題 3

あるクラスでテストが行われ，クラスの中のA，B，C，Dの4人の平均点は70点であった。クラスの全体の平均点と比較すると，Aは3点低く，Bは5点低く，Cは8点高かった。また，Dの得点はクラス全体の平均点より高かったが，Cの得点よりは低かった。

このとき，クラス全体の平均点として正しいものは，次のうちどれか。ただし，A～Dの得点はすべて整数である。

【H22　大卒警察官】

1　65点
2　66点
3　67点
4　68点
5　69点

4人の平均点が70点と与えられています。そこで，4人の合計点から攻めていきましょう。

STEP 1　それぞれを x で表す

クラス全体の平均点がわかっていないので，x〔点〕としましょう。すると，A，B，Cの点数は，それぞれ，$x-3$〔点〕，$x-5$〔点〕，$x+8$〔点〕となります。

Dの点数はわかっていません。でも大丈夫です。(Dの点数)＝(4人の合計)－(A・B・Cの合計）になるからです。A～Dの4人の平均点が70点ですから，4人の合計は，$70\times4=280$〔点〕です。

そこからA・B・Cの3人の点数を引くと，Dの点数は，

(Dの点数)＝ $280-\{(x-3)+(x-5)+(x+8)\}=280-3x$ と表せます。

STEP 2　条件から方程式(不等式)を立てる

Dの得点はクラス平均の x〔点〕よりも高く，Cの $x+8$〔点〕よりも低いので，

$x<280-3x<x+8$

となります。

左側より $x<70$，右側より $68<x$ なので，$68<x<70$ です。

計算お助け

$$x<280-3x \qquad 280-3x<x+8$$
$$x+3x<280 \qquad 280-8<x+3x$$
$$4x<280 \qquad 272<4x$$
$$x<70 \qquad 68<x$$

Aの点数が整数ということは，Aよりも3点高いクラス全体の平均点も整数です。よって，68 < x < 70を満たす x は69と求まります。

正答 5

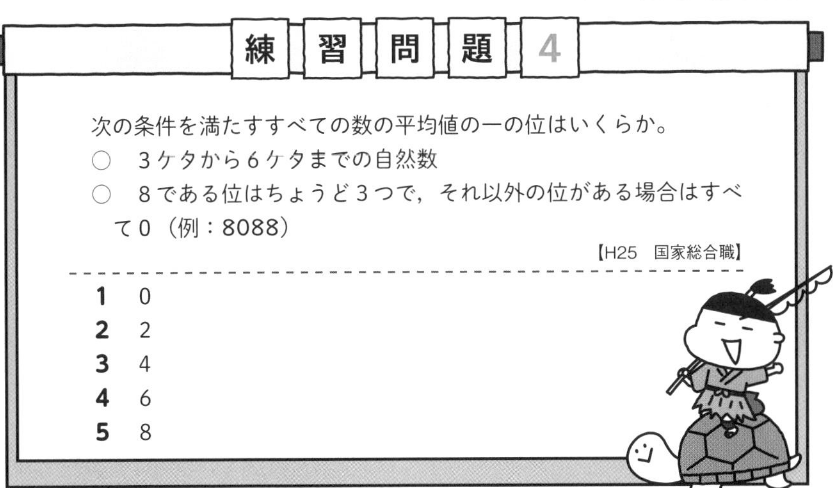

練習問題 4

次の条件を満たすすべての数の平均値の一の位はいくらか。
○　3ケタから6ケタまでの自然数
○　8である位はちょうど3つで，それ以外の位がある場合はすべて0（例：8088）

【H25　国家総合職】

1　0
2　2
3　4
4　6
5　8

少し複雑な問題ですが，「平均＝合計÷個数」の基本に戻って考えていきましょう。まずは，条件を満たす自然数がどれだけあるかを探していきましょう。

STEP 1　条件を満たす自然数を探す

条件を満たす自然数を書き出していきましょう。

（ⅰ）3ケタの数

3ケタは，888の1通りだけです。

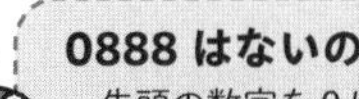

0888はないの？
先頭の数字を0にしてはダメだよ。こんな数はないということだよ。

（ⅱ）4ケタの数

4ケタは，先頭が8で（8○○○），残りの3ケタのうち2つに8が入るので，

$_3C_2 = \frac{3 \times 2}{2 \times 1} = 3$〔通り〕で，8088，8808，8880

（ⅲ）5ケタの数

5ケタは，先頭が8で（8○○○○），残りの4ケタのうち2つに8が入るので，

$_4C_2 = \frac{4 \times 3}{2 \times 1} = 6$〔通り〕で，80088，80808，80880，88008，88080，88800

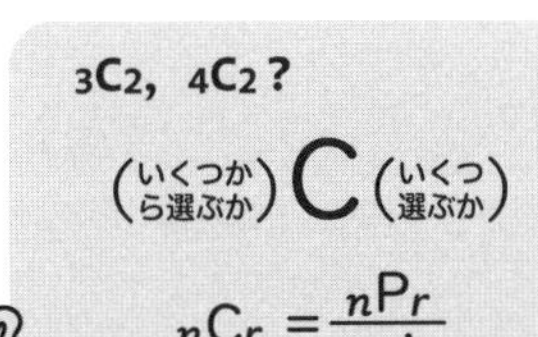

$_3C_2$，$_4C_2$？

（いくつから選ぶか）C（いくつ選ぶか）

$$_nC_r = \frac{_nP_r}{r!}$$

でしたね。
忘れてしまった人は2章のテーマ10を復習しましょう。

（iv）6ケタの数

6ケタは，先頭が8で（8○○○○○），残りの5ケタのうち2つに8が入るので，

$_5C_2 = \frac{5 \times 4}{2 \times 1} = 10$〔通り〕です。

10通りすべてを書き出すのは大変なので，このあたりで規則性を考えてみましょう。

STEP 2 規則性から合計を求める

合計を求めることが目標なので，各ケタに全部で8がいくつあるかを数えてみましょう。

（i）3ケタの数

百の位までの各ケタに8が1つずつです。（1，1，1）と表しておきます。

（ii）4ケタの数

千の位に8が3つで，残りの3ケタは2つずつなので，（3，2，2，2）です。

（iii）5ケタの数

万の位に8が6つで，残りの4ケタは3つずつなので，（6，3，3，3，3）です。

仕組みを考えましょう

4ケタは，3〔通り〕×2〔個〕＝6〔個〕の8を先頭以外の残りの3ケタに分けるので，2つずつになります。

5ケタは，6〔通り〕×2〔個〕＝12〔個〕の8を残りの4ケタに分けるので，3つずつになります。

では，6ケタはどうでしょう。6ケタは，10〔通り〕×2〔個〕＝20〔個〕の8を残りの5ケタに分けるので，4つずつになりますね。

（iv）6ケタの数

十万の位に8が10で，残りの5ケタは4つずつなので，（10，4，4，4，4，4）です。

これを合計してみましょう。

		十万	万	千	百	十	一
3ケタ	1通り				1	1	1
4ケタ	3通り			3	2	2	2
5ケタ	6通り		6	3	3	3	3
6ケタ	10通り	10	4	4	4	4	4
合計	20通り	10	10	10	10	10	10

このように，すべてのケタに8は10個ずつになります。

よって合計は，800000 × 10 ＋ 80000 × 10 ＋ 8000 × 10 ＋ 800 × 10 ＋ 80 × 10 ＋ 8 × 10 ＝ 8888880です。

STEP 3 合計から平均を求める

問題の条件を満たす自然数は全部で1 ＋ 3 ＋ 6 ＋ 10 ＝ 20〔通り〕あり，合計が8888880なので，求める平均は

8888880 ÷ 20 ＝ 444444になります。

よって，この平均値の一の位は4ということになります。

21 n進法の問題
～まずは10進法に直すこと～

n進法なんて難しい言葉が出てきました。n進法はn個の数字からなる世界です。

2進法では0と1の数字しか使わずに数を表し，2になったら位が繰り上がるものです。10進法に慣れた私たちには取っつきにくい世界ですが，10進法に直して考えていけば大丈夫です。

例　題

2進法で1010110と表す数と，3進法で2110と表す数がある。これらの和を5進法で表した数として，正しいのはどれか。

【H30　東京都】

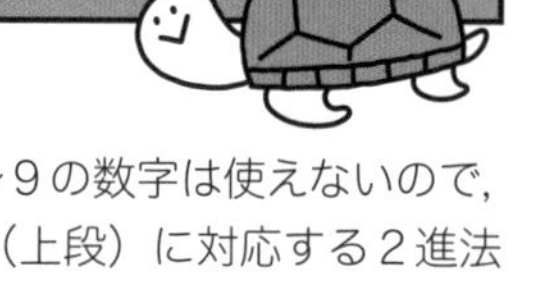

1　102　　**2**　152
3　201　　**4**　1021
5　1102

2進法では，0と1の2つの数字しか使えません。2～9の数字は使えないので，1の次は10，11の次は100になります。10進法の数（上段）に対応する2進法の数（下段）を表にまとめてみました。

1	2	3	4	5	6	7	8	9	10
1	10	11	100	101	110	111	1000	1001	1010

10進法の6は2進法に直すと$110_{(2)}$になります。また逆に，2進法の$1010_{(2)}$は，10進法の10になります。

$1010_{(2)}$って？
$1010_{(2)}$は，2進法の1010という記号だよ。

STEP 1　n進法を10進法に

2進法で表された数と3進法で表された数を直接計算することはできません。10進法に直してから計算しましょう。

2進法の1010110を10進法に直すと,

$1 \times 2^6 + 1 \times 2^4 + 1 \times 2^2 + 1 \times 2^1$

$= 64 + 16 + 4 + 2 = 86$

3進法の2110を10進法に直すと,

$2 \times 3^3 + 1 \times 3^2 + 1 \times 3^1$

$= 54 + 9 + 3 = 66$

になります。

n進法→10進法

たとえばn進法で表された324は，10進法に直すと，$3 \times n^2 + 2 \times n^1 + 4 \times n^0$になるよ。

つまり，aケタ目の数字$\times n^{a-1}$というのを左から順に求めて答えを合計すればいいんだ。

STEP 2 慣れた世界で計算

2進法の1010110と3進法の2110の和は，10進法では86＋66＝152になります。

STEP 3 10進法をn進法に

152を5進法に直さなくてはいけません。選択肢を1つ1つ10進法に直していっても，正答は見つかりますが，ここでは，**10進法からn進法への直し方**を覚えましょう。

10進法→n進法

10進法の数字をnで割り続けて，その余りを逆に並べていくんだね。

```
5 ) 152
5 )  30 …2    152を5で割ると30余り2
5 )   6 …0    30を5で割ると6余り0
      1 …1    6を5で割ると1余り1
```

5進法に直すときは，5で割った商と余りを順に書き，商が5より小さくなったらストップします。最後に，矢印の方向に数字をならべます。

したがって，152を5進法に直すと，$1102_{(5)}$となることがわかりました。

なお，選択肢が表す数を10進法に直すと次のようになります。

$102_{(5)} = 1 \times 5^2 + 2 \times 5^0 = 25 + 2 = 27$

$201_{(5)} = 2 \times 5^2 + 1 \times 5^0 = 50 + 1 = 51$

$1121_{(5)} = 1 \times 5^3 + 1 \times 5^2 + 2 \times 5^1 + 1 \times 5^0$

$= 125 + 25 + 10 + 1 = 161$

$1102_{(5)} = 1 \times 5^3 + 1 \times 5^2 + 2 \times 5^0$

$= 125 + 25 + 2 = 152$

ゼロ乗？

もとの数字がなんであっても，ゼロ乗はすべて1だよ。

152は？

5進法で5の数字は使わないよ。繰り上がっているはずだよ。

では，次の問題で変換法をさらに練習してみましょう。

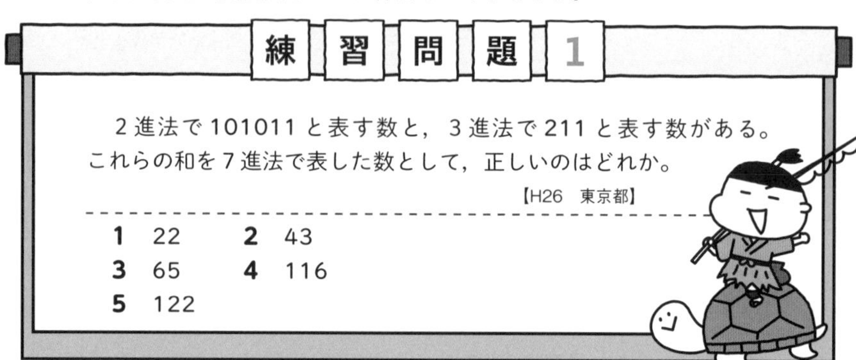

練習問題 1
2 進法で 101011 と表す数と，3 進法で 211 と表す数がある。これらの和を 7 進法で表した数として，正しいのはどれか。
【H26　東京都】
1　22　　2　43
3　65　　4　116
5　122

例題と同じように，変換法を使って，2 進法と 3 進法から 10 進法に変換し，そのあとで 7 進法にしましょう。

STEP 1　n 進法を 10 進法に

2 進法の 101011 を 10 進法に直すと，

$1 \times 2^5 + 1 \times 2^3 + 1 \times 2^1 + 1 \times 2^0 = 32 + 8 + 2 + 1 = 43$

3 進法の 211 を 10 進法に直すと，

$2 \times 3^2 + 1 \times 3^1 + 1 \times 3^0 = 18 + 3 + 1 = 22$

となります。

10 進法の世界でのこれらの和は 43 + 22 = 65 です。

STEP 2　10 進法を n 進法に

次に，65 を 7 進法に変換していきます。
例題と同じ方法で，

7) 65
7) 9　…2　　65 を 7 で割ると 9 余り 2
　　1　…2　　9 を 7 で割ると 1 余り 2

最後に矢印の方向に数字を並べると，65 は 7 進法に直すと，$122_{(7)}$となることがわかります。

検算しておきます
$1 \times 7^2 + 2 \times 7^1 + 2 \times 7^0$
$= 49 + 14 + 2 = 65$
正答
5

次の問題も n 進法の問題だと気づくでしょうか？

正の整数について，この整数を２で割り，割り切れない場合の余りは切り捨てるという操作を商が１になるまで繰り返す。たとえば，４も５も２で２回割ると１になる。この操作を５回行うことによって１となる整数のうち，最大の整数の各ケタの数の和として，正しいのは次のうちどれか。　　【H25　地方上級】

1　9　　**2**　10
3　11　　**4**　12
5　13

一見すると，n 進法の問題には思えませんが，４と５の例が示されていますので，実際に試しましょう。

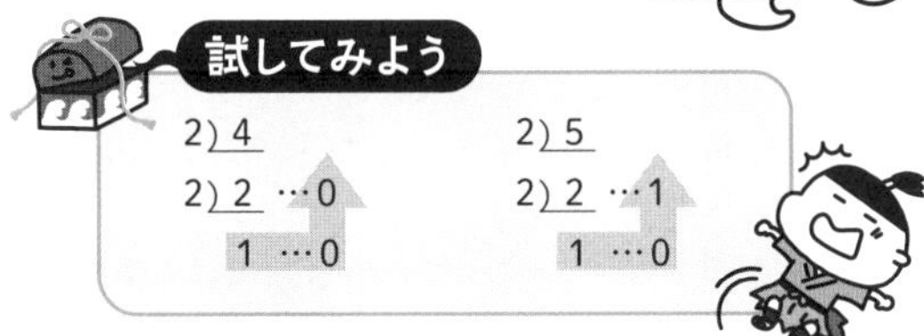

STEP 1　例を試してみる

余りを切り捨てることに注意して，試してみましょう。

これまで見てきた，n 進法への変換法に似ていますね。

$4 = 100_{(2)}$，$5 = 101_{(2)}$ですが，２で２回割ると１になります。

では２で３回割らないと１にならない最小の整数は何でしょうか。$2^3 = 8$ですね。つまり，**２で２回割ると１になる最大の整数は８より１小さい$7 = 111_{(2)}$です。**

STEP 2　例を問いにあてはめる

これまでの検討から，２で５回割ると１になる最大の整数を求めます。

２で６回割らないと１にならない最小の整数は，$2^6 = 64$ですね。

つまり，**２で５回割ると１になる最大の整数は64より１小さい$63 = 111111_{(2)}$です。**

問いは普通の10進法の世界の話をしていますから，各ケタの数の和は$6 + 3 = 9$になります。

22 集合の問題
～ベン図に数字を書いていく～

100 m 走に合格した人，ソフトボール投げに合格した人，1500 m 走に合格した人，これらの人数は単純です。でも，ソフトボール投げと 1500 m 走の 2 種目に合格していたり，どの種目も不合格だったりする人などを考えていくと，人数を把握するのがどんどん難しくなります。これらをスッキリ把握できるようにするのが，ベン図です。1つ1つ条件に合わせて図を埋めていけば大丈夫。では，実際の問題で確かめてみましょう。

例　題

300 人が 100m 走，ソフトボール投げ，1500m 走の 3 種目のスポーツテストに参加した。

ソフトボール投げで合格した者は 27 人，1500m 走で合格した者は 51 人，ソフトボール投げと 1500m 走の 2 種目にのみ合格した者は 6 人であった。また，ソフトボール投げで合格した人数，100m 走にのみ合格した人数，どの種目においても合格しなかった人数の比は，3 ： 2 ：24 であった。このとき，3 種目すべてにおいて合格した者は何人か。なお，全員が 3 種目すべてを行ったものとする。

【H27　国家専門職［大卒］】

1　5 人
2　6 人
3　7 人
4　8 人
5　9 人

まずは，ウォーミングアップとしてベン図に慣れてもらいましょう。下の図は，家でイヌやネコを飼っている人数を調べた結果です。

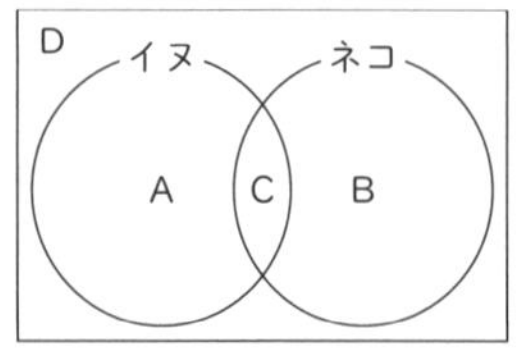

A の部分は「イヌは飼っているがネコは飼っていない人」を表します。

B の部分は「ネコは飼っているがイヌは飼っていない人」を表します。

C の部分は，「イヌもネコも両方飼っている人」を表します。

D の部分は，「イヌもネコも両方飼っていない人」を表しています。

それでは質問です。「イヌを飼っている人」はどこの人数ですか？　答えはA＋Cです。AだけでもCだけでもありません。

では，問題に移りましょう。

名前の由来

ベン図は，イギリスの数学者ジョン・ヴェン（John Venn）によって，集合を図式化して表すように考案されたものよ。

STEP 1　ベン図をかこう

ソフトボール投げに合格した者は27人，1500 m走に合格した者は51人，ソフトボール投げと1500 m走の2種目にのみ合格した者は6人です。

また，ソフトボール投げで合格した人数（27人），100 m走にのみ合格した人数，どの種目においても合格しなかった人数の比が3：2：24ですから，100 m走のみ合格したのは18人，どの種目においても合格しなかったのは216人です。

18人？　216人？

3：2：24 = 27：18：216

全体に9をかけるよ。

ここでわかっているものを数値で，わからない部分は文字でおいてベン図を作成しましょう。

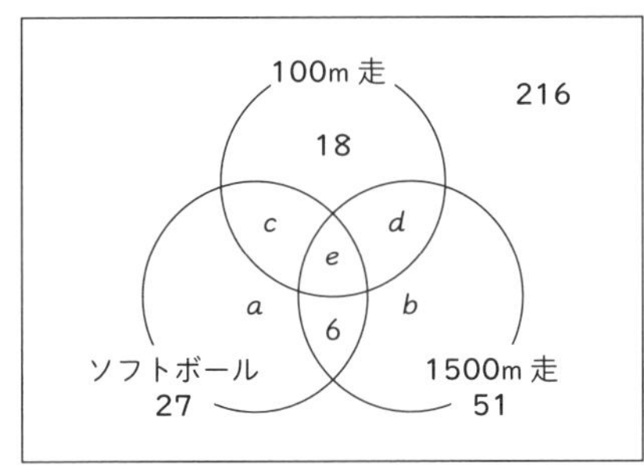

ここで念のために，ベン図が意味するところをおさらいしましょう。

たとえば，ソフトボール投げに合格した者は$a+c+e+6$〔人〕，
100 m走と1500 m走の両方に合格した者は$d+e$〔人〕，
3種目すべてに合格した者はe〔人〕です。

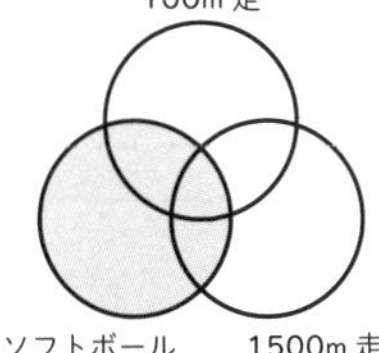

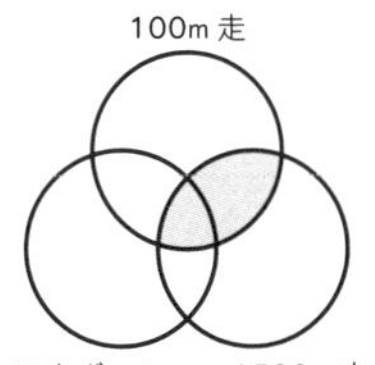

STEP 2 条件を式にしていく

目標は3種目すべてにおいて合格した者 e の人数を求めることです。**目標を見失わないようにしましょう。**

ソフトボール投げで合格した者は27人ですから,

$$a + c + e + 6 = 27$$

$$a + c + e = 21 \quad \cdots①$$

1500 m走で合格した者は51人ですから,

$$b + d + e + 6 = 51$$

$$b + d + e = 45 \quad \cdots②$$

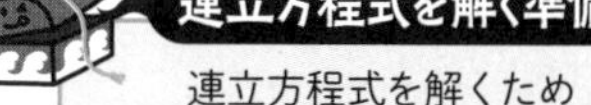

連立方程式を解くために,左辺に文字を,右辺に数字をまとめておこう。

スポーツテストに参加した全員の人数は300人ですから,

$$a + b + c + d + e + 6 + 18 + 216 = 300$$

$$a + b + c + d + e = 300 - 6 - 18 - 216$$

$$a + b + c + d + e = 60 \quad \cdots③$$

①+②−③より,

$$e = 21 + 45 - 60 = 6$$

よって,3種目すべてにおいて合格した者 e が6人と求まりました。

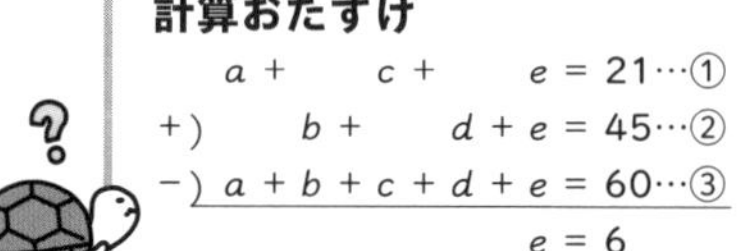

計算おたすけ

$$\begin{array}{rrrrrl} a + & & c + & & e & = 21 \cdots① \\ +) & b + & & d + & e & = 45 \cdots② \\ -) \ a + & b + & c + & d + & e & = 60 \cdots③ \\ \hline & & & & e & = 6 \end{array}$$

練習問題 1

ある市において,犬や猫を飼育している世帯数を調査したところ,次の結果が得られた。

○ 犬か猫だけまたはその両方を飼育している世帯数は3800世帯である。

○ 犬を飼育している世帯の $\frac{1}{7}$ は猫も飼育している。

○ 猫を飼育している世帯の $\frac{9}{41}$ は犬も飼育している。

このとき,猫だけを飼育している世帯数として正しいのはどれか。

【H24 国家専門職[大卒]】

1 1260世帯 **2** 1280世帯 **3** 1300世帯
4 1320世帯 **5** 1340世帯

条件が３つ与えられているので，それぞれ条件Ⅰ，条件Ⅱ，条件Ⅲと呼ぶことにしましょう。方針は例題と同じです。条件に合わせてベン図を埋めて，式を立てていけば大丈夫です。

STEP 1 ベン図をかこう

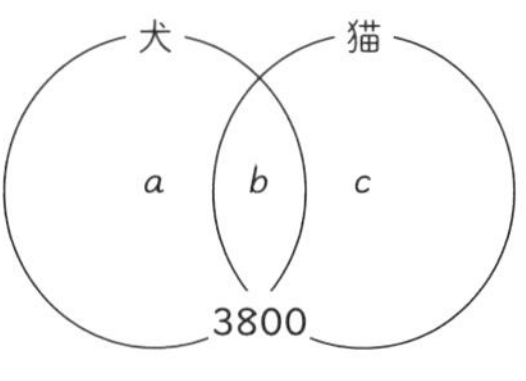

問題文からわかることからベン図を作成します。

今回はどちらも飼っていない世帯はありませんから，外の枠は不要です。

また，条件Ⅰはこのベン図のどこかにある世帯数は3800だと言っていますから，このように書いておきましょう。

あとは明らかではないので，a，b，cとしておきます。

STEP 2 条件を式にしていく

目標は猫だけを飼育しているcの世帯数を求めることです。目標は常に意識しておきます。

では３つの条件を順に式にしていきましょう。

条件Ⅰより，犬だけ（a）か猫だけ（c）またはその両方（b）を飼育している世帯は3800世帯ですから，

$a + b + c = 3800$　…①

条件Ⅱより，犬を飼育している世帯（$a + b$）の$\frac{1}{7}$は，猫も（犬も）飼育している世帯（b）ですから，

$$\frac{1}{7}(a + b) = b$$
$$a + b = 7b$$
$$a = 6b \quad \cdots ②$$

条件Ⅲより，猫を飼育している世帯（$b + c$）の$\frac{9}{41}$は，犬も（猫も）飼育している世帯（b）ですから，

$$\frac{9}{41}(b + c) = b$$
$$9(b + c) = 41b$$
$$9b + 9c = 41b$$
$$9c = 32b$$
$$c = \frac{32}{9}b \quad \cdots ③$$

いったん，aやcを消去してbだけの式にするために，このような変形をします。

②，③を①に代入すると，

$$6b + b + \frac{32}{9}b = 3800$$

$$\frac{54 + 9 + 32}{9}b = 3800$$

$$\frac{95}{9}b = 3800$$

$$b = 3800 \div 95 \times 9$$

$$b = 360 \quad \cdots④$$

この④を，③に代入して $c = \frac{32}{9} \times 360 = 1280$ となります。

もう1問少し複雑なベン図にも挑戦しましょう。難しいですが，力はつきますよ。

練習問題 2

あるクラスの生徒について，ある期間における書籍A～Dの貸出し状況を調べたところ，次のことがわかった。これから確実にいえるのはどれか。

Ⅰ　このクラスの生徒数は，36人以上であった。
Ⅱ　このクラスのちょうど80%の生徒は，書籍Aを借りた。
Ⅲ　書籍Aを借りた生徒のうち，ちょうど50%の生徒は，書籍Bも借りた。
Ⅳ　書籍Bを借りなかった生徒のうち，ちょうど25%の生徒は，いずれの書籍も借りなかった。
Ⅴ　書籍Cを借りた生徒は，書籍Aまたは書籍Bも借りた。
Ⅵ　書籍Dを借りた生徒は，25人であった。
Ⅶ　書籍を1冊以上借りた生徒は，34人であった。

【H29　国家総合職（改題）】

1　書籍Aを借りた生徒のうち，書籍Bを借りなかった生徒は，20人であった。
2　書籍Bを借りた生徒は，18人であった。
3　書籍Cを借りた生徒のうち，書籍Dも借りた生徒は，5人であった。
4　書籍を1冊も借りなかった生徒は，8人であった。
5　書籍を1冊以上借りた生徒のうち，書籍A，B，Cのいずれも借りなかった生徒は，2人であった。

STEP 1 ベン図をかこう

条件を見ていきましょう。

Ⅴより，Cを借りた生徒は，必ずAまたはBを借りていました。つまり，CはAかBのどちらか（もしくはその両方）に含まれるはずです。ベン図は次のようになります。すべて借りていない人もいるかもしれないので，外枠の四角もかいておきます。

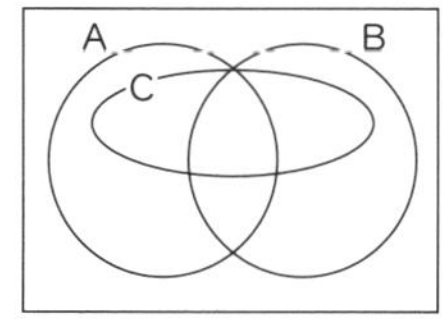

さらに，Dについては，上記の7つの部分すべてと，両立しうるので，下のようなベン図になります。

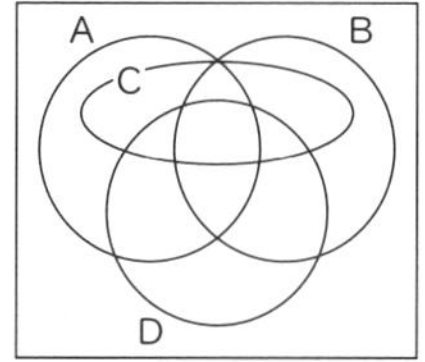

STEP 2 クラスの人数を求めよう

Ⅱより，クラスの80%，つまり$\frac{4}{5}$がAを借りているので，クラスの生徒数をx人とすると，$\frac{4}{5}x$は自然数になります。そうすると，（4は5の倍数ではないので，）xが5の倍数になります。さらに，Ⅰよりxは36以上なので，40，45，50，55，…ということになります。

これを絞る条件はないでしょうか？Aの人数を限っている条件がありますよね。Ⅶです。xが45だとしたら，Aを借りた人数が$\frac{4}{5}x = \frac{4}{5} \times 45 = 36$〔人〕になってしまいますので，34人を超えてしまいます。よって，クラスの人数xは40人と求まり，Aを借りた人数$\frac{4}{5} \times 40 = 32$〔人〕とわかりました。

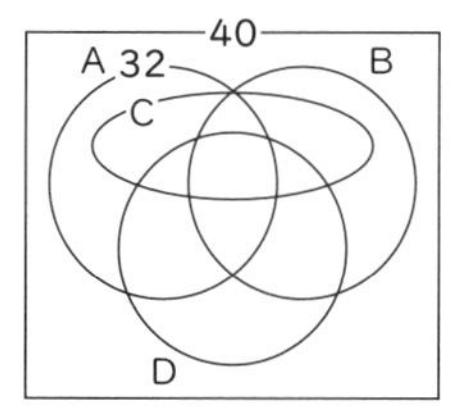

STEP 3 残りの条件と選択肢を検討しよう

Ⅲより，A を借りた 32 人のうち，B も借りた人数は 32 × 0.5 = 16〔人〕で，残りの 16 人は B を借りていません。

Ⅵより，D を借りたのは 25 人，借りていなかったのは 40 − 25 = 15〔人〕です。

Ⅶより，1 冊以上借りたのは 34 人なので，1 冊も借りなかったのは 40 − 34 = 6〔人〕です。

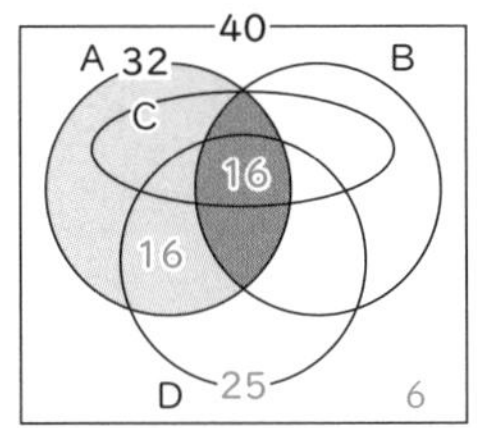

Ⅳより，（B を借りなかった人数）× 0.25 = 6 より，（B を借りなかった人数）= 6 ÷ 0.25 = 24〔人〕。逆に，B を借りたのは 40 − 24 = 16〔人〕で，A を借りず B のみを借りた人数は 0〔人〕とわかります。

以上より，D のみを借りたのは 40 − 32 − 6 = 2〔人〕となります。

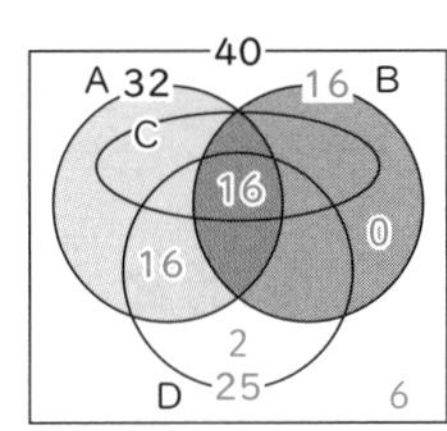

それでは選択肢を検討していきましょう。

× **1**：A を借りたのに，B を借りなかったのは 16 人です。
× **2**：B を借りたのは 16 人です。
× **3**：このベン図からは不明です。
× **4**：1 冊も借りなかったのは 6 人です。
○ **5**：D のみを借りたのは 2 人です。

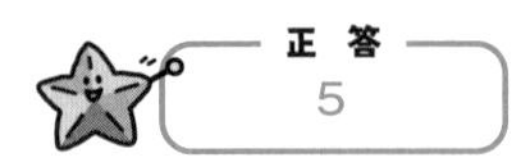

第5章

得点アップ保証!
最強の解法はこれだ

23 速さの問題
～比を使ってすばやく解く～

速さの公式は覚えている人も多いでしょう。ただし，数的推理では，その公式をそのまま使って答えを出す問題は，ほとんどありません。ベースには速さの公式を使うのですが，今までとは少し違う速さの問題の解き方を紹介します。

例　題

Aは自分の家から坂道を800 m登った先にあるBの家に荷物を届けることになった。まず，Aが荷物を持って自分の家を出てBの家に向かうと同時にBも自分の家を出て荷物を受け取りに向かった。AはBと出会ったところでBに荷物を渡し，そこから2人は同時にそれぞれの自宅に戻った。再び2人が戻るとすぐに自分の家を出てAが荷物を運んだところ，2人はAの家から500 mのところで出会った。A，Bはそれぞれ一定の速さで歩き，坂の上り下り，荷物のあるなしによって速さが変わらないとすると，AとBの歩く速さの比として正しいものは次のうちどれか。

【H13　市役所】

1　3：2　**2**　8：5　**3**　5：3
4　7：4　**5**　9：5

同じ時間に進む距離の比と速さの比の関係について考えます。

たとえば，時速4 kmで歩くCと，時速5 kmで歩くDの場合，速さ（時速）の比は4：5です。一方，1時間に進む距離は，Cが4 kmでDが5 kmですから，進む距離の比は4：5となります。

基本公式

$$（速さ）=\frac{（距離）}{（時間）},\ （時間）=\frac{（距離）}{（速さ）},\ （距離）=（速さ）\times（時間）$$

基本公式をなかなか覚えられないときは右図が便利だよ。
「は」は**速さ**，「き」は**距離**，「じ」は**時間**を表しているよ。
求めたいものを指でかくしてみると，3つの公式が出てくるよ。

このことから，同じ時間に進む距離の比は，速さの比と同じであることがわかります。逆にいえば，速さの比は同じ時間に進む距離の比と同じということでもあります（合わせて，「速さと距離は比例する」といいます）。

では，例題を見ていきましょう。

STEP 1 距離の比は？

問題文を図で表して，距離の関係をはっきりとさせることが大切です。

A と B が出会った地点を P とすると，A と B が同時に家を出て P 地点で出会うまでの様子は，次のような矢印で表せます。

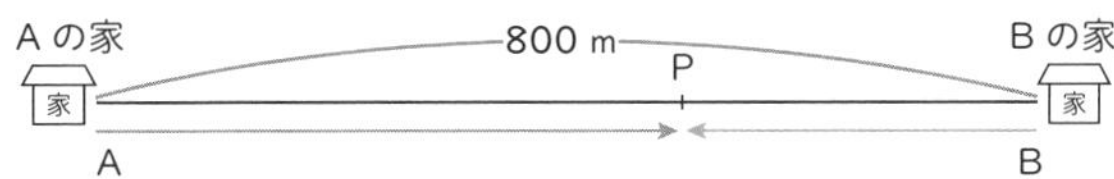

A が B に荷物を渡したあと，２人はそれぞれ自宅に戻りますが，A，B はそれぞれ一定の速さで歩きますので，行きと帰りにかかる時間は同じになります。

したがって，**A と B は同時に自宅に戻ります。**

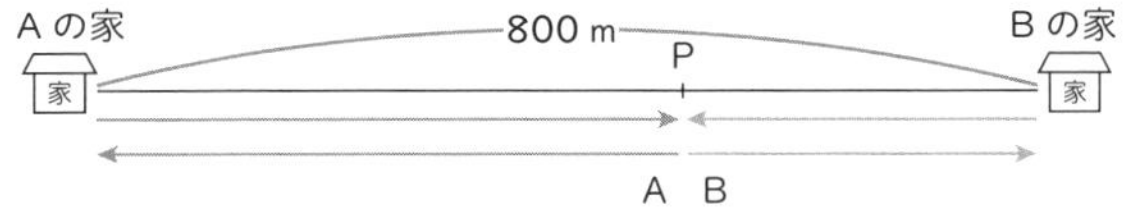

２人が同時に戻ったあと，すぐにまた同時に家を出発するので，先ほどと同じことを繰り返すことになります。

つまり，**２人は再び P 地点で出会う**ので，A の家から P 地点までの距離は 500 m とわかります。また，B の家から P 地点までの距離は 800 − 500 = 300〔m〕です。

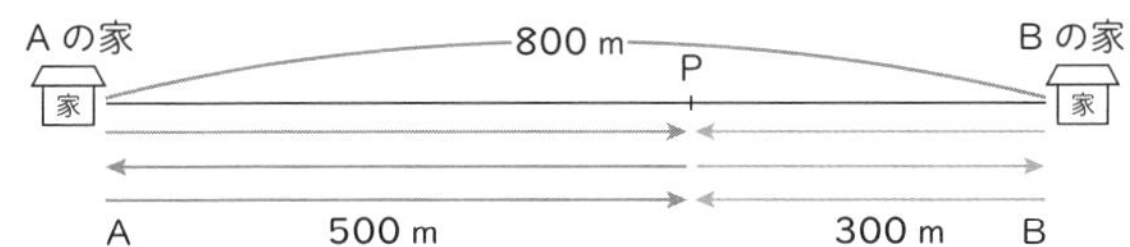

以上のことから，**A が 500 m 進む間に B は 300 m 進む**ことがわかったので，A と B が同じ時間に進む距離の比は 500：300 = 5 ：3 です。

STEP 2 速さの比は？

STEP 1 で，A と B が同じ時間に進む距離の比は 5 ：3 とわかったので，速さの比も 5 ：3 となります。

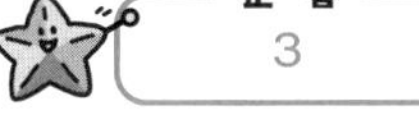

第5章 得点アップ保証！最強の解法はこれだ

練習問題 1

A，Bの2人が，陸上競技場のトラックのX地点から互いに反対方向に走り始めて，Bがトラックの5分の2を走ったY地点でAとすれ違った。次に2人がすれ違うのがX地点であるためには，Aはそれまでの何倍の速度で走ればよいか。ただし，Bの速度は一定とする。

【H14　地方上級】

1 $\frac{2}{9}$倍　**2** $\frac{1}{3}$倍　**3** $\frac{4}{9}$倍

4 $\frac{5}{9}$倍　**5** $\frac{2}{3}$倍

STEP 1 はじめてすれ違うまでの速さの比は？

AとBは互いに反対方向に走り始めたので，「Bがトラックの$\frac{2}{5}$を走ったときにAとすれ違った」ということは，Aはトラックの$\frac{3}{5}$を走ったときにBとすれ違ったことになります。

右の図より，**AとBが同じ時間に走る距離の比は3：2なので，速さの比も3：2**です。

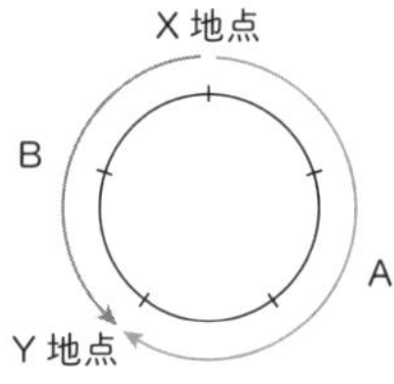

STEP 2 2回目にすれ違うまでの速さの比は？

AとBがY地点ではじめてすれ違ったあと，それぞれの速さは一定で，AはX地点までトラックの$\frac{2}{5}$を走り，BはX地点までトラックの$\frac{3}{5}$を走ります。

よって，1回目にすれ違ってから2回目にすれ違うまでにAとBが進む距離の比は2：3です。**同じ時間に進む距離の比が2：3なので，速さの比も2：3**となります。

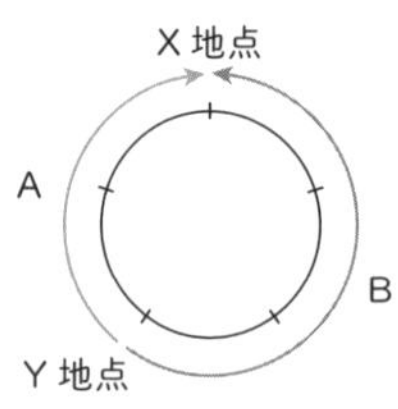

STEP 3 Bの速さの数値をそろえる

これまでのことをまとめると，
はじめてすれ違うまでのAとBの速さの比は，

A：B＝3：2

はじめてすれ違ったあと，2回目にすれ違うまでのAとBの速さの比は，

A：B＝2：3

ここで，問題文に「Bの速度は一定」とあることから，**Bの速さの数値をそろえる**ことを考えます。つまり，

3：2＝□：○

2：3＝△：○

の○の部分が同じになるようにそれぞれの比の形を変えます。比を表す数値のそれぞれに同じ数をかけても，比は変わりません。

2と3の最小公倍数は6なので，○＝6となるように変形すると，

3：2＝(3×3)：(2×3)＝9：6

2：3＝(2×2)：(3×2)＝4：6

Bの数値をそろえたあと，Aの数値の変化を見ると，9から4に変わっているので，Aはそれまでの4÷9＝$\frac{4}{9}$〔倍〕の速さで走ればよいことがわかります。

正答
3

練習問題 2

P市とQ町は1本道で通じている。AはP市を午前10時に出発してQ町に午前10時30分に到着した。BはQ町を午前10時10分に出発してP市に午前11時に到着した。2人はそれぞれ一定の速さで歩いたとすると，途中でAとBがすれ違った時刻として正しいものは，次のうちどれか。

【H17　大卒警察官】

1　午前10時21分30秒
2　午前10時22分30秒
3　午前10時23分30秒
4　午前10時24分30秒
5　午前10時35分30秒

STEP 1 時間の比は？

AはP市を10時に出発してQ町に10時30分に到着，BはQ町を10時10分に出発してP市に11時に到着ですから，PQの距離をAは30分，Bは50分かかって歩いたことになります。**同じ距離を歩いたときの時間の比は30：50＝3：5**です。

STEP 2 速さの比は？

距離が一定のとき速さの比が$a:b$なら，時間の比は$b:a$　逆比になる

同じ距離を進むのであれば，速さが速いほどかかる時間は短くなると考えるとわかりやすいですね。3：2の逆比は$\frac{1}{3}:\frac{1}{2}$です。

ただ，$\frac{1}{3}:\frac{1}{2}=2:3$ですから，**2つの数の比のときは，比をひっくり返したものになる**のです。

また，3つの数の比，たとえば4：3：6の逆比は$\frac{1}{4}:\frac{1}{3}:\frac{1}{6}=3:4:2$です。逆比は反比ともいい，反比例を考えることと同じです。

そして，これを本問にあてはめると，**AとBは同じ距離を歩いたので，歩く速さの比は，時間の逆比で5：3**になります。

STEP 3 10時10分のAの位置は？

では，Bが出発する10時10分にAはどこを歩いているでしょうか。

時間をそろえてから距離を考えて！

この問題では，Aが出発する時刻とBが出発する時刻が同じではないので，遅れて出発するBの時刻（10時10分）でのAの位置を求めてから問題を解くよ。距離の比が速さの比と同じになるのは「進んだ時間が等しいとき」だよ。注意して！

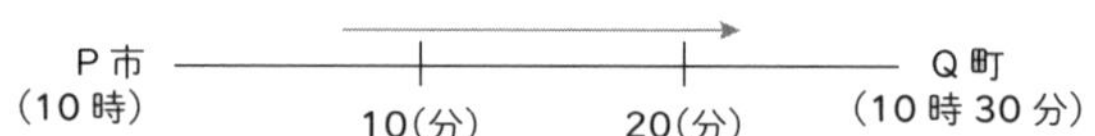

P市を10時に出発してQ町に10時30分に到着，この間に歩く速さは変わらないので，10時10分にはP市からQ町までの道のりの$\frac{1}{3}$進んだところにいるはずです。

また，AとBが5：3の速さの比で進むのですから，Aは残りの道のりの$\frac{5}{8}$進んだときに，Bと出会います。

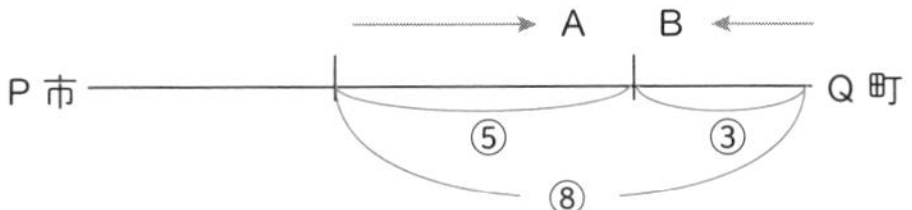

10時10分に出発して，20分かかる道のりの$\frac{5}{8}$進んだところで出会うので，$20 \times \frac{5}{8} - 12.5$〔分後〕，出会う時刻は10時10分の12分30秒後で10時22分30秒になります。

ダイヤグラムでもOK

テーマ18であつかったダイヤグラムの考え方でも解くことができます。この問題の様子をダイヤグラムに表すと，次の図のようになります。Aの進む様子はOX，Bの進む様子はWZが表します。

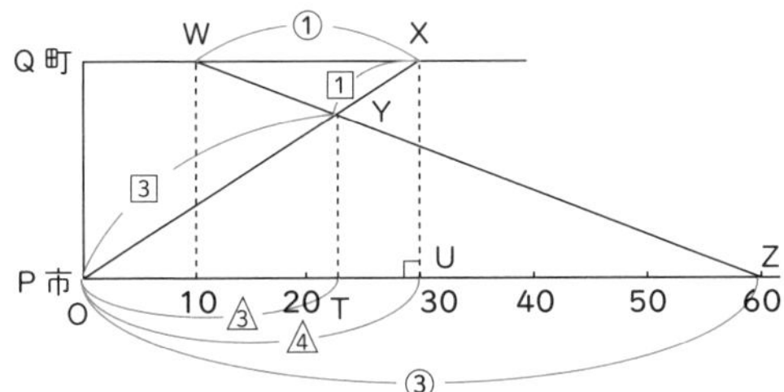

△YOZと△YXWが相似ですから，OY：XY＝OZ：XW＝60：20＝3：1より，OY：OX＝3：4

また，△OTYと△OUXが相似ですから，OT：OU＝OY：OX＝3：4

OUの長さが30分なので，OTの長さにあたる時間は，

OT：30＝3：4

OT × 4＝30 × 3

4 OT＝90

OT＝$\frac{90}{4}$＝22.5

したがって，出会う時刻は10時の22分30秒後です。

24 流水算の問題
～人の速さ±流れの速さ～

船が川を上ったり，下ったりすることをあつかった問題を流水算といいます。流れがないときの船の速さを V，川の流れの速さを u とすると，川の流れにそって下る速さは $V+u$ に，川の流れに逆らって上る速さは $V-u$ になることだけ頭に入れておけば，普通の速さの問題と同じように解くことができます。

例題

一定の速さで走る船がある。この船で川の上流のＡ地点から下流のＢ地点まで下ると48分かかり，反対にＢ地点からＡ地点まで上ると1時間12分かかる。川の流れの速さも一定であるとすると，この船が流れのないところでAB間と同じ距離を進むのにかかる時間として正しいものは，次のうちどれか。

【H14　大卒警察官】

1　54.0分　**2**　55.2分
3　56.4分　**4**　57.6分
5　58.8分

まずは簡単な例から見てください。

時速2km で流れている川を時速10km の船で上るとします。1時間後，船は10km 進みますが，川の流れで2km 下流に押し戻されてしまうので，結局，10－2＝8〔km〕しか進めないことになります。

逆に，同じ船でこの川を下るときは川の流れに後押しされるので，10＋2＝12〔km〕進みます。

流水算の問題は，船の速さと流れの速さを引いたり，足したりしながら解いていきます。

STEP 1　速さと時間の関係を表にしよう

流水算の典型的な問題です。この船が流れのないところで進む速さを V，川の流れの速さを u としましょう。

A 地点から B 地点までは，川を下るので速さは $V+u$，B 地点から A 地点までは上るので速さは $V-u$ です。

	A→B(下り)	B→A(上り)
速さ	$V+u$	$V-u$
時間	48 分	72 分

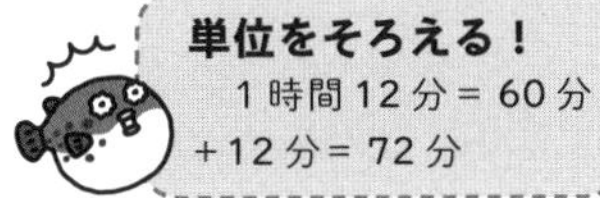

単位をそろえる！
1 時間 12 分＝60 分
＋12 分＝72 分

STEP 2　速さの比は時間の逆比

川を上っても，下っても距離に変わりはありません。**同じ距離を進むとき，速さの比は時間の逆比**でした。時間の比は 48：72＝2：3 です。

	A→B(下り)	B→A(上り)
速さ	$V+u$	$V-u$
時間の比	2	3

よって，上りの速さ：下りの速さは，

$$(V+u):(V-u)=3:2$$
$$3(V-u)=2(V+u)$$
$$3V-3u=2V+2u$$
$$3V-2V=2u+3u$$
$$V=5u$$

下りの速さは $V+u=5u+u=6u$ です。

同じ距離を進むとき

同じ距離進むとき，速さの比は，時間の逆比になっているよ。単純に考えてね。速ければ速いほど，かかる時間は少なくてすむよ。

STEP 3　速さと時間の表を，もう一度

それでは，流れのないところで進むのにかかる時間を求めましょう。

流れのないときの速さは $5u$ で，下りの速さは $6u$ なので，速さの比は 5：6 です。もう一度，速さと時間の関係を表にすると，

	流れがないとき	A→B(下り)
速さ	5	6
時間	x	48 分

（上りの速さ $4u$ と，72 分を使ってもできます）

やはり，**同じ距離を進むときなので，速さの比は時間の逆比**です。

よって，$5:6=48:x$

$$5x=6\times48$$
$$5x=288$$
$$x=57.6$$

では，次の問題です。動く歩道の問題ですが，解き方は例題とまったく同じです。

練習問題 1

A君が動く歩道に乗って進行方向に端から端まで歩くと20秒かかり，この動く歩道を逆方向に端から端まで歩いたら80秒かかった。動く歩道が静止しているときにA君が端から端まで歩いたときにかかる時間として，正しいものは次のうちどれか。ただし，A君の歩く速さは常に一定とする。

【H15　大卒警察官】

1　28秒
2　30秒
3　32秒
4　34秒
5　36秒

STEP 1　速さと時間の関係を表にしよう

A君の歩く速さを V，動く歩道の速さを u とします。動く歩道の場合も考え方は流水と同じです。A君が動く歩道の進行方向に歩く速さは，$V+u$，動く歩道の進行と逆方向に歩く速さは $V-u$ となります。

	進行方向	逆方向
速さ	$V+u$	$V-u$
時間	20秒	80秒

STEP 2　速さの比は時間の逆比

同じ距離を進むので，速さの比は時間の逆比です。

よって，時間の比が20：80＝1：4なので，進行方向の速さ：逆方向の速さ＝$(V+u):(V-u)=4:1$

よって，

$$(V+u)\times 1=(V-u)\times 4$$
$$V+u=4V-4u$$
$$V-4V=-u-4u$$
$$-3V=-5u$$
$$V=\frac{5}{3}u$$

したがって，進行方向の速さは，

$$V+u=\frac{5}{3}u+u=\frac{8}{3}u$$

STEP 3 速さと時間の表をもう一度

静止時と進行方向に進むときの速さの比は，

$\frac{5}{3}u：\frac{8}{3}u＝5：8$です。同じ距離を進むので，速さの比は時間の逆比という関係を用いましょう。表にすると，

	静止時	進行方向
速さの比	5	8
時間	x 秒	20 秒

よって，静止時の速さ：進行方向の速さは，

$5：8＝20：x$

$5 \times x＝8 \times 20$

$5x＝160$

$x＝32$

正答
3

もう大丈夫ですね。それでは少し違ったパターンの問題も見てみましょう。

練習問題 2

川の下流のA地点から，1600 m上流のB地点までボートを漕いで行くことにした。静水でのボートを漕ぐ速さは毎分100 mで，川の流れの速さは毎分50 mである。A地点からボートを漕ぎ始めて，5分漕いだら1分漕ぐのをやめて休憩することを繰り返すと，A地点からボートを漕ぎ始めてからB地点に到着するまでにかかる時間として正しいものは，次のうちどれか。ただし，ボートを漕がずに休憩している間は，ボートは川の流れの速さに従って下流に流されていくものとする。

【H25 市役所】

1 45分
2 46分
3 47分
4 48分
5 49分

第5章 得点アップ保証！最強の解法はこれだ

STEP 1　速度と時間と距離の関係を表にしよう

この問題では，静水時のボートの速さ $V=100$〔m／分〕，川の流れの速さ $u=50$〔m／分〕と与えられています。

そこで上流に向かって漕(こ)いでいる間の速さは，$V-u=100-50=50$〔m／分〕とわかり，漕ぐのを休むと，$u=50$〔m／分〕の速さで川の流れに戻されることになります（表では－50 m／分としておきます）。

速さと速度

速さは方向に関係のない量なので，50 m／分で流されるとしてよいけど，速度は方向が関係する量で，今は上流を正の方向にしているから，下流に流されるときは－50 m／分と表すわね。

5分漕いで1分休んでを繰り返すので，6分で1セットと考えてみましょう。そうすると以下の表のように，1セット（6分）で200 m 進むことがわかります。

	漕いでいる時	休んでいる時	1セット
速度	50 m／分	－50 m／分	
時間	5分	1分	6分
進んだ距離	250 m	－50 m	200 m

STEP 2　何セット目でゴールするのかを考えよう

1セット（6分）で200 m 進むのですから，7セット（42分）で1400 m 進みます（ただし，41分の時点で1450 m 進んでいて，41～42分で50 m 押し戻されて，1400 m まで来ていることに注意してください）。

そうすると，次の8セットの間にゴールすることはわかりますね。

STEP 3　8セット目のゴールまでの時間を求めよう

7セット（42分）で1400 m まで進んできていますので，あと200 m です。

あとは，この200 m を50 m／分の速さで進むのですから，$200\div50=4$〔分〕でゴールしてしまいます。

つまり，求める時間は，$42+4=46$〔分〕となります。

8セットで48分では？

1セット（6分）で200 m 進むからといって，$1600\div200=8$〔セット〕で，$8\times6=48$〔分〕としてはいけないよ。最後に休んでいる間にゴールはおかしいよね。もうゴールしてしまっているんだよ。

練習問題 3

長さ 20 m の 2 隻の船が，一方は川の上流から他方は川の下流から来て，6 秒かかってすれ違った。2 隻の船の静水上での速さは等しく，川の流れの速さの 2 倍である。両者がすれ違い始めてからすれ違い終わるまでに，上流から来た船が進んだ距離として正しいものは，次のうちどれか。

【H14　市役所】

1　15 m
2　20 m
3　25 m
4　30 m
5　35 m

今度は，2 隻（せき）の船がすれ違います。船が進んだ距離をていねいに考えましょう。

STEP 1　まずは，速さを整理しよう

静水時の船の速さを V，川の流れの速さを u とすると，2 隻の船の静水時の速さは川の流れの速さの 2 倍であることより，$V = 2u$ です。

上りの速さは $V - u = u$，下りの速さは $V + u = 3u$ ということになります。

STEP 2　すれ違いを考えよう

では，長さ 20 m の 2 隻の船がすれ違うときに，2 隻の船は合計で何 m 進むことになるでしょうか。

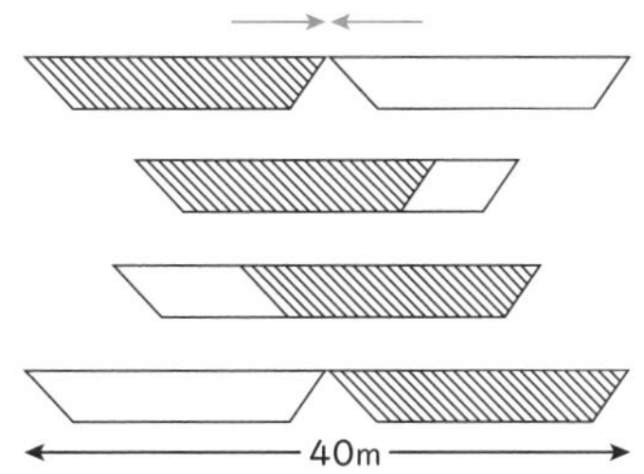

図のように，すれ違い始めてから，すれ違い終わるまでに，2 隻の船の進んだ距離の合計が 40 m になります。

すれ違い

すれ違い始めてから，すれ違い終わるまでに，２隻の船は合計で，**２隻の船の長さの和だけ進まないといけないよ。**

同じ時間進むとき，進んだ距離と速さの比は同じです。

今，上流から来た船と下流から来た船の速さの比が $3u : u = 3 : 1$ より，上流から来た船と下流から来た船の進んだ距離の比も３：１です。

２隻の船の進んだ距離の和は 40 m なので，上流から来た船が進んだ距離を x m とすると，

x〔m〕：40〔m〕＝３：４

$x = 40 \times 3 \div 4 = 30$〔m〕

よって，上流から来た船が進んだ距離は 30 m です。

練習問題 4

Ａが出発点から目的地まで，「動く歩道」に乗って歩かずに行く場合の所要時間は 15 分であるが，同じ区間を「動く歩道」に乗って終始歩いて行くと所要時間は６分となる。

今，Ａが出発点から「動く歩道」に乗ったあと，ちょうどその中間地点で忘れ物に気づき，ただちに「動く歩道」を逆に歩いて出発点へ引き返した。このとき，Ａが中間地点から出発点まで引き返すのにかかる時間はいくらであったか。

ただし「動く歩道」の速度およびＡの歩く速さは，ともに一定とする。

【H15　国家一般職［大卒］】

1　10 分　　**2**　12 分　　**3**　15 分

4　18 分　　**5**　20 分

STEP 1　速さと時間の関係を表にしよう

Ａの歩く速さを V，動く歩道の速さを u として，速さと時間の関係を表にすると，次のようになります。

	歩かずに行くとき	歩いて行くとき
速さ	u	$u+V$
時間	15	6

動く歩道の場合も考え方は流水と同じです。

STEP 2 速さの比は時間の逆比

同じ距離を進むとき，速さと時間の関係なので，
「歩かずに行くとき」と「歩いて行くとき」の時間の比が 15：6＝5：2だから，
「歩かずに行くとき」と「歩いて行くとき」の速さの比は逆比の2：5となり，

$2:5=u:(u+V)$

$u\times5=(u+V)\times2$

$5u=2u+2V$

$-2V=2u-5u$

$-2V=-3u$

$V=\frac{3}{2}u$

したがって，逆方向に歩くときの速さは，

$V-u=\frac{3}{2}u-u=\frac{1}{2}u$ です。

STEP 3 速さと時間の表をもう一度

	歩かずに行くとき	逆方向に行くとき
速さ	u	$\frac{1}{2}u$
時間	15	x

「動く歩道」を逆方向に渡ったときにかかる時間を x 分とすると，歩かずに行くときと逆方向に行くときの速さの比は，

$u:\frac{1}{2}u=\frac{2}{2}u:\frac{1}{2}u=2:1$

したがって，かかる時間の比は逆比の1：2なので，

$15:x=1:2$

$x\times1=15\times2$

$x=30$

動く歩道を目的地から，出発点まで逆方向に歩くには，30分かかることがわかりました。

したがってAが動く歩道の中間地点から出発点まで引き返すのにかかる時間は30÷2＝15(分)です。

25 旅人算の問題
～出会いと別れは速さの和と差～

ここでは，向き合って歩く人が出会ったり，自動車が列車を追い越したりする問題をあつかいます。この種の問題は，「速さの差と速さの和」を考えるようにしましょう。出会った場所を求める必要がないならば，どちらかが停止していると考えるとわかりやすいですよ。

例　題

1周5.0 km の環状コースがある。このコースをAは時計回りに走り始め，BはAがスタートしてから5分後にAが走り始めた地点から分速260 m で反時計回りに走り始めた。Aが走り始めてから15分後にAとBがはじめて出会ったとき，Aが環状コース1周を走るのにかかった時間として，正しいのはどれか。ただし，A，Bともに走る速度は一定とする。

【H25　警視庁】

1　25分45秒
2　28分15秒
3　31分15秒
4　33分45秒
5　35分15秒

旅人算の典型的な問題では，AとBの2人が池の周りや環状コースを，同じ方向に走ったり，反対方向に走ったりします。

たとえば，Aが時速8 km で，Bが時速12 km で，1周5 km の環状コースを同じ方向に走るとしましょう。

同じ方向に走ると，1時間後にはスタート地点からAは8 km，Bは12 km 走るので，AとBの差は12 − 8 ＝ 4〔km〕，2時間後にはスタート地点からAは16 km，Bは24 km 走るので，AとBの差は24 − 16 ＝ 8〔km〕，つまり1時間に4 km ずつ離れていくことがわかります。

そして，この差が5 km になったときにBはAを1周遅れにするので，「追いつく」のです。

AとBが同じ方向に進む場合

AとBの距離の差
＝AとBの速さの差×時間

また，反対方向に走るとしましょう。この場合は，お互いにどんどん近づいていくので，協力して走っていると考えられます。

そして，1時間に8＋12＝20〔km〕ずつ互いの距離を縮めるので，5÷20＝0.25〔時間〕で，2人の距離の和が5 km となり，「出会う」のです。

このように，速さの差や速さの和を利用して求めていくのです。

AとBが反対方向に進む場合

AとBの距離の和
＝AとBの速さの和×時間

STEP 1 速さと時間と距離の関係を表にしよう

この問題では，AとBは反対方向に走り，出会うまでの状況を求められています。BはAがスタートしてから5分後に走り始め，Aがスタートしてから15分後にAとBは出会っているのですから，Bが10分走ったときに2人は出会ったことになります。

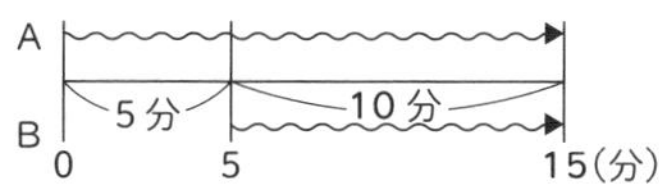

ここでAの速さがわかっていないので，x〔m／分〕とおいて表に整理しましょう。はじめの5分はAのみが走り，残りの10分はAとBが協力して走ります。

	Aのみ	A＋B
速さ	x〔m／分〕	x ＋ 260〔m／分〕
時間	5〔分〕	10〔分〕
距離	5x〔m〕	10(x ＋ 260)〔m〕

STEP 2 方程式を立てて，xを求めよう

はじめにAのみが走った5x〔m〕と，AとBが協力して走った10(x＋260)〔m〕を加えると，1周の5000 m になります。

環状コースの1周は5km ですが，速さの単位は m／分ですので**単位を統一**するのを忘れないようにしましょう。計算が楽になるので，今回は m に統一します。

$$5x + 10(x + 260) = 5000$$
$$5x + 10x + 2600 = 5000$$
$$15x = 5000 - 2600$$
$$15x = 2400$$
$$x = 160$$

STEP 3 答えを求めよう

Aの速さが160〔m／分〕とわかりましたので，1周するのに，

$$5000 \div 160 = \frac{5000}{160} = \frac{125}{4} = 31\frac{1}{4}〔分〕$$

1分＝60秒ですから，60倍すれば，分→秒に直せます。

$\frac{1}{4} \times 60 = 15$〔秒〕ですね。

よって，31分15秒と求まります。

正答 3

では，速さの和，速さの差を意識しながらどんどん練習問題を解きましょう。

練習問題 1

A～Cの3人が池の周囲を回っている。Aは毎分100mの速さで歩き，一方BとCの2人は同じ速度でそれぞれ反対方向に走っている。AはBに9分ごとに追い越され，Cと3分ごとに出会う。このとき，池の周囲の距離として正しいものは次のうちどれか。

【H13 市役所】

1　300m
2　600m
3　900m
4　1200m
5　1500m

STEP 1 速さと時間の関係を表にしよう

池の周りをAとBは同じ方向に，AとCは反対方向に回っていることがわかります。

同じ方向に進んでいるとき，（2人の間の距離）＝（2人の速さの差）×時間です。「AはBに9分ごとに追い越され」ということは，**池の周囲1周分を，AとBの速さの差と同じ速さで進むと，9分かかる**ということです。

反対方向に進んでいるとき，（２人の間の距離）＝（２人の速さの和）×時間です。「Cと３分ごとに出会う」ということは，池の周囲１周分を，AとCの速さの和と同じ速さで進むと，３分かかるということです。どちらも同じ距離進んでいます。BとCの走る速さをVとして関係を表にしてみると下のようになります。

	AとBの速さの差	AとCの速さの和
速さ	$V-100$	$V+100$
時間	9分	3分

STEP 2　速さと時間は逆比

同じ距離を進むとき，速さは時間の逆比なので，

$$(V-100):(V+100)=1:3$$
$$3(V-100)=V+100$$
$$3V-300=V+100$$
$$3V-V=100+300$$
$$2V=400$$
$$V=200$$

よって，B，Cの走る速さは毎分200 mとわかりました。AとCは反対方向に進んで３分で出会うので，池の周りの距離は

$(200+100)\times 3=900$〔m〕

↑AとCの速さの和　↑時間　↑距離

正答
3

練習問題 2

線路沿いの道を一定の速度で歩いている人が，前方から来る電車に10分ごとに出会い，後方から来る電車に15分ごとに追い越された。いずれの向きの電車も，それぞれ，電車の長さは等しく，速度および運転の間隔は等しく一定であるとき，電車の運転の間隔として，正しいのはどれか。

【H17　東京都】

1　12分
2　12分15秒
3　12分30秒
4　12分45秒
5　13分

次の電車に「出会う」までに，電車の速さと人の速さの和と同じ速さで行けば，それぞれ10分かかるということです。

電車と人が近づいている，つまり協力して走るので，和になります。

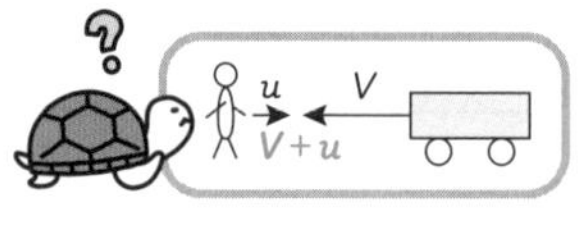

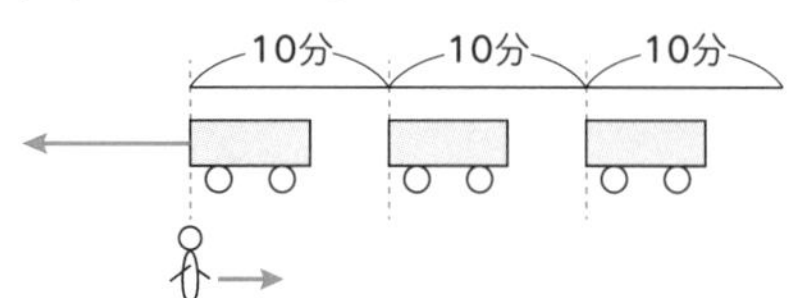

また，次の電車に「追い付く」までに，電車の速さと人の速さの差と同じ速さで行けば，それぞれ15分かかるということです。

電車と人は同じ方向に進んでいるので差になります。

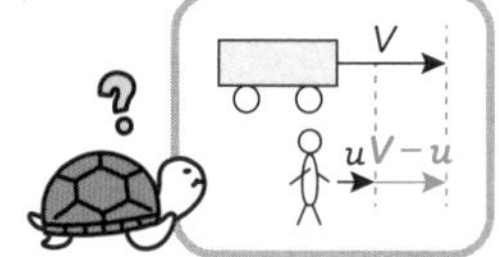

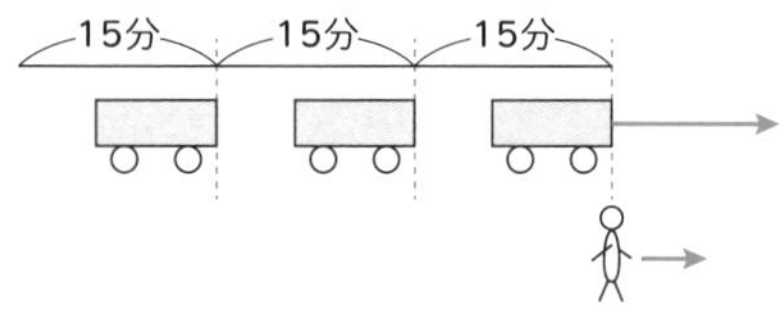

これはどちらも同じ距離です。ここから考えていきましょう。

STEP 1 速さと時間の関係を表にしよう

電車の速さをV，歩く速さをuとしましょう。電車と次の電車の間の距離を，$V-u$の速さでは15分かかり，$V+u$の速さでは10分かかるので，次表のようになります。

	追い越し	出会い
速さ	$V-u$	$V+u$
時間	15	10

STEP 2 速さと時間の比は反対

速さの比は，時間の比 15：10＝3：2の逆比ですから，

$$(V-u):(V+u)=2:3$$
$$3(V-u)=2(V+u)$$
$$3V-3u=2V+2u$$
$$3V-2V=2u+3u$$
$$V=5u$$

電車の速さは，歩く速さの5倍とわかりました。

速さと時間の表を，もう一度

では，人が静止している場合を考えましょう。これを追い越しと比べれば，運転間隔，つまり，人が静止しているときに，同じ方向から来た電車の先頭が通過してから次の電車の先頭が来るまでの時間が求められます。

	人静止	追い越し
速さ	$V=5u$	$V-u=4u$
時間	x	15

上の表より，速さの比は$5u:4u=5:4$で，**同じ距離を進むとき，時間の比は速さの逆比**ですから，

$x:15=4:5$

$5x=4\times15$

$5x=60$

$x=12$

運転間隔は，12分です。

出会いでもOK

上では「追い越し」の数値を使って解きましたが，「出会い」でもできますよ。

出会いの速さは$V+u=6u$

時間は　10分

速さの比は　5：6

$x:10=6:5$

$5x=60$

$x=12$

練習問題 3

A と B は同一地点から 30 km 先の目的地に向けて出発することにした。A は B より 15 分早く自転車で出発したが，移動の途中でバイクに乗った B に追い越され，結局，A は B より目的地に 10 分遅れて到着することとなった。

B のバイクの速さが A の自転車の速さの 1.5 倍であったとすると A の速さは時速何 km か。

ただし，2 人とも同じ経路を終始一定の速さで走り続けたものとする。

【H17　国家一般職［大卒］】

1　時速 12 km
2　時速 16 km
3　時速 20 km
4　時速 24 km
5　時速 28 km

STEP 1　速さと時間の関係を表にしよう

A は B より 15 分早く出て，10 分遅く到着しているので，同じ距離を走るのに 25 分多くかかることがわかります。また，B の速さは A の速さの 1.5 倍と書いてあります。

B がかかった時間を x 分としてまとめると，次の表のようになります。

	A	B
速さ	1	1.5
時間	$x+25$	x

A と B が同じ方向に進む場合

2 人の進む様子を，ダイヤグラムで表すと，下の図のようになるわ。

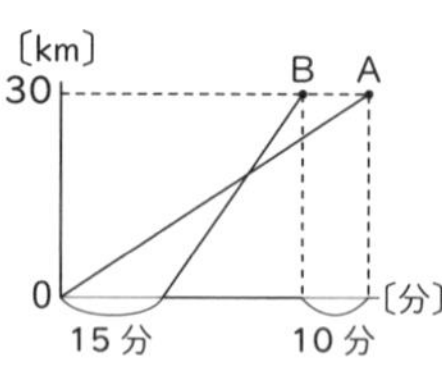

STEP 2 速さと時間は逆比

速さの比が，1：1.5＝2：3なので，かかった時間の比は，逆比の3：2です。したがって，

$$
\begin{aligned}
(x+25):x &= 3:2 \\
3x &= 2(x+25) \\
3x &= 2x+50 \\
3x-2x &= 50 \\
x &= 50
\end{aligned}
$$

よって，B は 30 km の距離を 50 分で進んだことになります。

また，A は 30 km の距離を 50 ＋ 25 ＝ 75〔分〕かかって進んだことになります。

求めるのは時速なので，単位を時間に直してから計算します。分を時間に直すには，60 で割ればいいです。

$$30 \div \frac{75}{60} = 30 \div \frac{5}{4} = 30 \times \frac{4}{5} = 24$$

A は時速 24 km です。

26 仕事算の問題
～全体を１として割り振ろう～

仕事算には，人間がある仕事を仕上げる問題や，給水装置が水槽を満タンにする問題などがありますが，基本は大変シンプルで「仕事全体を１」と考えればよいのです。連立方程式でも解けますので，是非，得意なパターンを見つけて，磨いてください。

例　題

ある家ではタマとムギという２匹の猫を飼っている。２匹には毎日同じ量のえさを与えているが，タマは６分で，ムギは10分で食べ終わる。ある日，いつもと同じ量のえさをムギに与えて，食べ始めてから２分後にタマに同じ量のえさを与えすぐにタマは食べ始めた。タマが食べ始めてから何分後に残ったえさの量がムギと同じになるか。ただし，２匹は自分の皿の中のえさだけを食べるものとし，食べるペースも一定であるものとする。

【R3　地方上級】

1　２分
2　３分
3　４分
4　５分
5　６分

STEP 1　全体の仕事を１としよう

１匹分のえさの量を１とします。タマは６分間で１を食べ，ムギは10分間で１を食べると考えるのです。

STEP 2　単位時間当たりどれだけの仕事をするかを考えよう

タマは６分間で１を食べるということは，タマは１分間で$\frac{1}{6}$を食べることがわかります。また，ムギは10分間で１を食べるということは，ムギは１分間で$\frac{1}{10}$を食べることがわかります。

STEP 3 タマが食べ始めてから何分後に同じ量になるかを考えよう

タマが食べ始めてから t 分間で同じ量になるとすると，そこまでにムギは $t+2$ 分間食べていることになります。そこで食べた量が等しいということから方程式をつくりましょう。

$\frac{1}{6}t=\frac{1}{10}(t+2)$　両辺を 30 倍します

$5t=3(t+2)$

$5t=3t+6$

$2t=6$

$t=3$

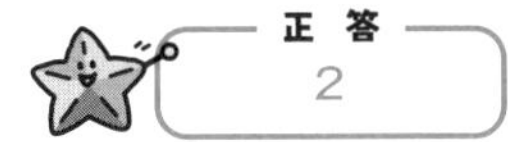

正答
2

連立方程式で解いてみる！

タマ，ムギのそれぞれが１分間で食べる量を，a，b とします。

タマ，ムギのそれぞれが食べ終わるのに６分，10 分かかるので，１日で食べる量は $6a$，$10b$ と２通りで表され，これらは等しいので，$6a=10b$…①となります。

次に，タマが t 分間食べたときに，ムギは $t+2$ 分間食べているので，その時点までに食べた量は at，$b(t+2)$ と２通りで表され，これらは等しいので，
$at=b(t+2)$ …②となります。

ここで連立方程式を解きます。①より，$a=\frac{5}{3}b$ となり，これを②に代入して，

$\frac{5}{3}bt=b(t+2)$　両辺を b で割ります

$\frac{5}{3}t=(t+2)$　両辺を３倍します

$5t=3(t+2)$

$t=3$

練習問題 1

空(から)の貯水槽がある。ホースA，B，Cを用いて，この貯水槽に水をためることができる。ホース2つを同時に用いる場合，AとBでは36分，BとCでは45分，AとCでは60分で貯水槽がいっぱいになる。

ホースA，B，Cの3つを同時に用いる場合には，この貯水槽をいっぱいにするのにかかる時間はいくらか。

【H24 国家一般職［大卒］】

1 18分　**2** 21分　**3** 24分
4 27分　**5** 30分

今度はいきなりAとBの2つが同時に働きます。攻め方は同じですよ。

STEP 1 全体の仕事を1としよう

貯水槽をいっぱいにする水の量を1とします。

STEP 2 1分あたりどれだけの仕事をするか考えよう

AとBを同時に用いると36分かかるので，**1分間に貯水槽の$\frac{1}{36}$の水をためることができます。**

同様に，BとCでは1分間に貯水槽の$\frac{1}{45}$，AとCでは1分間に貯水槽の$\frac{1}{60}$の水ためることができます。

STEP 3 かかる時間を考えよう

これらの3つを合わせると，A・B・Cそれぞれ2本ずつになります。

つまり，A・B・Cそれぞれ2本ずつを同時に用いれば，1分間に

$$\frac{1}{36}+\frac{1}{45}+\frac{1}{60}=\frac{5}{180}+\frac{4}{180}+\frac{3}{180}=\frac{12}{180}=\frac{1}{15}$$

の水を入れることができるのです。

そうすると，A・B・Cそれぞれ1本ずつを同時に用いれば，この半分の$\frac{1}{30}$を1分間に入れることができ，貯水槽をいっぱいにするまでには，30分かかります。

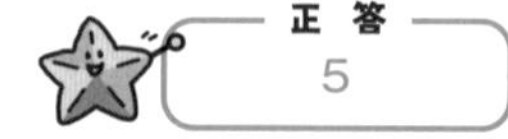

練習問題 2

Aは自宅が古くなったので，BおよびCの2人を雇ってリフォームを行った。BおよびCに支払う1日あたりの賃金はそれぞれ3万円と2万円で，2人に支払った賃金の合計は160万円になった。また，この仕事をBが1人ですべて行うと50日かかり，Cが1人ですべて行うと100日かかるという。この場合，Bの作業日数はCのそれの何倍であったか。

【H16　国家一般職［大卒］】

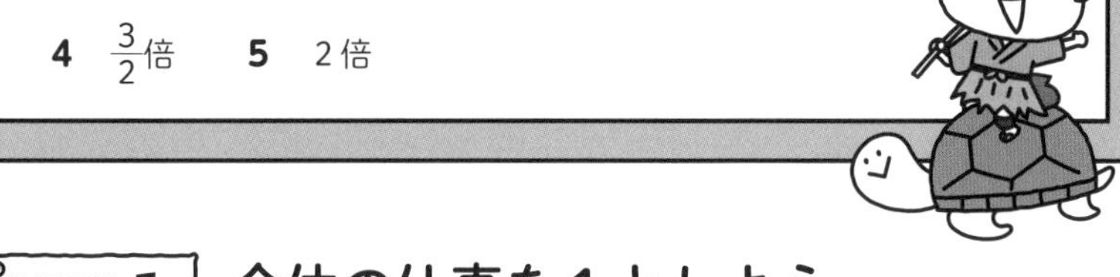

1　$\frac{3}{4}$倍　　2　1倍　　3　$\frac{4}{3}$倍

4　$\frac{3}{2}$倍　　5　2倍

STEP 1　全体の仕事を1としよう

Aの家のリフォームを仕上げることが1の仕事です。

STEP 2　1日あたりどれだけの仕事をするか考えよう

Bは1日あたり$\frac{1}{50}$，Cは1日あたり$\frac{1}{100}$の仕事をします。

STEP 3　かかる時間を考えよう

BとCの作業日数をそれぞれb日，c日とすると，Bは$b \times \frac{1}{50}$の作業をし，Cは$c \times \frac{1}{100}$の作業をしたことになります。仕事は全部で1なので，

$$\frac{1}{50}b + \frac{1}{100}c = 1$$

という関係が成り立ちます。

また，問題文にはB，Cの1日あたり賃金はそれぞれ3万円，2万円で合計160万円支払ったとありますから，

$$3b + 2c = 160$$

という関係が成り立ちます。

$\frac{1}{50}b+\frac{1}{100}c=1$　…①
$3b+2c=160$　…②
①の両辺に100をかけて,
$2b+c=100$　…③
②−③×2より,

$$\begin{array}{rr} & 3b+2c=160 \\ -) & 4b+2c=200 \\ \hline & -b=-40 \\ & b=40 \end{array}$$

これを,③に代入して
$2\times40+c=100$
$80+c=100$
$c=100-80$
$c=20$
Bの作業日数は40日,Cの作業日数は20日なので,Bの作業日数はCの2倍です。

正答
5

練習問題 3

ある作業をA,B,Cの3名で行う。1日に行う仕事量の割合がA:B:C＝3：3：2であり,3名が休まず仕事をすると30日で終了することがわかっている。今,作業の終了までにAが5日,Bが3日,Cが4日休むとき,この作業に要する日数はどれか。

【H23　特別区】

1　33日
2　34日
3　35日
4　36日
5　37日

STEP 1　全体の仕事を1としよう

ある作業の量を1とします。3名で休まず仕事をすると30日で終了するのですから,3人が1日でした仕事は$\frac{1}{30}$です。

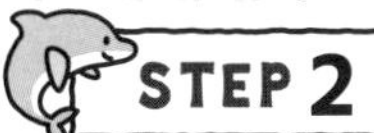

STEP 2　1日あたりどれだけの仕事をするか考えよう

A，B，Cの仕事の割合は3：3：2ですから，3＋3＋2＝8より，今度は1日の全体の仕事量を1と考えるとABCの仕事の割合は$\frac{3}{8}:\frac{3}{8}:\frac{2}{8}$になります。A，B，Cの3人で1日あたり$\frac{1}{30}$の仕事をするので，A，B，Cそれぞれの1日の仕事は，

Aが$\frac{1}{30}\times\frac{3}{8}=\frac{3}{240}$
Bが$\frac{1}{30}\times\frac{3}{8}=\frac{3}{240}$
Cが$\frac{1}{30}\times\frac{2}{8}=\frac{2}{240}$　になります。

約分をしたくなりますが，あとの計算は分母がそろっているほうがやりやすいので，約分をせずにおいておきます。

STEP 3　かかる時間を考えよう

3人がまったく休まなければ，30日で終わったはずです。

しかし，Aが5日，Bが3日，Cが4日休むことによって30日経過時点で休んだ分だけ仕事が残ります。

そこで，30日経過時点でどれだけ仕事が残っているかを求めましょう。

$$\frac{3}{240}\times5+\frac{3}{240}\times3+\frac{2}{240}\times4$$
$$=\frac{15}{240}+\frac{9}{240}+\frac{8}{240}=\frac{32}{240}=\frac{4}{30}$$

30日経過時点で，Aが5日，Bが3日，Cは4日休んだことによって，$\frac{4}{30}$の仕事が残っていることがわかりました。そうすると，A，B，Cの3人で1日あたり$\frac{1}{30}$の仕事をするのですから，あと

$$\frac{4}{30}\div\frac{1}{30}=\frac{4}{30}\times\frac{30}{1}=4\text{〔日〕}$$

で，仕事が終わります。

つまり，全体で30＋4＝34〔日〕かかることになります。

27 ニュートン算の問題

～「残高ゼロ」を式にしよう～

ニュートン算は一定の割合で仕事を片付けていく，またはたまった水が排出されていくといった内容の問題です。でもやっかいなことに，片付けている間にもどんどん，次の仕事や水が入ってきてしまいます。

でも，大丈夫！　ニュートン算必勝法，「残高ゼロ」をマスターすれば，すぐに問題も片付きます。改札口の問題や水槽の問題，いろいろ練習してみましょう。

例　題

A駅の改札口は2つあり，ある日駅の改札が始まったとき，すでに150人の乗客の行列があり，毎分10人の乗客が新たに行列に加わった。改札口1つで改札を始めたところ30分で行列がなくなった。翌日，駅の改札が始まったとき，すでに80人の乗客の列があり，改札口2つで改札が始まった。行列がなくなるまで何分かかるか。ただし，前日と同じく毎分10人の乗客が新たに行列に加わったものとし，2つの改札口の1分あたりの処理人数は等しいものとする。

【H15　国家専門職［大卒］】

1　3分
2　3.5分
3　4分
4　4.5分
5　5.5分

「残高ゼロ」の必勝法とは問題文を

(所持金＋収入)－支出＝残高＝0

すでにある量　増える量　減る量　残りの量

と読み変えるということです。

この問題では，所持金は「すでに行列に並んでいる人」と考えます。

収入と支出は何でしょう。収入は「新たに行列に加わる人数」，支出は「改札をすませた人数」です。行列がなくなる時点では，残高がゼロになるのです。また，必勝法の式より，**残高ゼロになるのは，所持金＋収入＝支出**のときです。

STEP 1 収入と支出を求めよう

毎分 10 人加わるのですから，30 分間では，

$30 \times 10 = 300$〔人〕増えます。これが収入です。

一方，30 分で行列がなくなったのですから，毎分 x 人ずつ改札したのなら $30 \times x = 30x$〔人〕が支出です。

翌日，t 分間で行列がなくなったとすると，$t \times 10 = 10t$〔人〕が収入で，改札は２つなので $x \times t \times 2 = 2tx$〔人〕が支出ですね。

STEP 2 残高はゼロ

収入と支出を表にしてみましょう。

	１日目	２日目
所持金	150	80
収入	300	$10t$
支出	$30x$	$2tx$

２日間の収支より，「所持金＋収入」と「支出」が等しければ残高ゼロなので，

１日目：$150 + 300 = 30x$　…①

２日目：$80 + 10t = 2tx$　…②

の２つの関係があることがわかりますね。

この連立方程式を解いて t を求めましょう。

①より，$30x = 450$

$x = 15$

これを②に代入して，

$80 + 10t = 2t \times 15$

$2t \times 15 = 80 + 10t$

$30t = 80 + 10t$

$30t - 10t = 80$

$20t = 80$

$t = 4$

したがって，４分です。

正答　3

ニュートン算は連立方程式になるのがほとんどです。では練習問題をやってみましょう。

練習問題 1

映画館で切符を売り始めたとき，すでに行列ができており，毎分20人の割合で人が行列に加わるものとする。窓口が1つのときは1時間で行列がなくなり，窓口を5つにすると6分で行列がなくなる。切符を売り始めたときに並んでいた人数はどれか。ただし，どの窓口も1分間に同じ枚数を売るものとする。

【H16 特別区】

1 920人
2 960人
3 1000人
4 1040人
5 1080人

STEP 1 収入と支出を求めよう

収入は，毎分20人ずつ並ぶので，
60分間（1時間）で $20 \times 60 = 1200$〔人〕です。

1つの窓口で1分間に処理する人数を x 人としましょう。60分間で，$x \times 60 = 60x$〔人〕が処理できるので支出は $60x$〔人〕です。

窓口を5つにした場合も同じように考えて，
収入は $20 \times 6 = 120$〔人〕，
支出は $x \times 6 \times 5 = 30x$〔人〕になります。

必勝法にあてはめると
収入＝20〔人〕×時間〔分〕
支出＝x〔人〕×時間〔分〕×窓口の数
と考えればいいわね。

STEP 2 残高はゼロ

今回も収入と支出を表にしてみましょう。最初に並んでいた人数（所持金）を a 人とします。

	窓口1つ	窓口5つ
所持金	a	a
収入	1200	120
支出	$60x$	$30x$

残高ゼロの関係を式で表すと，連立方程式ができます。
残高ゼロになるのは，所持金＋収入＝支出のときです。

窓口１つ：$a + 1200 = 60x$　…①
窓口５つ：$a + 120 = 30x$　…②

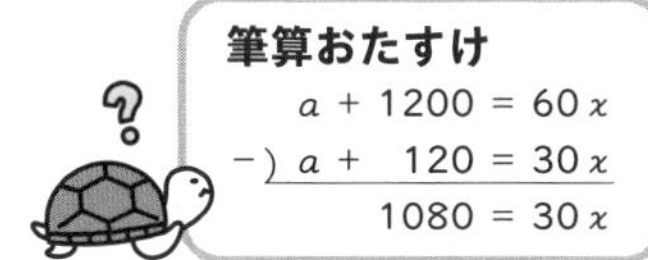
筆算おたすけ
$a + 1200 = 60x$
$-)\ a + 120 = 30x$
$1080 = 30x$

①−②より $1080 = 30x$
$x = 36$

②に代入して
$a + 120 = 30 \times 36$
$a = 30 \times 36 - 120 = 960$

問われているのは最初に並んでいた人数（所持金）なので，求める答えは960人となります。

正答
2

練習問題 2

ある銀行の支店では，毎朝，現金自動預払機の稼動前に一定の人数が並び，稼動後にも毎分一定の割合で新たに人が並んでいた。機械を3台稼動させると行列がなくなるまでに40分かかり，4台稼動させると行列がなくなるまでに20分かかることがわかった。あるとき，近くの別の銀行の支店が閉店したため，この銀行の機械を利用する者が増え，稼動前に並ぶ人数がそれ以前の2割増し，稼動後に毎分新たに並ぶ人数が5割増しとなった。このとき，機械を5台稼動させたとすると，行列が解消するまでにかかる時間として妥当なものは次のうちどれか。

【H13　大卒警察官】

1　15分
2　18分
3　21分
4　24分
5　27分

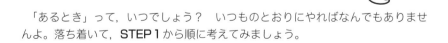

「あるとき」って，いつでしょう？　いつものとおりにやればなんでもありませんよ。落ち着いて，STEP 1から順に考えてみましょう。

STEP 1 収支を確認しよう

1分あたり並ぶ人数を x 人，1台の機械で1分あたり処理する人数を y 人とします。

収入＝ x〔人〕×時間〔分〕

支出＝ y〔人〕×時間〔分〕×預払機の数なので

3台稼働のときの収入は $40x$〔人〕，支出は $3 \times 40y = 120y$〔人〕，

4台稼働のときの収入は $20x$〔人〕，支出は $4 \times 20y = 80y$〔人〕です。

STEP 2 残高はゼロ

毎朝すでに並んでいる人数（所持金）を a 人とし，収支を考えて式をつくると，次のようになります。

$a + 40x = 120y$　…①

$a + 20x = 80y$　…②

そして，「あるとき」です。このとき，t 分で行列が解消するとしましょう。

すでに並んでいた人が2割増しなので所持金は $1.2a$〔人〕，収入は5割増なので $tx \times 1.5 = 1.5tx$〔人〕，支出は $ty \times 5 = 5ty$〔人〕になるので，

$1.2a + 1.5tx = 5ty$　…③

STEP 3 方程式を解こう

$a + 40x = 120y$　…①

$a + 20x = 80y$　…②

$1.2a + 1.5tx = 5ty$　…③

①－②より，$20x = 40y$

両辺を20で割って，$x = 2y$　…④

④を②に代入して，

$a + 20 \times 2y = 80y$

$a + 40y = 80y$

$a = 40y$　…⑤

④，⑤を③に代入して

$1.2 \times 40y + 1.5t \times 2y = 5ty$

$48y + 3ty = 5ty$

$48y = 2ty$　両辺を2で割る

$t = 24$

練習問題 3

ある牧場では，牛 500 頭を放牧すると，ちょうど 5 日間で牧草は食べ尽くされ，また，牛 600 頭を放牧すると，ちょうど 4 日間で牧草は食べ尽くされる。

今，この牧場で，ある頭数の牛の放牧を開始し，その翌日から 1 日 10 頭ずつ牛を増やしていったところ，ちょうど 10 日間で牧草は食べ尽くされた。このとき，放牧開始日の牛の頭数はいくらか。

ただし，1 頭の牛が 1 日に食べる牧草の量はすべて等しく，また，牧草は毎日一定量生えるものとする。

【H27　国家総合職】

1　180 頭　　**2**　205 頭　　**3**　230 頭
4　255 頭　　**5**　280 頭

牛の数が毎日増えていくのが悩ましいですね。とりあえず，いつもの調子で残高ゼロの式を立てましょう。

STEP 1 収支を確認しよう

ある牧場にもともと生えている牧草の量を a，1 日に生えてくる牧草の量を x，1 頭の牛が 1 日に食べる牧草の量を t とします。

収入 $= x \times$ 日数
支出 $= t \times$ 牛の頭数 $\times$ 日数なので
牛 500 頭の場合は，収入は $x \times 5 = 5x$，支出は $t \times 500 \times 5 = 2500t$ です。
牛 600 頭の場合は，収入は $x \times 4 = 4x$，支出は $t \times 600 \times 4 = 2400t$ です。

STEP 2 残高はゼロ

所持金は a ですから，残高はゼロなので

$a + 5x = 2500t$　…①

$a + 4x = 2400t$　…②

①－②より

$x = 100t$

①に代入すると

$a + 5 \times 100t = 2500t$

$a = 2000t$

やはり残高はゼロ

次に，ややこしい1日10頭ずつ増える場合を考えていきましょう。

放牧開始日の牛の頭数を y 頭とします。放牧開始日の y 頭は10日間食べるので，10日で

$t \times y \times 10 = 10ty$ 食べます。

次の日に増える10頭は残りの9日間食べて

$t \times 10 \times 9 = 90t$

さらにその次の日に増える10頭は8日間食べて

$t \times 10 \times 8 = 80t$

…とこれを繰り返すと，支出も求まります。

やはり残高はゼロなので，

$$a + 10x = 10ty + 90t + 80t + 70t + 60t + 50t + 40t + 30t + 20t + 10t$$

$x = 100t$ と $a = 2000t$ を代入すると

$$2000t + 1000t = 10ty + 90t + 80t + 70t + 60t + 50t + 40t + 30t + 20t + 10t$$

両辺を t で割ります。t の値は答えに無関係でした。

$$2000 + 1000 = 10y + 90 + 80 + 70 + 60 + 50 + 40 + 30 + 20 + 10$$

$$3000 = 10y + \frac{9}{2}(10 + 90)$$

$$3000 = 10y + 450$$

$$-10y = -2550$$

$$y = 255\text{〔頭〕}$$

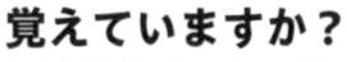

覚えていますか？

等差数列の和の公式は，

$S_n = \frac{n}{2}(a_1 + a_n)$ だったわ。

$10 + 20 + 30 + 40 + 50 + 60 + 70 + 80 + 90$ では $a_1 = 10$，$a_n = 90$，項数 $n = 9$ よ。

最後に，いつもと少し異なるパターンをやってみましょう。

練習問題 4

　ある源泉かけ流しの温泉がある。この温泉の浴槽には，源泉からの給湯口A，Bがあり，排水口は常に開いている。浴槽が空の状態から給湯口Aだけを使って湯を入れると30分で湯がいっぱいになり，給湯口Bだけを使って湯を入れると60分でいっぱいになる。また，給湯口A，Bを同時に使って湯を入れると15分でいっぱいとなる。浴槽に湯がいっぱいに入っている状態で給湯口を止めたとき，浴槽の湯が空になるまでの時間として正しいのはどれか。

【H23　市役所】

1　90分
2　75分
3　60分
4　45分
5　30分

　今回は湯を浴槽いっぱいにするので，残高がゼロになりません。
　そこで，はじめに示した，「(所持金＋収入)－支出＝残高」の式を利用して，あてはめをしましょう。

STEP 1　収支を確認しよう

　1分間にA，Bそれぞれの給湯口から出る湯の量をa，b，排水溝から1分間に出る湯の量をx，浴槽を完全に満たしている湯の量をyとします。

所持金は？
浴槽が空の状態から始まるから0だよ。

　給湯口Aだけを30分使う場合は，
　収入は$a \times 30 = 30a$，支出は$30 \times x = 30x$，残高はいっぱいになるのでyです。
　給湯口Bだけを60分使う場合は，
　収入は$b \times 60 = 60b$，支出は$60 \times x = 60x$，残高はいっぱいになるのでyです。
　給湯口AとBを同時に15分使う場合は，
　収入は$a \times 15 + b \times 15 = 15a + 15b$，支出は$15 \times x = 15x$，残高はいっぱいになるので$y$です。
　ここから，「(所持金＋収入)－支出＝残高」の方程式をつくります。

STEP 2 （所持金＋収入）－支出＝残高の式へ

$$30a - 30x = y \quad \cdots①$$
$$60b - 60x = y \quad \cdots②$$
$$15a + 15b - 15x = y \quad \cdots③$$

となります。

STEP 3 方程式を解こう

今回はいっぱい入っている状態の y の量の湯を，何分で排水できるかを求めるので，求める値は $y \div x = \frac{y}{x}$ になります。たとえば，100 L の湯を毎分 20 L 排水すると，$100 \div 20 = \frac{100}{20}$〔分〕かかりますね。

式を変形する前に把握しておきましょう。

①×2より

$$60a - 60x = 2y \quad \cdots①'$$

③×4より

$$60a + 60b - 60x = 4y \quad \cdots③'$$

③′ －①′ －②より

$$\begin{array}{rrrrl} & 60a & + 60b & - 60x = 4y & \cdots③' \\ -) & 60a & & - 60x = 2y & \cdots①' \\ -) & & 60b & - 60x = y & \cdots② \\ \hline & & & 60x = y & \end{array}$$

よって，$\frac{y}{x} = 60$〔分〕と求まります。

第6章

逆転の発想で正答が見える！

28 ウラから攻める問題
～ちょっと見方を変える～

公式にあてはめて方程式をつくったり，たくさん場合分けをしたりすると，複雑で大変に思えるのに，発想の転換をすることによって，いとも簡単に解けてしまう問題があります。このテーマはそんな問題が勢ぞろい。「なんだ，そんなことか！」と思うこと間違いなしですよ。

例題

図のように，ある値を入力すると X_1 ～ X_4 の各処理を順に行った値が出力されるブラックボックスがあり，X_1 ～ X_4 の処理では，①「3を加える」，②「3倍する」，③「2で割る」，④「偶数ならば1を，奇数ならば2を引く」の互いに異なる処理のいずれか1つが行われている。今，ある奇数の値を入力したところ，8が出力された。このとき，入力した値としてありうるのは次のうちではどれか。なお，各処理を行ったあとの値が整数ではない場合には，以後の処理は行われず，エラーが出力される。 【R2　国家総合職】

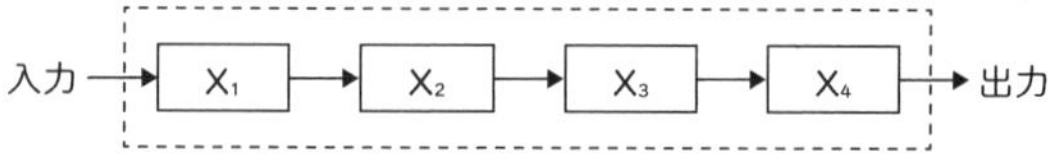

入力 → [X_1] → [X_2] → [X_3] → [X_4] → 出力

1　3
2　5
3　7
4　9
5　11

①，②，③，④の並べ方は4！で24通りもあります。また，それに選択肢をそれぞれ代入していくと，さらにその5倍の検討をしなければなりません。出力の8から逆にたどって X_4，X_3…とすると，選択肢をそれぞれ検討する必要はありませんが，それでも24通りの検討が必要なことは違いありません。**なんとか処理順を絞る方法はないでしょうか。**

STEP 1　①～④の処理の性質を検討しよう！

奇数を入力して，出力は偶数である8で終わると言っているですから，**偶奇が問**

題になるのは明らかです。そこで，①～④に奇数と偶数を入力した場合，どう変化するかをまとめておきましょう。

入力	①	②	③	④
奇数	偶	奇	エラー	奇
偶数	奇	偶	奇 or 偶	奇

STEP 2 処理の並び方を絞ろう

③による処理が奇数に対して行われるとエラーで終了してしまいます。また，入力の奇数を偶数に変えられるのは①だけです。つまり，①が③よりも先に行われる必要があります。

また，せっかく偶数に変えても，④をすると必ず奇数になってしまいます。つまり，④は①よりも先に行われる必要があります。

以上より，④→①→③の並び方は決まりました。あとは②をどこかに入れるだけですから，ⅰ②→④→①→③，ⅱ④→②→①→③，ⅲ④→①→②→③，ⅳ④→①→③→②のいずれかになります。

STEP 3 逆にたどって正答を導こう

処理順は4つに絞れましたが，ここに選択肢をすべて入れていくのはやはり大変です。出力の8から逆にたどっていきましょう。

ⅰ②→④→①→③

③をして8になるのは16です。次に，①をして16になるのは13です。さらに，④をして13になるのは14か15です。最後に，②をして，14か15になるのは5だけです。入力された値が5であることがわかりました。このように検討するとやみくもに数値を入れていくよりもかなり楽ができるはずですね。

ここでは，念のために他の場合も検討をしておきましょう。

ⅱ④→②→①→③

③をして8になるのは16です。次に，①をして16になるのは13です。しかし，②をして13になる整数はありません。

ⅲ④→①→②→③

③をして8になるのは16です。しかし，②をして16になる整数はありません。

ⅳ④→①→③→②

②をして8になる整数はありませんので不適です。

練習問題 1

直線道路上に２地点 PQ があり，A は P から Q に，B は Q から P に向かって同時に出発した。２人は中間地点から Q のほうに 200 m 離れた地点ですれ違った。そこから A は分速 40 m 減速して Q 地点に向かい，Q 地点に着くとすぐに P 地点へ折り返した。B はすれ違ったあとも速度を変えることなく P 地点へ向かい，P 地点に着くとすぐに Q 地点へ折り返した。すると，２人は中間地点から P のほうに 200 m 離れた地点ですれ違った。

このとき，最初に２人がすれ違ったのは，２人が歩き始めてから何分後であったか。

【R2　地方上級】

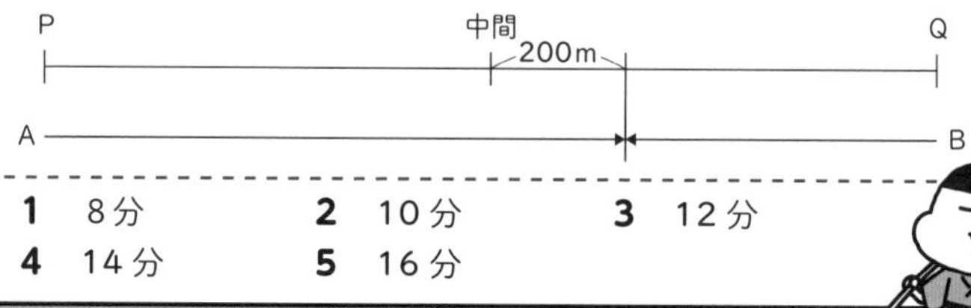

1　8 分　　**2**　10 分　　**3**　12 分
4　14 分　　**5**　16 分

まずは，A と B の動きを図にしてみましょう。

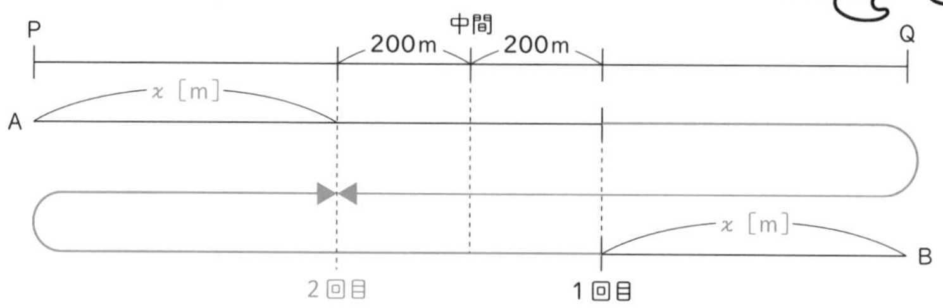

A と B が１回目にすれ違った地点と Q との距離を x〔m〕とすると，１回目にすれ違うまでに A と B それぞれが進んだ距離はそれぞれ $x + 400$〔m〕，x〔m〕，そこから２回目にすれ違うまでに A と B それぞれが進んだ距離はそれぞれ $2x + 400$〔m〕，$2x + 400$〔m〕であることが図からわかります。

また，１回目にすれ違うまでの A と B の速さをそれぞれ v_A〔m／分〕，v_B〔m／分〕とすると，そこから２回目にすれ違うまでの A と B の速さは $v_A - 40$〔m／分〕，v_B〔m／分〕と表せます。

ここでは，未知数を３つ設定しましたが，これらを連立方程式で求めるには通常は式を３つ立てないといけません。立てるのも解くのも大変そうです。別の切り口を検討してみましょう。

未知数と式の数

連立方程式の数よりも未知数の数が少なければ解けないよ。このような方程式を不定方程式というんだけど，これが解ける場合は解を絞る式の代わりに条件が付くよ。

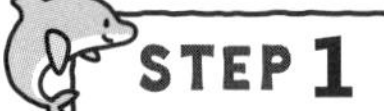

STEP 1 逆転の発想

図やこれまでの検討からあることに気が付きませんか？　そうです。AとBが1回目から2回目にすれ違うまでに進んだ距離は同じですね。つまり，その間のAとBの速さは同じということです。さらに，これはAのほうが最初の速さが分速40m速かったことを意味します。ここから何かわかりませんでしょうか。

STEP 2 発想を整理すると

Aのほうが分速40m速いということは，1分間で40m長く進むということです。また，AとBが1回目にすれ違うまでに進んだ距離の差は400mなのですから，1回目にすれ違うまでに400÷40＝10〔分〕かかったことがわかります。

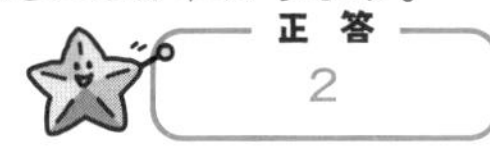

正答
2

どうでしょうか？　一見ややこしそうに見えますが，割と簡単な問題でしたね。では次の問題です。

練習問題 2

テーブルの上に，2，4，6，7，9，10，13，14，16の数字が1つずつ書かれた9枚のカードが並べられている。この9枚のカードの中から3枚を選んだところ，その3枚のカードに書かれた数の和は32であった。残った6枚のカードの中から再び3枚を選んだところ，その3枚のカードに書かれた数の和は29であった。このとき，テーブルの上に残った3枚の中に必ず含まれているカードとして正しいものは，次のうちどれか。

【H21　大卒警察官】

1　2と書かれたカード　　**2**　4と書かれたカード
3　6と書かれたカード　　**4**　7と書かれたカード
5　9と書かれたカード

和が 32 や 29 になる組合せはたくさんありそうです。手間がかかりそうですね。

STEP 1 逆転の発想

求めたいのはテーブル上に残った 3 枚に必ず含まれているカードです。32 や 29 になる組合せではありません。ここに注意が必要です！

この「残った 3 枚のカード」の和はわかるのです！

すべての 9 枚のカードの数を足すと，

2 + 4 + 6 + 7 + 9 + 10 + 13 + 14 + 16 = 81

です。そして，1 度目の 3 枚の 32，2 度目の 3 枚の 29 を除くと残った 3 枚の和がわかりますね。

81 − 32 − 29 = 20 です。

STEP 2 候補を絞っていこう

では，3 枚のカードの数の和が 20 になる組合せを考えましょう。しらみつぶしに考える場合は，大きなものから，小さなものからなど，**一定のルールに従って調べましょう**。そうすると，ダブりやモレが防げますよ。20 が小さめの数字ですので，数の大きいカードから絞っていきましょう。

① 16 のカードが含まれる場合

16 を含むことはありえません。残りの 2 枚がどれだけ小さくても，

16 + 2 + 4 = 22

となって 20 を超えてしまうからです。

② 14 のカードが含まれる場合

14 を含む場合はありますね。

14 + 2 + 4 = 20 です。（2， 4， 14）

③ 13 のカードが含まれる場合

13 を含んで，20 にすることはできません。

カード 2 枚で 7 がつくれないからです。

④ 10 のカードが含まれる場合

10 を含んで，残り 2 枚で 10 をつくるには，4 と 6 ですね。（4， 6， 10）

この時点で，共通なカードは「4」しかないので，**2**が正答だとわかります。

残りも念のために

9 のカードが含まれる場合は，残りの 2 枚は 7， 4 よ。やはり 4 を含んだわ。7 以下の 3 枚では 20 に足りないの。よって，**3 枚で 20 になるのは，（2， 4， 14）（4，6， 10）（4，7，9）の 3 組**だとわかるわ。

練習問題 3

A～Dの4人は，それぞれ3～6枚のコインを持っているが，4人とも持っている枚数は異なっている。AとBが自分の持っているコインの中から，異なる枚数のコインをCに渡したところ，4人が持っているコインは3～6枚の異なる枚数であった。さらに，DがBに自分の持っているコインの中から2枚渡したところ，やはり4人が持っているコインは3～6枚の異なる枚数であった。このとき，Aが最初に持っていたコインの枚数と，Cにコインを渡したあとの枚数の組合せとして正しいものは，次のうちどれか。

【H21　地方上級】

	最初に持っていた枚数	Cにコインを渡したあとの枚数
1	4枚	3枚
2	5枚	3枚
3	5枚	4枚
4	6枚	4枚
5	6枚	5枚

STEP 1　まずは問題を整理しよう

問題文のやりとりをとりあえず図示すると右のようになります。

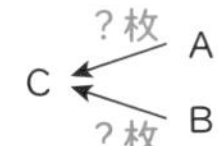

B ←2枚― D

STEP 2　逆転の発想

最初にAが何枚持っていて，何枚渡したかを，ピッタリ条件があてはまるまで，しらみつぶしに調べたくなりませんか？　たとえば「Aが4枚持っていて，1枚渡すとすると…」，のようにです。しかしこれだと，さまざまな場合分けをしなければなりません。

そこで，Aが何枚持っていたかは後回しにして，**操作の前後で「4人が持っているコインは3～6枚の異なる枚数であった」を利用**して，③・④・⑤・⑥枚の持ち主がどのように移っていくかを追いかけてみましょう。

イメージしてみよう

③④⑤⑥の席にA～Dの4人が座っていて，席を移動して，やはり，③④⑤⑥の席にA～Dの4人が座るというイメージだよ。

STEP 3 発想を整理すると

AとB 2人が異なる枚数のコインをCに渡しています。ここから，もらったCが最初は③枚だったとわかります。

なぜなら，2人がCに渡したのは異なる枚数ですから，少なくともCがもらったのは1＋2の3〔枚〕ですが，最初にCが最も少ない③枚でないと，6枚を超えてしまうのです。

そして，AとB2人の渡した枚数は最も少ない組合せの1枚または2枚だとわかります。

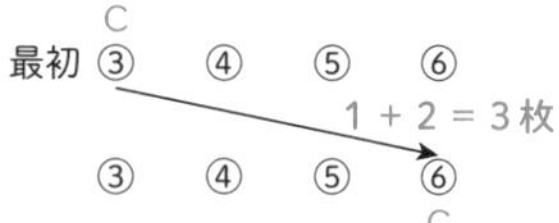

次に，Cが③→⑥になるので，もともと⑥枚持っていた人は⑥の位置を譲っていなければなりません。つまり，Cにコインを渡した2人（A・B）のどちらかが⑥枚だったことになります。⑥枚だった人が渡したのが，1枚か2枚かはわかりませんので，（ⅰ）⑥→⑤（1枚渡した）または（ⅱ）⑥→④（2枚渡した）の2通りで場合分けをしましょう。

図のようにAorBが決まりますので，残りがDになります。

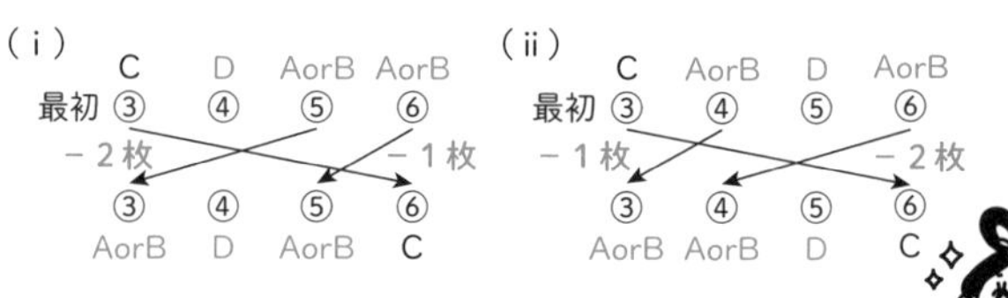

もう1人は？

コインを渡したAとB 2人のうち，はじめに⑥枚ではなかったもう1人が操作後に，Cが空けた③枚に入るわ。

ここまで整理できれば解けたようなものです。

あとは，「DがBに2枚渡した」ということから，Dが2枚渡してしまうと，残りが2枚になってしまうことになるので，（ⅰ）のパターンはありえません。というわけで，場合分けは（ⅱ）に確定します。

つまり，Dは⑤枚→③枚になり，その空いた⑤枚にBが入ります。

これで，Bは最初④枚だったのを1枚Cに渡して③枚になり，Dから2枚もらって⑤枚となったことがわかります。

残りのAについては，最初持っていた枚数が⑥枚であり，Cに2枚渡して，最終的に④枚となったと判明します。図示すると，このようになります。

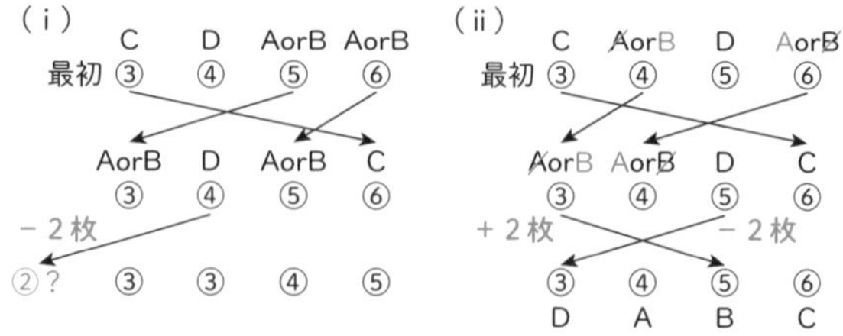

よって，Aが最初持っていたコインの枚数は6枚で，Cにコインを渡したあとの枚数は4枚なので，正答は**4**ということになります。

正答
4

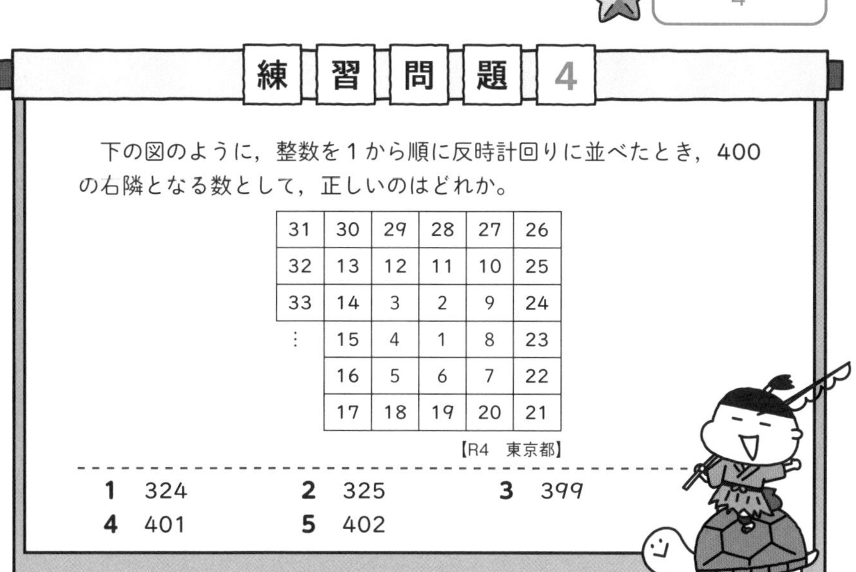

練習問題 4

下の図のように，整数を1から順に反時計回りに並べたとき，400の右隣となる数として，正しいのはどれか。

31	30	29	28	27	26
32	13	12	11	10	25
33	14	3	2	9	24
⋮	15	4	1	8	23
	16	5	6	7	22
	17	18	19	20	21

【R4　東京都】

1　324　　**2**　325　　**3**　399
4　401　　**5**　402

図をみると渦巻き状に数字が並んでいることはわかりますね。ここから何かをひらめくまで数字を書き並べるのはよいのですが…。勢い余って400まで書き並べるのは少し厳しいですね。

図から偶数の四方には奇数しかないことは間違いなさそうですが，それだけで選択肢を絞り切ることはできません。どうしましょうか。

STEP 1　逆転の発想

渦巻きといっても，途中で整った形になる瞬間がありますよね。そうです。正方形です。

2 × 2，3 × 3，4 × 4…の正方形が図の中にあります。

3	2
4	1

3	2	9
4	1	8
5	6	7

13	12	11	10
14	3	2	9
15	4	1	8
16	5	6	7

この正方形の最後の数は2 × 2 = 4，3 × 3 = 9，4 × 4 = 16 になっていますね。そして，問題の 400 ですが 20 × 20 です。このような偶数の 2 乗が，正方形の左下に位置することはわかりますね。

31	30	29	28	27	26
32	13	12	11	10	25
33	14	3	2	9	24
34	15	(4)	1	8	23
35	(16)	5	6	7	22
(36)	17	18	19	20	21

STEP 2 正解を導こう

20 × 20 の 400 が正方形の左下に位置することはわかりましたが，その右隣はどのように求められるのでしょうか。これも右回りに戻っていくのでは遠回りです。たとえば，下の図であれば6 × 6 = 36 の右隣は，１つ内側の正方形の左下の数4 × 4 = 16 の次の数と考えれば簡単です。

31	30	29	28	27	26
32	13	12	11	10	25
33	14	3	2	9	24
34	15	(4)	1	8	23
35	(16)	5	6	7	22
(36)	17	18	19	20	21

このように考えると，20 × 20 = 400 の右隣は，１つ内側の正方形の左下の数18 × 18 = 324 の次の数である 325 とわかります。

正 答
2

Ａ と Ｂ の２人がそれぞれコインを 64 枚持っている。２人がじゃんけんを行って，勝った人が負けた人の手持ちのコインの半分をもらうことにする。何回かじゃんけんを行ったあと，コインの枚数は Ａ が 50 枚，Ｂ が 78 枚となった。このとき２人は何回じゃんけんを行ったか。

【H26　地方上級】

1　3 回
2　5 回
3　7 回
4　9 回
5　11 回

STEP 1　まずは問題を整理しよう

たとえば，初戦で Ａ が勝つとすると，Ｂ は 64 枚の半分の 32 枚を Ａ に渡すことになり，Ａ が 96 枚，Ｂ が 32 枚になります。

次の２戦目で Ｂ が勝つとすると，Ａ は 96 枚の半分の 48 枚を Ｂ に渡すことになり，Ａ が 48 枚，Ｂ が 80 枚になります。

（初戦）
A○64 ⟶ A96
32 ↑
B×64 ⟶ B32

➡

（２戦目）
A×96 ⟶ A48
48 ↓
B○32 ⟶ B80

しかし，このようにやみくもに試行を重ねても答えにはなかなかたどり着けませんね。

STEP 2　逆転の発想

最終的に Ａ が 50 枚，Ｂ が 78 枚になったということがわかっているのですから，**逆にさかのぼっていきましょう**。最終結果があたえられている問題では逆にさかのぼって考えることが必勝パターンです。

最後にどちらが勝ったかわかりますか？

最後に Ａ が勝っていたとして考えてみましょう。Ｂ は半分になってしまうのですから，最後にじゃんけんをする前には 78 × 2 ＝ 156〔枚〕持っていて，その半分の 78 枚を Ａ に渡していることになります。しかし，Ａ は 50 枚しか持っていないのでこれはありえません。つまり，**最後には Ｂ が勝っているはず**なのです。

Aが最後に負けて，半分の50枚になってしまい，半分の50枚はBに渡しているのです。このように，**その時点で枚数の多いほうが直近のじゃんけんで勝っていることがわかります。**

もう一度詳しく

じゃんけんに勝つと相手の半分がもらえるわ。勝ったほうがもともと0枚であれば，2人が同じ数になるの。

だけど，勝ったほうは少なくとも1枚以上はすでに持っているはずなので，もともと持っていた分と相手の半分を合わせると，**じゃんけんに勝てば，その時点では必ず相手より多くコインを持つことになる**わよ。

STEP 3 発想を整理すると

では，最終の結果がAが50枚，Bが78枚であることから，Bが最後に勝ったことがわかるので，逆にさかのぼっていきます。

A50	←	A×100	←	A○72	←	A○16	←	A×32	←	A×64
	50		28		56		16		32	
B78		B○28		B×56		B×112		B○96		B○64
（最終結果）		（最後）		（1つ前）		（2つ前）		（3つ前）		（4つ前）

このように，5回じゃんけんをしたことがわかりました。最終結果からさかのぼると楽に答えにたどりつけました。

正答
2

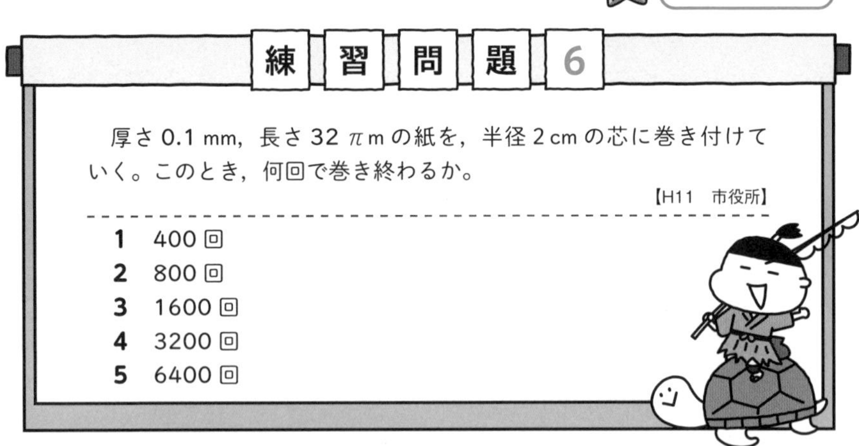

練習問題 6

厚さ0.1 mm，長さ32 π mの紙を，半径2 cmの芯に巻き付けていく。このとき，何回で巻き終わるか。

【H11　市役所】

1　400回
2　800回
3　1600回
4　3200回
5　6400回

図のように，紙をくるくると，芯に巻き付けていくと，何回で巻き終わるかが問題です。

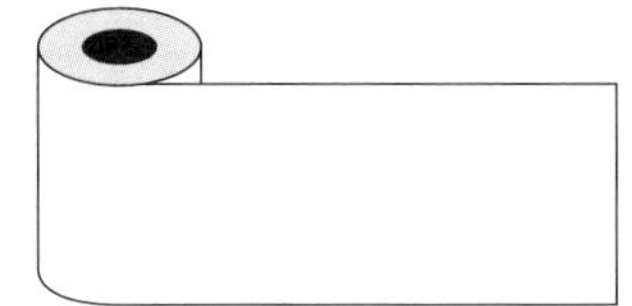

STEP 1 逆転の発想

巻き付け前と，巻き付け後では，**着色部分の面積は同じ**になります。

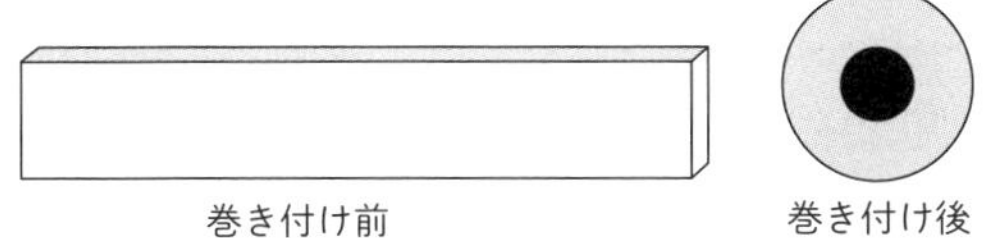

STEP 2 発想を整理すると

巻き付け前の着色部分の面積は，長方形の厚みが 0.1〔mm〕＝ 0.01〔cm〕，長さが 32 π〔m〕＝ 3200 π〔cm〕なので，

0.01 × 3200 π ＝ 32 π〔cm^2〕 です。

巻き付け後の部分の面積も 32 πcm^2 なので，芯の部分の面積＝半径×半径×円周率＝ 2 × 2 × π ＝ 4 π〔cm^2〕と合計して，巻き付け後の円柱の底面積は，

32 π ＋ 4 π ＝ 36 π〔cm^2〕になりますね。

36 π ＝ 6 × 6 × π ですから，巻き付け後の底面の半径は 6 cm，着色部分の幅は 6 － 2 ＝ 4〔cm〕です。

紙の厚みは，0.01 cm ですから，

4 ÷ 0.01 ＝ 400〔回〕巻き付けたことがわかりました。

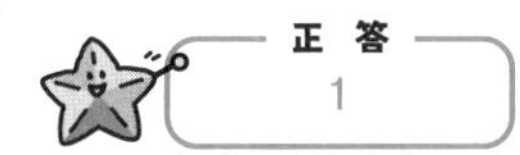

このテーマの問題は，どれも真正面から解こうとするとなかなか答えにたどりつけません。しかし，図を利用して，問題文の内容を整理し，問題を見つめる角度を変えるだけで正答に近づくのです。

29 余事象の確率の問題

～引いた残りが求める答え～

赤玉，青玉，白玉，黄玉が入っている袋があって，３つの玉を取り出すとき，少なくとも１つ赤玉が入っている確率は？　えっと，赤１個，青２個のとき，赤１個，青１個，白１個のとき，それから…，なんてやると，もう大変なことになります。

そこで，赤が１個も入っていない確率を考えて，全体から引くのです。これが余事象の考え方です。確率を求めるときに，求める確率より，そうでない確率を求めるほうが簡単なことがよくあります。

例　題

ある町における天気の確率は図のようになっており，晴れ，曇り，雨の３通りについて，翌日も同じ天気となる確率は$\frac{1}{2}$，翌日が異なる天気となる確率はそれぞれ$\frac{1}{4}$ずつである。この町の 10 月１日の天気が晴れだったとすると，10 月３日が雨でない確率として正しいものは，次のうちどれか。

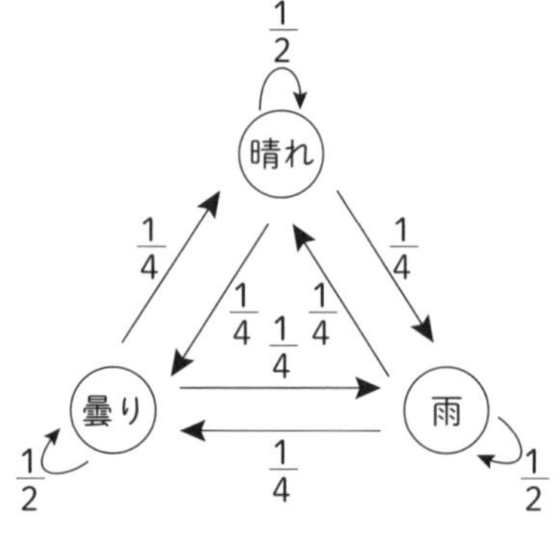

【H16　市役所】

1　$\frac{1}{2}$　　**2**　$\frac{9}{16}$

3　$\frac{5}{8}$　　**4**　$\frac{11}{16}$

5　$\frac{3}{4}$

何が余事象？

ある事象に対して，それが起こらないという事象のことを「余事象」といいます。

雨でない確率つまり，晴れか曇りの確率を求めるには，晴れの確率と曇りの確率を求めて足さなければいけませんね。この場合，**雨の確率（余事象）を求めたほうが楽そうです。**

STEP 2 余事象の確率

10月1日が晴れで，10月3日が雨になる確率は，次の3通りが考えられます。図をていねいに見て確率を考えてみましょう。

（i）晴れ→晴れ→雨の確率

図を見ると，晴れの翌日が晴れの確率は$\frac{1}{2}$，晴れの翌日が雨の確率は$\frac{1}{4}$です。

「かつ（そして）」でつながる連続動作なので，晴れ→晴れ→雨の確率は，**積の法則**（A の起こる確率を P(A)，B の起こる確率を P(B)とすると，**A が起き，かつ B が起こる確率は** P(A)×P（B)）より，$\frac{1}{2}\times\frac{1}{4}=\frac{1}{8}$になります。

（ii）晴れ→曇り→雨の確率

図を見ると，晴れの翌日が雨の確率は$\frac{1}{4}$，曇りの翌日が雨の確率も$\frac{1}{4}$です。

連続動作なので，晴れ→曇り→雨の確率は，**積の法則**より，$\frac{1}{4}\times\frac{1}{4}=\frac{1}{16}$になります。

（iii）晴れ→雨→雨の確率

図を見ると，晴れの翌日が雨の確率は$\frac{1}{4}$，雨の翌日も雨の確率が$\frac{1}{2}$です。

連続動作なので，晴れ→雨→雨の確率は，**積の法則**より，$\frac{1}{4}\times\frac{1}{2}=\frac{1}{8}$になります。

10月3日が雨の確率は，$\frac{1}{8}+\frac{1}{16}+\frac{1}{8}=\frac{5}{16}$です。

STEP 3 1から引く

10月3日が雨でない確率は**（雨でない確率）＝1－（雨である確率）**より，$1-\frac{5}{16}=\frac{11}{16}$ですね。

「～でない確率」「少なくとも～の確率」は，余事象の確率のほうが，もとの確率より簡単に求められる場合が多いので，この2つの言葉が出てきたら，余事象の確率についても考えてみてください。

図のような，1面が灰色，残りの3面が白色の正四面体を床に投げる。白色の面が下になった場合は続けてもう1回投げ，灰色の面が下になったら終了とする。このとき，投げる回数が3回以下で終了する確率として正しいのはどれか。ただし，どの面も下になる確率はすべて等しいものとする。　【H30　地方上級】

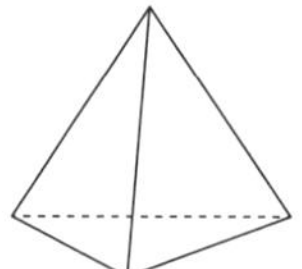

1 $\frac{1}{4}$
2 $\frac{21}{64}$
3 $\frac{7}{64}$
4 $\frac{37}{64}$
5 $\frac{3}{4}$

サイコロの問題です。余事象を使わなければ，1回目，2回目，3回目で終了する場合をそれぞれ求めて，最後に足し合わせなければいけません。ここはやはり余事象を使いましょう。

STEP 1　何が余事象？

3回以下で終了することの**余事象は，3回投げたときに終了していないこと**です。つまり，3回連続で白色の面が下になることが余事象になります。

STEP 2　余事象の確率

正四面体を1回投げて，白色の面が下になる確率は$\frac{3}{4}$です。

よって，**積の法則**より，3回連続で白色の面が下になる確率は，

$\frac{3}{4}\times\frac{3}{4}\times\frac{3}{4}=\frac{27}{64}$

STEP 3 1から引くと

求める確率は，$1-\frac{27}{64}=\frac{37}{64}$ となります。

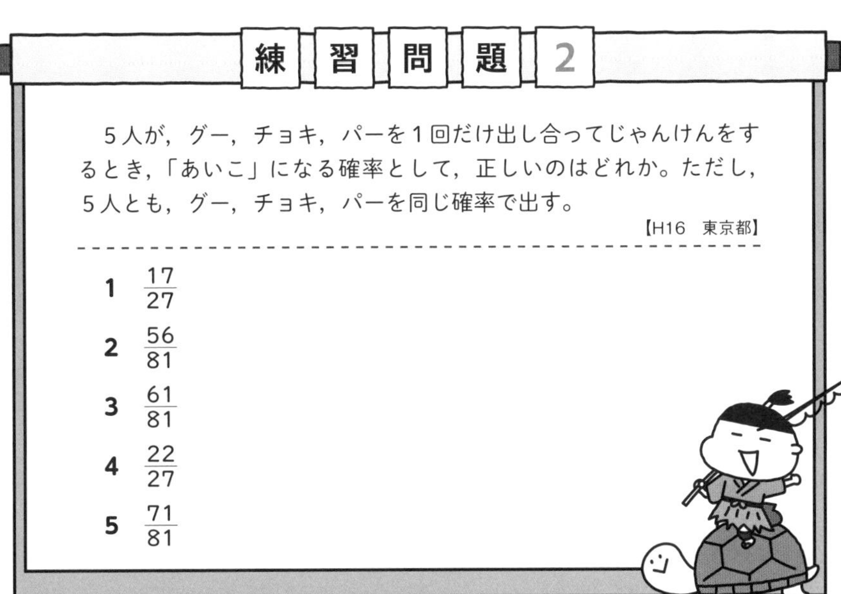

練習問題 2

5人が，グー，チョキ，パーを1回だけ出し合ってじゃんけんをするとき，「あいこ」になる確率として，正しいのはどれか。ただし，5人とも，グー，チョキ，パーを同じ確率で出す。

【H16 東京都】

1 $\frac{17}{27}$

2 $\frac{56}{81}$

3 $\frac{61}{81}$

4 $\frac{22}{27}$

5 $\frac{71}{81}$

じゃんけんの問題は，確率によく登場するので，やり方を覚えてしまいましょう。

STEP 1 何が余事象？

A～Eの5人でじゃんけんをします。「あいこ」になる余事象の確率は，1人，2人，3人，4人が勝つ確率になります（1人勝ち＝4人負け）。

どうして余事象？

あいこになるときを直接求めようとすると，
①5人が同じ手を出すとき（例　5人ともパー）
②5人がバラバラの手を出す（例　2人がグー，2人がチョキ，1人がパー）
を考えなければいけないよ。**②を求めるのは難しいんだ。**

STEP 2　余事象の確率

ていねいに場合に分けて計算しましょう。

（ⅰ）1人が勝つ確率

まず，Aが1人だけ勝つ確率を考えましょう。

すべての出し方は，5人の出し方がそれぞれ3通りずつあるので，$3^5 = 3 \times 3 \times 3 \times 3 \times 3 = 243$〔通り〕になります。Aが勝つ出し方は，グー，チョキ，パーの3通りあります。

3通り？

Aがグーのときはほかの4人がチョキだと決まるので1通りだよ。だからAが勝つ出し方は，Aの出し方の3通りでいいんだ。

また，B〜Eの勝ち方も3通りずつあるので，1人が勝つ確率は，

$$\frac{3}{3^5} \times 5$$

すべての出し方　人数

$$\frac{3 \times 5}{3^5} = \frac{3 \times 5}{3 \times 3 \times 3 \times 3 \times 3} = \frac{5}{81}$$

となります。

（ⅱ）2人が勝つ確率

5人のうちだれが勝つかは，

$$_5C_2 = \frac{5!}{2!(5-2)!} = \frac{5 \times 4 \times 3 \times 2 \times 1}{2 \times 1 \times 3 \times 2 \times 1} = \frac{5 \times 4}{2 \times 1} = 10〔通り〕,$$

それぞれ，何を出して勝つかは，3通りずつあるので，2人が勝つ確率は，

$$\frac{3 \times 10}{3^5} = \frac{3 \times 10}{3 \times 3 \times 3 \times 3 \times 3} = \frac{10}{81}$$

です。

$_5C_2$ って？

異なる n 個の中から順序を気にしないで r 個選ぶ組合せは，

$_nC_r = \frac{_nP_r}{r!} = \frac{n!}{r!(n-r)!}$ となるよ。

この場合は，5人の中から，じゃんけんに勝つ2人を選ぶ組合せなので，

$$_5C_2 = \frac{_5P_2}{2!} = \frac{5!}{2!(5-2)!} = \frac{5!}{2!3!} = \frac{5 \times 4 \times 3 \times 2 \times 1}{2 \times 1 \times 3 \times 2 \times 1} = 10$$

$_5C_2$ の2を見て分子と分母の数が2個と覚えれば楽だよ。

$\frac{5 \times 4}{2 \times 1}$ （2つ）（2つ）

例

$_7C_3 = \frac{7 \times 6 \times 5}{3 \times 2 \times 1}$ （3つ）（3つ）

（iii） 3人が勝つ確率

5人のうちだれが勝つかは,

$${}_5C_3=\frac{5!}{3!(5-3)!}$$
$$=\frac{5\times4\times3\times\cancel{2}\times\cancel{1}}{3\times2\times1\times\cancel{2}\times\cancel{1}}=\frac{5\times4\times3}{3\times2\times1}$$
$$=10〔通り〕,$$

それぞれ，何を出して勝つかは3通りずつあるので,

3人が勝つ確率は,

$\frac{3\times10}{3^5}=\frac{\cancel{3}\times10}{\cancel{3}\times3\times3\times3\times3}=\frac{10}{81}$ です。

2人が勝つ確率と同じです。**「3人が勝つ」確率は，裏を返せば「2人が負ける確率」とも考えられる**ので，同じになって当然です。

（iv） 4人が勝つ確率

4人が勝つのは，裏を返せば1人が負ける確率と同じになるので，$\frac{5}{81}$です。

（i）～（iv）より，勝負の決まる確率は,

$\frac{5}{81}+\frac{10}{81}+\frac{10}{81}+\frac{5}{81}=\frac{30}{81}=\frac{10}{27}$です。

STEP 3 1から引くと

よって，あいこの確率は（あいこの確率）＝1－(だれかが勝つ確率）より,

$1-\frac{10}{27}=\frac{27}{27}-\frac{10}{27}=\frac{17}{27}$

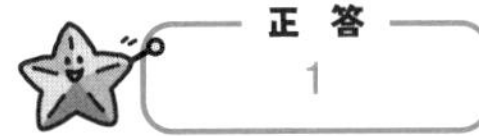

赤玉2個，青玉3個，白玉5個の計10個の同じ大きさの玉が入っている袋の中から，無作為に4個の玉を同時に取り出すとき，取り出した4個の玉の中に，赤玉および青玉がそれぞれ1個以上含まれる確率として，正しいのはどれか。

【H17　東京都】

1　$\frac{17}{35}$

2　$\frac{52}{105}$

3　$\frac{53}{105}$

4　$\frac{18}{35}$

5　$\frac{11}{21}$

STEP 1　何が余事象？

赤玉も，青玉も1個以上含まれることの余事象は何になるでしょう。下の図を見てください。青玉も赤玉も含まれないことⒸではありませんよ。求める確率は色を付けた部分，余事象は白色の部分全体です。たとえば，赤玉0，青玉3も「赤玉および，青玉が1個以上含まれること」の余事象です。

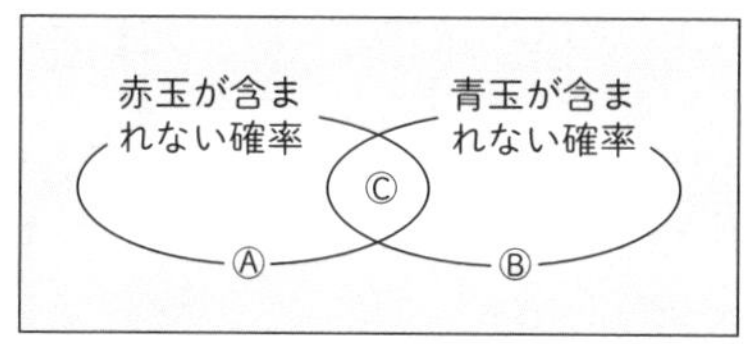

STEP 2　余事象の確率

（i）Ⓐについて

まず，赤玉の含まれない確率を求めましょう。

計10個の玉から，4個の玉を取り出す組合せなので，取り出し方は全部で

$${}_{10}C_4=\frac{10!}{4!(10-4)!}$$

$$=\frac{10\times9\times8\times7\times\cancel{6}\times\cancel{5}\times\cancel{4}\times\cancel{3}\times\cancel{2}\times\cancel{1}}{4\times3\times2\times1\times\cancel{6}\times\cancel{5}\times\cancel{4}\times\cancel{3}\times\cancel{2}\times\cancel{1}}=\frac{10\times9\times8\times7}{4\times3\times2\times1}$$

$=210$〔通り〕

赤玉が含まれない取り出し方は，青玉と白玉だけを取り出せばよいので，

$$ {}_8C_4=\frac{8!}{4!(8-4)!}=\frac{8!}{4!4!}=\frac{8\times7\times6\times5\times\cancel{4}\times\cancel{3}\times\cancel{2}\times\cancel{1}}{4\times3\times2\times1\times\cancel{4}\times\cancel{3}\times\cancel{2}\times\cancel{1}} $$

$$ =\frac{8\times7\times6\times5}{4\times3\times2\times1}=70\text{〔通り〕ありま す。} $$

赤玉の含まれない確率は，$\frac{70}{210}=\frac{1}{3}$ですね。

${}_8C_4$？
青玉と白玉は合わせて8個よ。そこから青白に関係なく4個取り出せばよいの。

（ii）Ⓑについて

同じように，青玉の含まれない確率を求めます。青玉の含まれない取り出し方は，

$$ {}_7C_4=\frac{7!}{4!(7-4)!}=\frac{7\times6\times5\times4\times\cancel{3}\times\cancel{2}\times\cancel{1}}{4\times3\times2\times1\times\cancel{3}\times\cancel{2}\times\cancel{1}}=\frac{7\times6\times5\times4}{4\times3\times2\times1}=35\text{〔通り〕あるので，} $$

$\frac{35}{210}=\frac{1}{6}$となります。

ベン図のときと同じように，Ⓐ＋Ⓑから，重なっている部分（Ⓒ）を引く必要がありますね。

（iii）Ⓒについて

重なっている部分は，赤玉も青玉も含まれない取り出し方，すなわち白玉だけを取り出す方法なので，

$$ {}_5C_4=\frac{5\times4\times3\times2\times\cancel{1}}{4\times3\times2\times1\times\cancel{1}}=5\text{〔通り〕，} $$

確率は$\frac{5}{210}=\frac{1}{42}$です。

これで図の白い部分の確率を求める準備ができました。

余事象の確率は，Ⓐ＋Ⓑ－Ⓒより，

$$ \frac{1}{3}+\frac{1}{6}-\frac{1}{42}=\frac{14}{42}+\frac{7}{42}-\frac{1}{42}=\frac{20}{42}=\frac{10}{21} $$

となりました。

STEP 3　1から引くと

求める確率は，$1-\frac{10}{21}=\frac{21}{21}-\frac{10}{21}=\frac{11}{21}$でした。

30 最短距離の問題
～直線をつなぎ合わせる～

ちょっとしたマジックで，最短距離はいつも「直線」になります。あなたもこのマジックを成功させて正解への最短距離を進んでください。

ある場所へ最短距離で行くにはどうすればいいでしょうか。まっすぐに進めばいいですね。でも，現実の世界には，建物があったり、横断できない道路があったり，なかなか思うように進めません。数的推理の世界でも，2点が曲面上の点であったり，間に川があったり，ボールが反射したり，簡単ではありません。

例　題

図のように，半径$\frac{\sqrt{2}}{2}$，高さ$3\sqrt{2}\pi$の円柱の上面の点Aから糸を，円柱の側面をちょうど3周して点Aの直下にある底の点Bに到達するように巻き付けるとき，糸の最短の長さはいくらか。

ただし，糸の太さおよび弾性は考慮しないものとする。

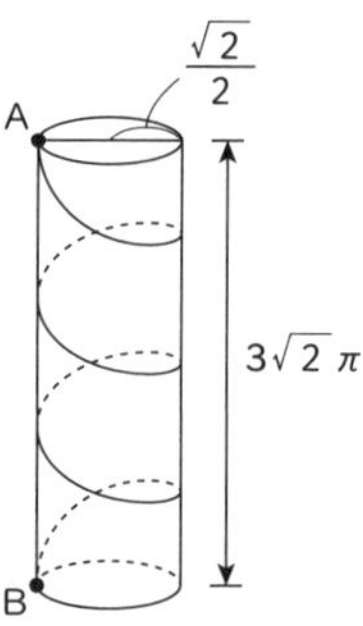

【H27　国家総合職】

1　$2\sqrt{5}\pi$

2　$\frac{9}{2}\pi$

3　6π

4　$6\sqrt{2}\pi$

5　9π

立体の表面における最短距離は，立体の展開図をかいて考えます。**最短距離を表す線は，展開図の上では直線**になります。下の立体を例にして糸の始点と終点を直線で結んでみましょう。

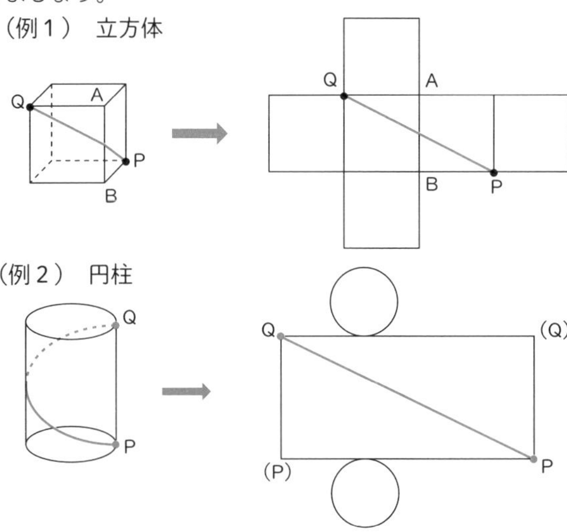

それでは，例題を見ていきましょう。

STEP 1 展開して，最短距離は一直線

この例題では円柱の側面を３周してロープをかけているので，A から B まで糸を巻き付けたとすると，下図のように，最短距離を表す線は３つの部分に分かれます。

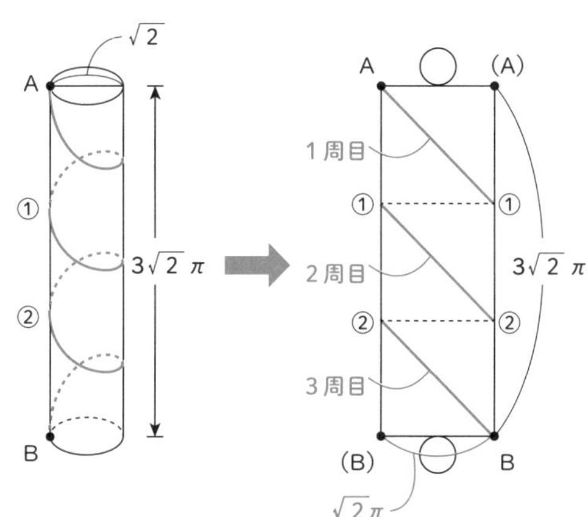

円柱の底面の円周は$\sqrt{2}\pi$なので，横の長さも$\sqrt{2}\pi$になります。
これを１本の直線につなげるために，展開図を横に３つ並べます。

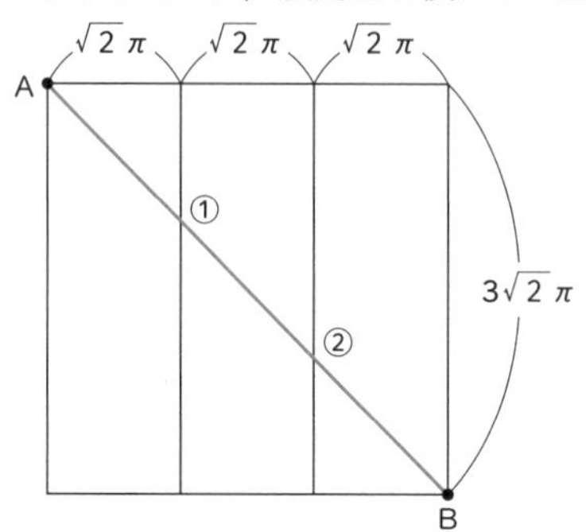

STEP 2　三平方の定理の出番

円柱の底面の円周は$\sqrt{2}\pi$なので，横の長さは$3\sqrt{2}\pi$，縦の長さも$3\sqrt{2}\pi$となり，三平方の定理より対角線の長さxは，

$x^2 = (3\sqrt{2}\pi)^2 + (3\sqrt{2}\pi)^2$

$x^2 = 18\pi^2 + 18\pi^2$

$x^2 = 36\pi^2$

$x > 0$より，$x = 6\pi$

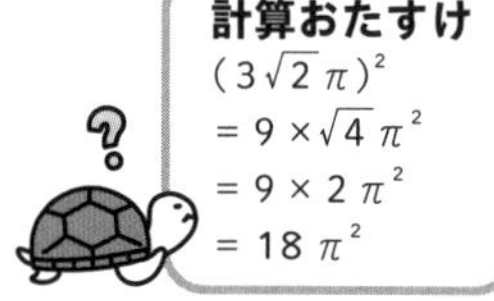

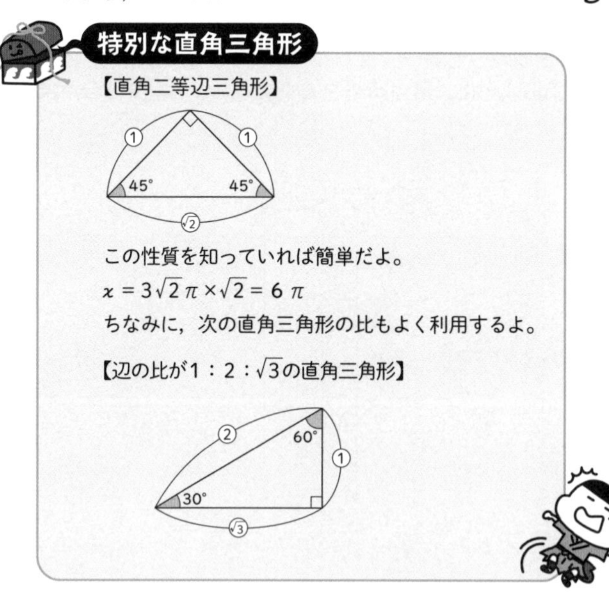

特別な直角三角形

【直角二等辺三角形】

この性質を知っていれば簡単だよ。

$x = 3\sqrt{2}\pi \times \sqrt{2} = 6\pi$

ちなみに，次の直角三角形の比もよく利用するよ。

【辺の比が1：2：$\sqrt{3}$の直角三角形】

正答　3

では練習問題をやっていきましょう。

練習問題 1

次の図のように，各辺の長さが4，5，6の直方体があり，点Pは辺の中点である。点Pから直方体のすべての面を通るようにヒモをかけて1周させるとき，ヒモの長さは最短でどれだけになるか。ただし，結び目は考えなくてよい。

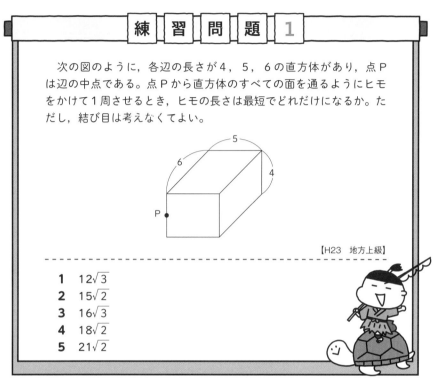

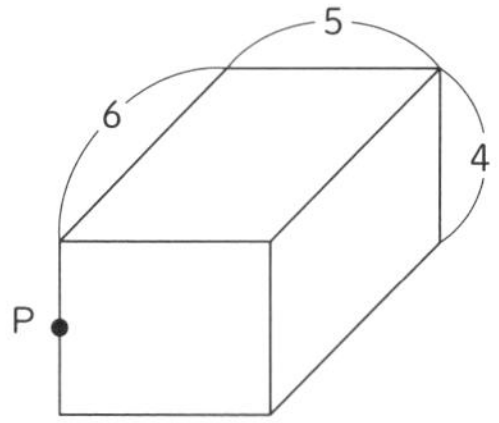

【H23　地方上級】

1　$12\sqrt{3}$
2　$15\sqrt{2}$
3　$16\sqrt{3}$
4　$18\sqrt{2}$
5　$21\sqrt{2}$

例題と同じように，展開して直線で結べば，最短距離がわかります。どんどんやってみましょう。

STEP 1　展開して，最短距離は一直線

もとの立体の頂点に名前をつけておきましょう。

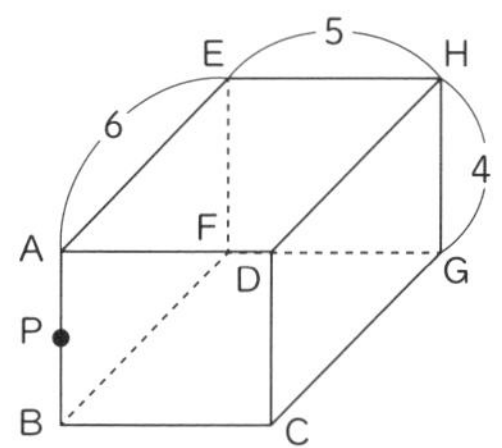

立方体の展開図はさまざまな形がありますが，ヒモをかけるところが一直線になるように，P 点が端のほうにくるようにして展開図をかきます。

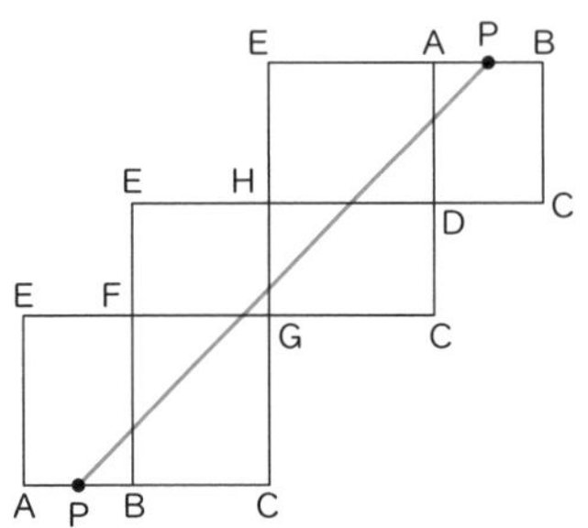

立体のままでひもをかけてみる

直方体の６面すべてを通るようにひもをかけるとしたら，図のように六角形になるわ。

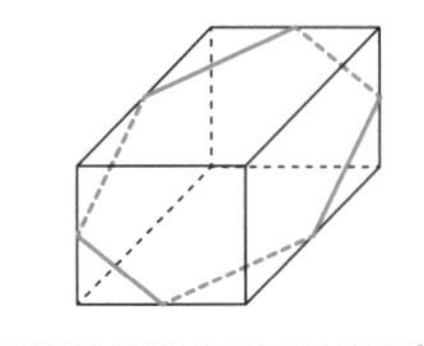

STEP 2 直角三角形を見つけよう

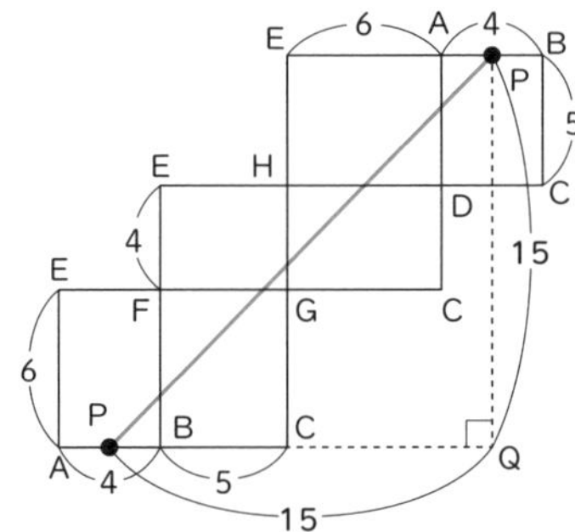

長さも書き込んで，P から P の長さを求めます。

PQ ＝ 2 ＋ 5 ＋ 6 ＋ 2 ＝ 15 です。△ PQP が直角二等辺三角形になっていることがわかるでしょうか。

直角二等辺三角形の辺の比より，P から P の長さは，

$15 \times \sqrt{2} = 15\sqrt{2}$　となります。

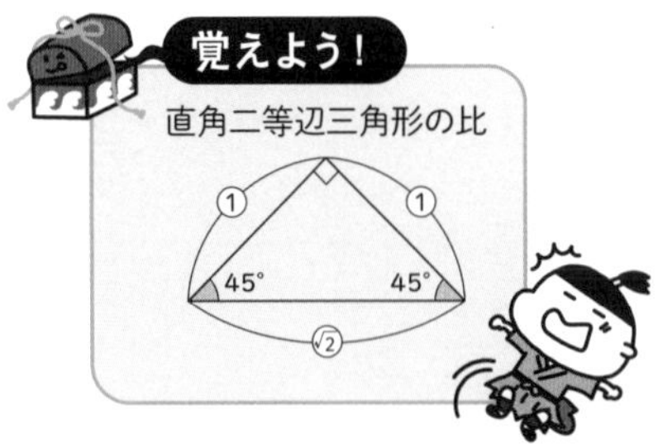

三平方の定理でも解けます

三平方の定理よりPからPの長さxは,

$x^2 = 15^2 + 15^2$

$x^2 = 225 + 225$

$x^2 = 450$

$x > 0$より,

$x = \sqrt{450}$

$= \sqrt{225} \times \sqrt{2} = 15\sqrt{2}$

練習問題 2

下の図のような,底面の半径が4 cm,母線の長さが12cm の円すいがある。底面の円周上の点Aから側面を一周する線を引いたとき,その最短の長さとして,最も妥当なのはどれか。

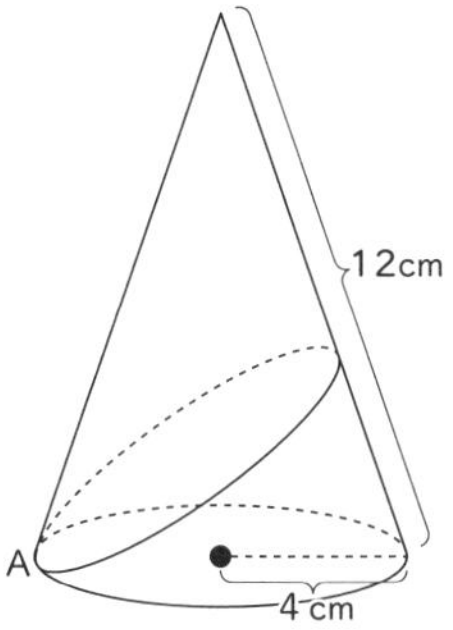

A
12cm
4 cm

【H30　大卒消防官】

1　$6\sqrt{2}$ cm
2　$6\sqrt{3}$ cm
3　$12\sqrt{2}$ cm
4　$12\sqrt{3}$ cm
5　$16\sqrt{2}$ cm

まずは展開図

この円すいの展開図をかくと,底面は半径4 cm の円であり,側面は半径12 cm のおうぎ形になります。また,**側面のおうぎ形の弧の長さは,底面の円の円周の長さと同じ**になります。もともとくっついていたのですから当然です。

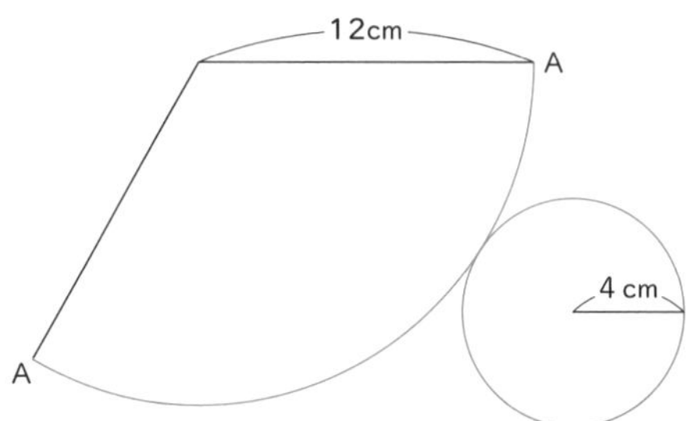

底面の半径 4 cm の円の円周は $4 \times 2 \times \pi = 8\pi$〔cm〕であり，これが側面の半径 12 cm のおうぎ形の弧の長さになります。

半径 12 cm の円の円周の長さは $12 \times 2 \times \pi = 24\pi$〔cm〕なので，$\frac{8\pi}{24\pi} = \frac{1}{3}$から，側面のおうぎ形は半径 12 cm の円の$\frac{1}{3}$であることがわかります。

したがって，側面のおうぎ形の中心角は $360° \times \frac{1}{3} = 120°$ です。

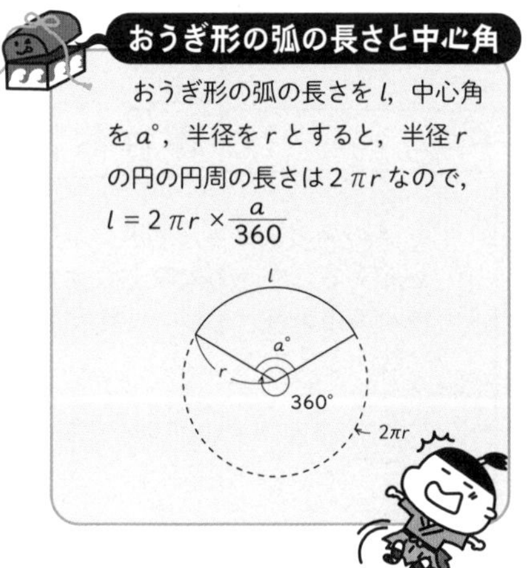

おうぎ形の弧の長さと中心角
おうぎ形の弧の長さを l，中心角を $a°$，半径を r とすると，半径 r の円の円周の長さは $2\pi r$ なので，
$l = 2\pi r \times \frac{a}{360}$
l
a°
r
360°
2πr

STEP 2 最短距離は一直線

おうぎ形の中心を O，∠ AOA の二等分線を OB とします。

最短距離は展開図上で一直線になることから，線の長さは下図の AA の長さになります。

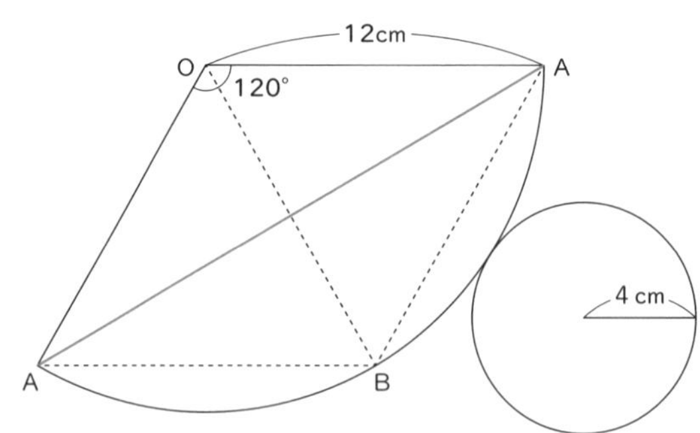

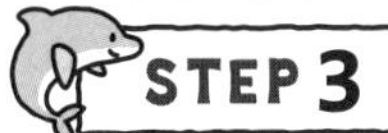

STEP 3 直角三角形を見つけよう

∠AOB＝60°，OA＝OB より，△OAB は正三角形です。また，OA＝AB より，四角形 OABA はひし形であり，その対角線は垂直に交わります。よって，△OAM は 30°，60°，90°の直角三角形です。

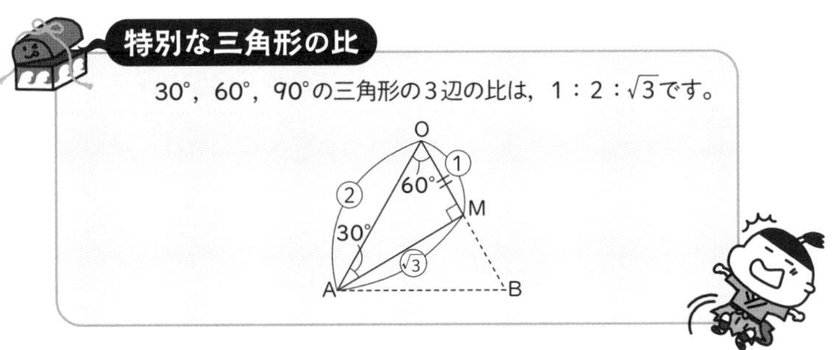

特別な三角形の比
30°，60°，90°の三角形の3辺の比は，1：2：$\sqrt{3}$です。
O
60°
①
②
M
30°
$\sqrt{3}$
A
B

したがって，求める線分 AA の長さは，$12 \times \frac{\sqrt{3}}{2} \times 2 = 12\sqrt{3}$〔cm〕となります。

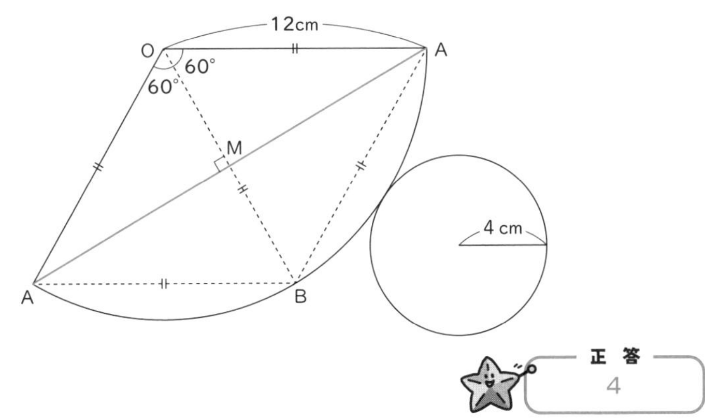

正答
4

練習問題 3

下の図のように2本の線分 AB，BC があり，AB = 30，∠ABC = 90° である。点 A から垂直に長さ 6 の線分 AD を，点 C から垂直に長さ 10 の線分 CE をそれぞれ図のように引き，さらに AB 上に点 P，BC 上に点 Q を DP + PQ + QE の長さが最短となるように取ったところ，DP + PQ + QE = 50 となった。このとき，線分 BC の長さとして正しいものは，次のうちどれか。

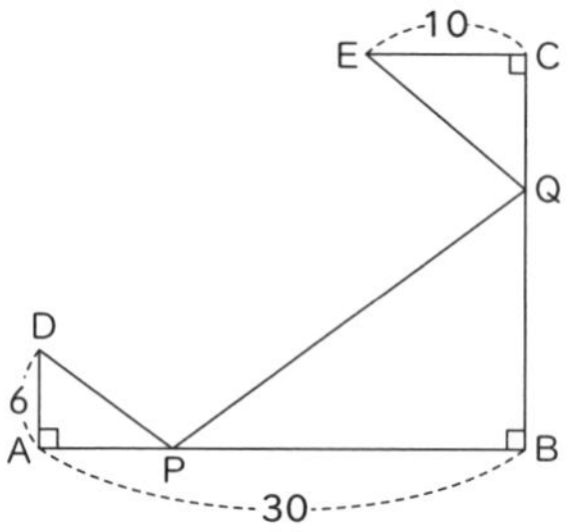

【H17 地方上級】

1 22　　**2** 24　　**3** 26
4 28　　**5** 30

折れ曲がった直線の最短距離。そんなときは、折り返し（線対称）を使うと，複雑に曲がった線も一直線になります。この考え方は大切なので，ぜひ覚えてくださいね。

STEP 1 移動して，最短距離は一直線

最短距離は一直線になるわけなので DPQE を一直線にすることを考えましょう。

まず DP + PQ の最短の長さから考えます。AB について D と対称な点を D′ とすると，P が AB 上のどこにあっても，DP = D′P となるので DP + PQ と D′P + PQ の長さは同じですね。DP + PQ が最短の場合は，D′P + PQ が最短の場合，つまり D′Q が直線の場合です。

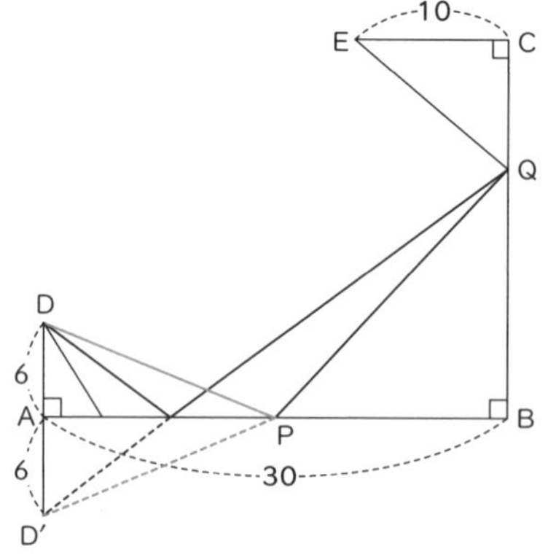

同じようにBCについてEと対称な点をE′とすると，QがBC上のどこにあっても，PQ＋QE＝PQ＋QE′なので，

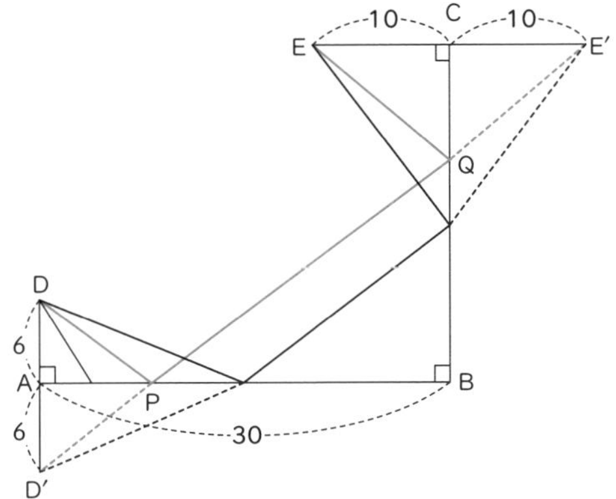

D′P＋PQ＋QE′が最短になるとき，DP＋PQ＋QEも最短になります。ここまでくれば，最短距離は一直線です。

STEP 3 三平方の定理の出番

図のようにFの位置を決めると，

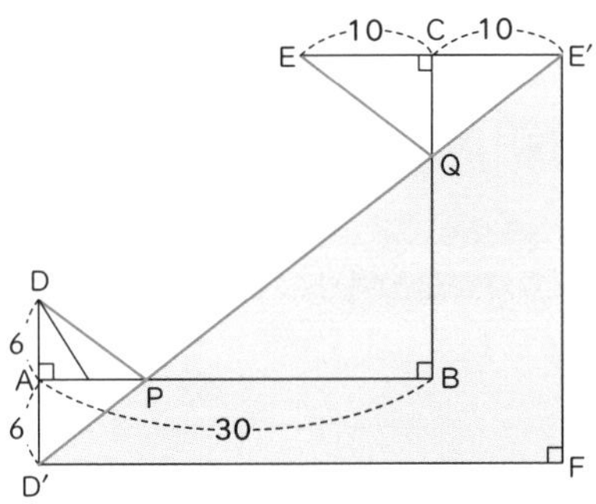

D′F＝30＋10＝40，D′E′＝DP＋PQ＋QE＝50なので，

三平方の定理 $D'E'^2 = D'F^2 + E'F^2$ より，

$50^2 = 40^2 + E'F^2$

$E'F^2 = 50^2 - 40^2 = 2500 - 1600 = 900$

$E'F = \sqrt{900} = 30$

$BC = E'F - AD' = 30 - 6 = 24$

31 選択肢を利用する問題
～倍数と分数に注目せよ～

ここでは，求めたい数を x として方程式をつくるのではなく，ちょっと強引に答えを導き出す方法に重点を置いて紹介していきます。問題文の中の分数，選択肢など，なんでもうまく利用すればカンタンに解けちゃいますよ！

例　題

乗客定員の 52 %が座れるバスがある。このバスに 70 人乗ると全員座ることができるが，90 人乗ると何人かが座れなくなるという。このバスの座席数として，正しいものは次のうちどれか。

【H15　市役所】

1　72 席
2　74 席
3　78 席
4　81 席
5　86 席

STEP 1　問題文にヒントあり

乗客定員を x 人，座席数を a 人とします。

「乗客定員の 52 %が座れる」ことから，

$$a = x \times 0.52 = \frac{52}{100}x = \frac{13}{25}x \quad \cdots①$$

の関係があります。

乗客定員とは

座っている人と立って乗車する人を合わせた乗車可能な最大の乗客数をさすよ。

ところが，これ以上の条件はありません。というわけで，選択肢をあてはめていきます。

STEP 2　正答にズームイン

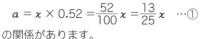

①より「座席数」a は整数のはずなので，x は 25 の倍数のはずです。

ところが，選択肢は「座席数」a についてなので，①の式を変形して，$x =$…の式にします。

$\frac{13}{25}x = a$　両辺に 25 をかける

$13x = 25a$　両辺を 13 で割る

$x = \frac{25}{13}a$

「乗客定員」x は整数のはずなので，a は 13 の倍数です。

$x = \frac{25}{13}a$ で，たとえば $a = 26$（13 の倍数）ならば，

$x = \frac{25}{13} \times 26 = 50$

となり，答えが整数です。ところが，$a = 25$ ならば，

$x = \frac{25}{13} \times 25 = \frac{625}{13}$

となり，**約分して整数になることができません。**

選択肢 **1**～**5** の中で，13 の倍数，つまり 13 で割り切れる数は 78 しかありません。座席数は 78 です。

正答 3

このように，答えが整数であることに気づくと，解ける問題は多いですよ。では，次の問題に進みましょう。

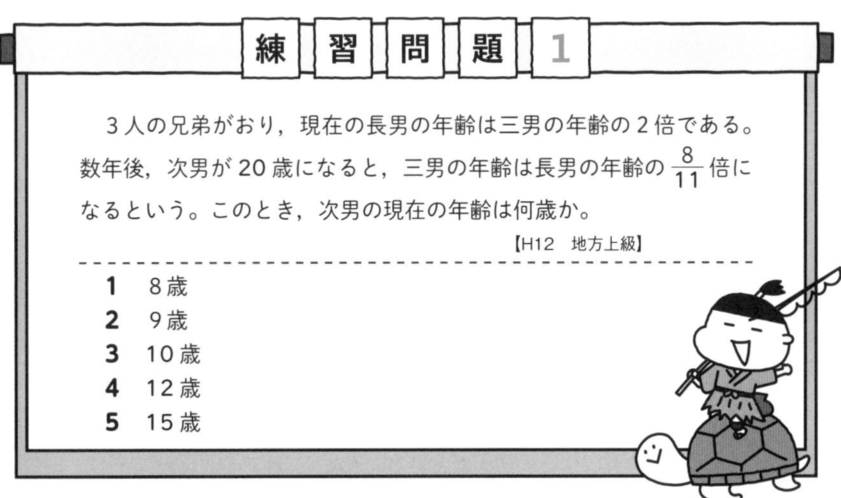

練習問題 1

3 人の兄弟がおり，現在の長男の年齢は三男の年齢の 2 倍である。数年後，次男が 20 歳になると，三男の年齢は長男の年齢の $\frac{8}{11}$ 倍になるという。このとき，次男の現在の年齢は何歳か。

【H12 地方上級】

1 8 歳
2 9 歳
3 10 歳
4 12 歳
5 15 歳

STEP 1 問題文にヒントあり

$\frac{8}{11}$ が目につきますね。この問題を見たら，まず長男の数年後の年齢は 11 の倍数であることに気づいてください。これがこの問題の攻略のポイントです。

STEP 2 正答にズームイン

数年後の長男の年齢を変えて考えていきましょう。

長男が 11 歳とすると，次男は 20 歳だから矛盾します。

長男が 33 歳とすると，次男は 20 歳，三男は長男の年齢の$\frac{8}{11}$だから，

$33 \times \frac{8}{11} = 24$〔歳〕となり，これも矛盾が生じます。

同様に，長男が 44 歳，55 歳…も矛盾します。

長男が 22 歳とすると，次男は 20 歳，三男は長男の年齢の$\frac{8}{11}$だから，

$22 \times \frac{8}{11} = 16$〔歳〕となります。

このように，数年後の 3 人の年齢は決まります。

現在の年齢は，この「数年前」ということなので，その年数をxとすると，長男は $22 - x$，次男は $20 - x$，三男は $16 - x$ となります。

現在の，長男の年齢は三男の年齢の 2 倍なので，

$22 - x = 2(16 - x)$

となります。この方程式を解いていくと

$22 - x = 32 - 2x$

$2x - x = 32 - 22$

$x = 10$

次男の年齢は，$20 - x = 20 - 10 = 10$〔歳〕です。

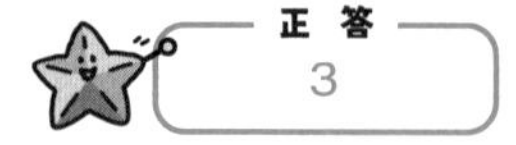

正答
3

では，次の問題に進みましょう。

練習問題 2

5 円，10 円，20 円の切手が合計 52 枚あり，その額面金額の和は 500 円である。5 円および 20 円の切手全部と 10 円切手の$\frac{1}{3}$を使うと，90 円の郵便を何通か出すことができる。5 円，20 円の切手がそれぞれ 1 枚以上あるとすると，10 円切手の枚数として正しいものは次のうちどれか。

【H13 特別区】

1 18 枚　**2** 21 枚　**3** 24 枚
4 27 枚　**5** 30 枚

STEP 1 問題文にヒントあり

どうですか。問題文の分数に目がとまるようになってきましたか？

今回も$\frac{1}{3}$がありますね。すなわち，10円切手は3の倍数です。ただ，選択肢を見るとどれも3の倍数です。あまり，役には立ちませんでした。でも，見方を変えて，$\frac{1}{3}$を使うと，残りが$1-\frac{1}{3}=\frac{2}{3}$ということに気づくと…。

STEP 2 選択肢にヒントあり

使った10円切手の枚数，残りの10円切手の枚数，残った切手の額面，使った切手の額面を選択肢の順に表にしてみます。

選択肢	1	2	3	4	5
10円切手の枚数	18	21	24	27	30
残りの枚数（×$\frac{2}{3}$）	12	14	16	18	20
残りの額面（×10）	120	140	160	180	200
支払った額面	380	360	340	320	300

5円切手と20円切手は全部使ったので，500 −（残りの額面）＝（支払った額面）となります。

STEP 3 正答にズームイン

支払った額面は，出した郵便が90円郵便ばかりだったので，90の倍数です。この中では唯一360が90で割り切れるので，10円切手の枚数は，21枚だったとわかります。

正答
2

練習問題 3

ある年にA国とB国を旅行した者の平均消費額を調査した。A国を旅行した者は800人，B国を旅行した者は1,000人であり，次のことがわかっているとき，A国とB国の両方を旅行した者は何人か。

Ⅰ　A国を旅行した者のA国での平均消費額は，9万円であった。

Ⅱ　A国を旅行したがB国は旅行しなかった者のA国での平均消費額は，15万円であった。

Ⅲ　B国を旅行した者のB国での平均消費額は，12万円であった。

Ⅳ　B国を旅行したがA国は旅行しなかった者のB国での平均消費額は，18万円であった。

Ⅴ　A国とB国の両方を旅行した者のA国での平均消費額とB国での平均消費額の合計は，15万円であった。

【R2　国家一般職［大卒］(改題)】

1　200人　　**2**　300人　　**3**　400人

4　500人　　**5**　600人

STEP 1 問題文にヒントあり

「A国のみ」，「B国のみ」，「A・B両国」に旅行した者がそれぞれ何人かいて，その人数がわからない問題です。

「A国のみ」＋「A・B両国」＝800〔人〕，「B国のみ」＋「A・B両国」＝1000〔人〕であることは問題文からわかります。

また，ⅠとⅢより，A国を旅行した800人の合計消費額は9〔万円〕× 800〔人〕＝7200〔万円〕，B国を旅行した1000人の合計消費額は12〔万円〕× 1000〔人〕＝12000〔万円〕であることもわかります。

STEP 2 選択肢にヒントあり

選択肢に「A・B両国」の候補が5つ挙げられているのですから，それぞれの場合の「A国のみ」の人数，「B国のみ」の人数，「A・B両国」の合計消費額，「A国のみ」の合計消費額，「B国のみ」の合計消費額は計算できるはずです。

たとえば，選択肢**1**の場合，「A・B両国」が200人なので，「A国のみ」の人数は800 − 200 ＝ 600〔人〕，「B国のみ」の人数は1000 − 200 ＝ 800〔人〕，Ⅴより「A・B両国」の合計消費額は15〔万円〕× 200〔人〕＝ 3000〔万円〕，Ⅱより「A国のみ」の合計消費額は15〔万円〕× 600〔人〕＝ 9000〔万円〕，Ⅳより「B国のみ」の合計消費額は18〔万円〕× 800〔人〕＝ 14400〔万円〕となります。

他の選択肢も同様に表にまとめておきましょう。

選択肢	1	2	3	4	5
A・B両国〔人〕	200	300	400	500	600
A・B両国合計消費額〔万円〕	×15 3000	4500	6000	7500	9000
A国のみ〔人〕	600	500	400	300	200
A国のみ合計消費額〔万円〕	×15 9000	7500	6000	4500	3000
B国のみ〔人〕	800	700	600	500	400
B国のみ合計消費額〔万円〕	×18 14400	12600	10800	9000	7200

STEP 3 正答にズームイン

A国，B国それぞれの合計消費額を加えた額の7200〔万円〕＋12000〔万円〕＝19200〔万円〕が，全消費額になります。

また，「A国のみ」の合計消費額と「B国のみ」の合計消費額と「A・B両国」の合計消費額の合計も全消費額になります。

よって，表の3つの項目を足して，19200〔万円〕となる選択肢を探しましょう。選択肢**5**は，9000〔万円〕＋3000〔万円〕＋7200〔万円〕＝19200〔万円〕になり，正答が見つかりました。

練習問題 4

ハチミツが入った5個の缶から，異なった2個の缶を取り出してできる10通りの組合せについて，それぞれの重さをはかった。その重さが軽い順に，203 g，209 g，216 g，221 g，225 g，228 g，232 g，234 g，238 g，250 gであったとき，缶の重さの一つとしてありうるのはどれか。

【H17 特別区】

1 111 g　**2** 116 g　**3** 121 g
4 126 g　**5** 131 g

STEP 1 問題文にヒントあり

異なる5個から2個選ぶ組合せは，$_5C_2=\frac{5\times4}{2\times1}=10$

この全10通りの組合せについて，重さをはかったと書いてありますね。ハチミツの缶aは残りのb，c，d，eと4回計量したのです。同じように，b，c，d，eも，それぞれ4回ずつ重さをはかったことになります。これがこの問題を解くカギです。

4回ずつ計量？

10通りの計量を式で表すと，$(a+b)+(a+c)+(a+d)+(a+e)+(b+c)+(b+d)+(b+e)+(c+d)+(c+e)+(d+e)$
$=4\times(a+b+c+d+e)$

つまり，a，b，c，dはそれぞれ4回ずつ計量したことがわかるよ。

STEP 2 正答にズームイン

5個の缶の重さを軽い順にa，b，c，d，eとします。

軽いものどうし $a+b=203$，重いものどうし $d+e=250$ ということはわかります。

あとは，$a+c=209$，$c+e=238$ くらいまではわかりますが，そのあとは…。

ここで，STEP 1で紹介したことが生きてきます。a，b，c，d，eは4回ずつ計量したので，

$4\times(a+b+c+d+e)=203+209+\cdots+250=2256$

ですね。次に1回分の重さを出すため4で割ります。

$2256\div4=564$,

$a+b+c+d+e=564$

また，$a+b=203$，$d+e=250$ なので，

$c=564-(203+250)=111$

したがって111 gです。

ほかにないのかな？

缶の重さの一つとしてありうる値はほかにないかな。C = 111となるから，もしあるとしたらC以外の缶の重さだね。残りの選択肢はいずれも111より大きいので，もしありうるとするとdかeの値だよ。ここで $c+e=238$ の関係に着目すると，$e=238-111=127$，$d+e=250$ より $d=123$ となって，いずれも該当するものがないことがわかるね。

スピード解法

ところで，$203+209+\cdots+250$ の計算ですが，こう考えると楽ですよ。

$203+209+\cdots+250$
$=(200+3)+(200+9)+\cdots(200+50)$
$=200\times10+(3+9\cdots+50)$
$=2000+256=2256$

つまり200を除く部分を足して，最後に2000を加えればいいわけです。

第7章

最後はチカラワザで書き上げる

32 覆面算・魔方陣の問題 ～隠された扉を開けるカギ～

33 数列の問題 ～見えない規則が見えてくる～

34 書いて解く場合の数の問題 ～ひたすらすべてを書き出す～

35 書いて解く確率の問題 ～地道にもれなく根気よく～

36 いろいろな問題 ～手を動かせば糸口が見つかる～

32 覆面算・魔方陣の問題

～隠された扉を開けるカギ～

パズルの世界ではおなじみの覆面算と魔方陣の登場です。この種類の問題は，突破口を１つ見つけると、もつれた糸がほどけるように，するすると問題が解けることが多いですよ。パズルが好きな人はもちろん，嫌いな人も，一緒に隠された扉を見つけ出しましょう。

例　題

Ａ～Ｊの文字に０～９の数字が１つずつ対応している。今，ボタンを押すと表示された数が１ずつ増加していく装置があり，このボタンを押すことにより，表示された数は順に AB，AC，DE，DF，DG，DA，DD……と変わっていった。このとき２ケタの整数 AB に該当するのは次のうちどれか。

【H12　地方上級】

1　24　　**2**　28　　**3**　36
4　38　　**5**　48

まずは覆面算から見ていきましょう。

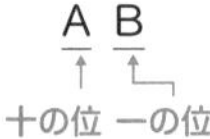

STEP 1　扉はどこだ？

要は A～J が０～９を表していて AB，AC，DE…が１ずつ増える２ケタの数字を表しているということがつかめればいいのです。

A B
↑ ↑
十の位 一の位

覆面算？
覆面算というのは，アルファベットなどで書かれた計算式に０から９までの数字をあてはめて，式を完成させるパズルのようなものだよ。

AB，AC，DE，DF，DG，DA，DD…，は１ずつ増えていって，AC → DE のところで十の位の文字が変わっています。着目するのは囲んだ部分です。

STEP 2　扉を開けると

AC → DE は，たとえば 19 → 20 の関係にあたるので，C ＝ 9，E ＝ 0 がわかります。１ずつ増加しているので，F ＝ 1，G ＝ 2，A ＝ 3，D ＝ 4 の順になり，DE ＝ 40 と決まります。

ABはDEの2つ前なので，38になります。つまり，38，39，40，41，42，43，44，…と変わったことになります。

正答
4

1つの突破口を見つけることで，簡単に正解にたどり着くことができました。次の問題はどうでしょうか。

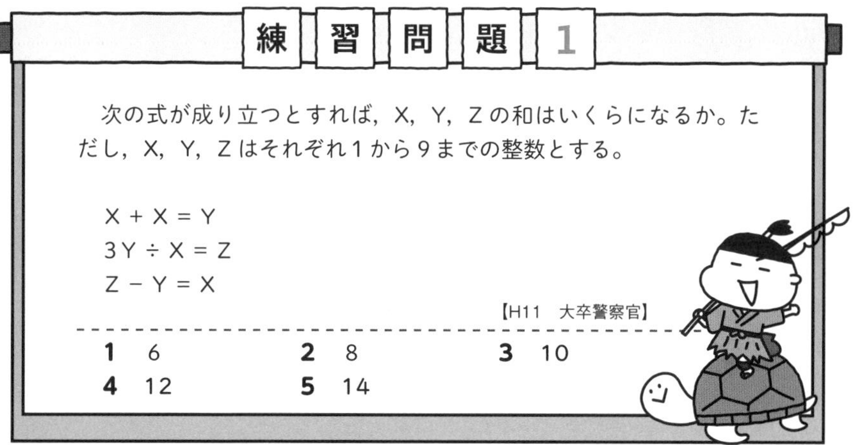

練習問題 1

次の式が成り立つとすれば，X，Y，Zの和はいくらになるか。ただし，X，Y，Zはそれぞれ1から9までの整数とする。

X + X = Y
3Y ÷ X = Z
Z − Y = X

【H11 大卒警察官】

1 6　**2** 8　**3** 10
4 12　**5** 14

STEP 1 扉はどこだ？

X + X = Y
3Y ÷ X = Z
Z − Y = X

ここではX + X = Yに着目してみましょう。

(X，Y)の組合せとしては，(1，2)，(2，4)，(3，6)，(4，8)の可能性があります。

STEP 2 扉を開けると

3つ目の式Z − Y = Xを変形して，Z = X + Y

STEP 1で可能性のあった4通りをあてはめると，(X，Y，Z)の組合せは(1，2，3)，(2，4，6)，(3，6，9)，(4，8，12)です。

この中で2つ目の式3Y ÷ X = Zが成り立つ組合せは，X = 2，Y = 4，Z = 6のときだとわかります。

よって，X，Y，Zの和は12となります。

正答
4

選択肢の利用

この段階で，（3，6，9）と（4，8，12）は消えるわ。選択肢を見ると，
X + Y + Z = 3 + 6 + 9 = 18,
X + Y + Z = 4 + 8 + 12 = 24
は，どちらも選択肢にないわね。

（4，8，12）はZが１ケタの数であることからも除去されるわ。

方程式でも解ける！

方程式を解いても，X，Y，Zは求められます。

X＋X＝Yより，Y＝2X
3Y÷X＝Zの式に代入して，3×2X÷X＝Z
6X÷X＝Z　より，Z＝6
Y＝2X，Z＝6をZ－Y＝Xの式に代入して，
6－2X＝XからX＝2，Y＝2X＝4
X＋Y＋Z＝2＋4＋6＝12

では，次の問題に進みましょう。

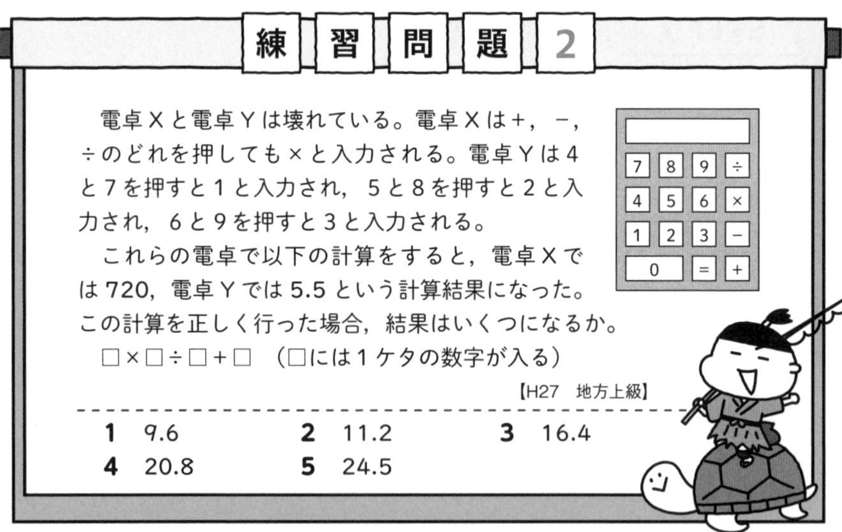

練習問題 2

電卓Ｘと電卓Ｙは壊れている。電卓Ｘは＋，－，÷のどれを押しても×と入力される。電卓Ｙは４と７を押すと１と入力され，５と８を押すと２と入力され，６と９を押すと３と入力される。

これらの電卓で以下の計算をすると，電卓Ｘでは720，電卓Ｙでは5.5という計算結果になった。この計算を正しく行った場合，結果はいくつになるか。

□×□÷□＋□　（□には１ケタの数字が入る）

【H27　地方上級】

1　9.6　　**2**　11.2　　**3**　16.4
4　20.8　　**5**　24.5

なかなか複雑ですね。問題文をきちんと整理して，場合分けをていねいにしていきましょう。

STEP 1 まずは問題文を理解しよう

[a]×[b]÷[c]+[d]の式は，電卓Xに入力すると，

[a]×[b]×[c]×[d]＝720　…①　となります。

また，電卓Yに入力すると，符号はもとの式のままですが，

[1～3(a)]×[1～3(b)]÷[1～3(c)]+[1～3(d)]＝5.5　…②　となるわけです。

STEP 2 扉はどこだ？

[a]×[b]×[c]×[d]＝720…①は，4つの1ケタの数をかけ合わせれば720になることを示しており，符号はすべて「×」なので，検討しやすそうです。そこで，まずは，式①を利用していきましょう。

STEP 3 扉を開けると？

720の中身を検討するために，720の素因数分解をします。

素因数分解？

整数を素数の積の形で表すことだよ。

このように，小さな素数から順にどんどん割っていき，図のような積の形になるよ。

$720 = 2^4 \times 3^2 \times 5$

```
2) 720
2) 360
2) 180
2)  90
3)  45
3)  15
     5
```

$720 = 2^4 \times 3^2 \times 5 = 2 \times 2 \times 2 \times 2 \times 3 \times 3 \times 5$

になります。これ以上，小さい数の積では表せないのです（さらに1をかけることはできますが）。これで，720のパーツがわかりました。

次に，この2×2×2×2×3×3×5を4つの数（a～dのどれかになります）に分けましょう。まず5は確定です。なぜなら2をかけても，3をかけても2ケタになってしまうからです。

さらに残りの2×2×2×2×3×3を3つに分けるのですが，4つの数に1が含まれることはないのでしょうか？それはありえません。1が含まれると，2×2×2×2×3×3を残りの2つに分けることになりますが，どう分けても（2×2×2＝8と2×3×3＝18と分けるなど），2ケタの数が混ざってしまうからです。

話を戻して，残りの2×2×2×2×3×3を3つに分ける方法ですが，場合分けが多数になってしまいますので，式②を先に検討していきましょう。

STEP 4 次の扉は？

[1～3(a)]×[1～3(b)]÷[1～3(c)]+[1～3(d)]= 5.5…②の特徴は「.5」と小数になっていることです。「.5」は，1～3のうちでは，奇数を2で割ることでしか得られません。整数を1で割ると整数ですし，3で割ると，割り切れるか，「.333…」または「.666…」になってしまいます。2で割る場合も，奇数を2で割ると5÷2＝2.5のように，「.5」が出てきますが，偶数を2で割ると割り切れてしまいます。つまり，(a)×(b)は奇数で，(c)は2とわかります。

次に，奇数の(a)×(b)について，1×3，3×1，3×3の3つが考えられますが，試してみると3×3とわかります。(d)を最も大きい3としても，5.5にならないからです。たとえば1×3÷2＝1.5ですから，(d)が3だとしても，1×3÷2＋3＝4.5で5.5になりません。よって，(a)×(b)÷(c)は3×3÷2＝4.5とわかり，残りの(d)は1と決まるのです。

以上より

[1～3(a)]×[1～3(b)]÷[1～3(c)]+[1～3(d)]=5.5は

3(a) × 3(b) ÷ 2(c) + 1(d) =5.5

という計算になっているとわかりました。

STEP 5 扉を開けると？

(a)～(d)の下に押された数字の候補を書いていくと，

[3(a)] ×	[3(b)] ÷	[2(c)] +	[1(d)] = 5.5
3	3	2	1
6	6	5	4
9	9	8	7

となります。

ここで，a～dの中には必ず5が含まれますのでc＝5に確定します。

また，STEP3で示したように，a～dに1は含まれず，2×2×2×2×3×3の一部を7にすることができませんから，d＝4に確定します。よって，dで2×2×2×2×3×3のうち，2×2は使われてしまいました。

最後は残りの2×2×3×3をaとbの2つに分けるですが，1ケタであることを考えると2×3＝6と2×3＝6に分けるしかありませんね。よって，a＝6，b＝6と決まりました。

[3(a)] ×	[3(b)] ÷	[2(c)] +	[1(d)] = 5.5
6	6	5	4

以上より，正しい結果は，

a×b÷c＋d＝6×6÷5＋4＝11.2

となります。

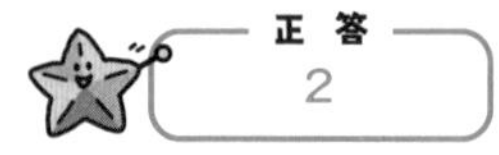

なかなか骨のある問題でした。次は，虫食い算を見ていきましょう。

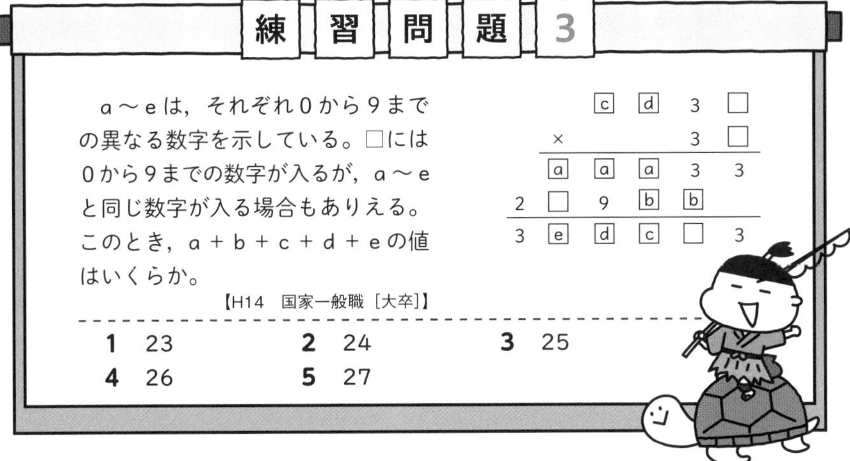

練習問題 3

a～eは，それぞれ0から9までの異なる数字を示している。□には0から9までの数字が入るが，a～eと同じ数字が入る場合もありえる。このとき，a＋b＋c＋d＋eの値はいくらか。

【H14 国家一般職［大卒］】

		c	d	3	□
×				3	□
	a	a	a	3	3
2	□	9	b	b	
3	e	d	c	□	3

1 23　**2** 24　**3** 25

4 26　**5** 27

このような，空白に数字を補って，筆算を完成させる問題を虫食い算といいます。今までと同じように，最初の扉を見つけて順序よく，計算式を完成させましょう。

STEP 1 扉はどこだ？

色で囲んだ部分に着目しましょう。X×Y＝□3は大きなヒントです。X×Yの一の位は3になるはずですね。1×3，3×1，7×9，9×7が考えられます。

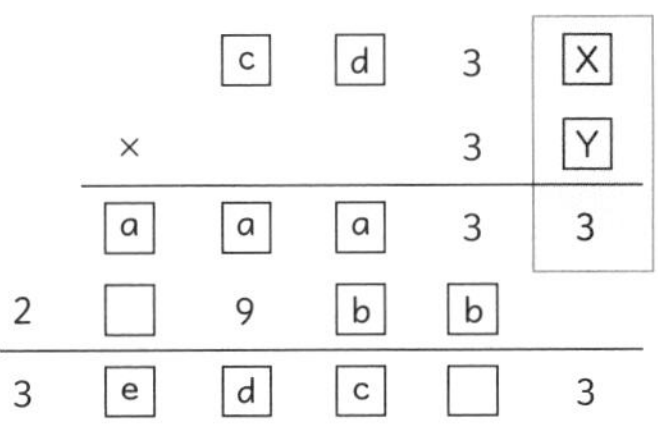

		c	d	3	X
×				3	Y
	a	a	a	3	3
2	□	9	b	b	
3	e	d	c	□	3

STEP 2 扉を開けると

実際にX，Yに数字を入れて計算してみると，X＝7，Y＝9と決定します。X＝7，Y＝9を入れて計算してみると，b＝1であることもわかりました。

ほかはダメ？

X＝7，Y＝9以外はダメなんだ。

X＝1，Y＝3のとき

	□□	3	1
×		3	3
		9	3

X＝3，Y＝1のとき

	□	d	3	3
×			3	1
		d	3	3

a＝dとなっちゃう。

X＝9，Y＝7のとき

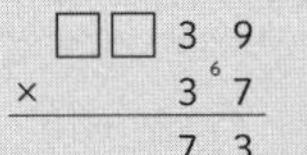

	□□	3	9
×		3	7 (6)
		7	3

STEP 3 次の扉は？

色で囲んだ部分を見てください。[d] 3 [7] × 3の百の位が9になることから，d＝6が決まります。

		[c]	[d]	3	[7]
	×			3	[9]
	[a]	[a]	[a]^{3}	3^{6}	3
2	□	9^{1}	[1]^{2}	[1]	
3	[e]	[d]	[c]	[4]	3

1繰り上がって9

3[7]×3＝111なので，[d]×3の一の位は8になるよ。
よって，d＝6だね。

STEP 4 扉を開けると

		[c]	6	3	7
	×			3	9
	[a]	[a]	[a]^{3}	3^{6}	3
2	□	9^{1}	1^{2}	1	
3	[e]	[6]	[c]	4	3

完成間近です。[c] 6 3 7×9＝[a][a][a]3 3より，
6 3 7×9＝5733なので，a＝7に決まりですね。
c＝8と決まります。

		8	6	3	7
	×			3	9
	7	7	7	3	3
2	5	9	1	1	
3	3	6	8	4	3

このとき，e＝3ですから，これで空白がすべて埋まりました。
よって，a＋b＋c＋d＋e＝7＋1＋8＋6＋3＝25

次は魔方陣です。まず突破口を探すのは，覆面算や虫食い算のときと同じですよ。

三方陣の性質

3×3魔方陣（三方陣）で縦，横，斜めの各合計が等しい場合，中央に来る数は並べる数字の和÷9になる性質があるんだ。

このことを知っていると，1～9を並べる場合は中心の数は45÷9＝5とわかるよ。

三方陣のパターン

2	9	4
7	5	3
6	1	8

2	7	6
9	5	1
4	3	8

四方陣の性質

4×4魔方陣（四方陣）についての知識もまとめておこう。

四方陣で縦，横，斜めの各合計が等しい場合，図のように記号をつけた部分の4か所の数の和も等しくなるよ。

○	□	□	○
△	×	×	△
△	×	×	△
○	□	□	○

四方陣のパターン

13	3	16	2
8	10	5	11
1	15	4	14
12	6	9	7

10	6	11	7
8	3	14	9
15	12	5	2
1	13	4	16

各合計は
（1＋2＋3＋……＋15＋16）÷4＝136÷4＝34

ちなみに，次のように示すことができるよ。

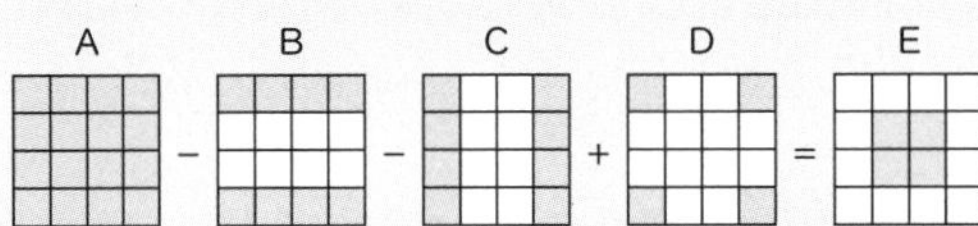

それぞれ色を付けた部分の数の和をA，B，C，D，Eとすると，図からA－B－C＋D＝Eが成り立つよ。

ここで，Aは4列分，Bは2列分，Cも2列分の和だから，A－B－C＝0だよ。

よって，D＝Eになり，○の和と×の和が等しいことが示せるよ。ほかの部分も同様に示すことができるんだ。

この性質を覚えておくと四方陣が出題されたときに素早く解くことができるよ。

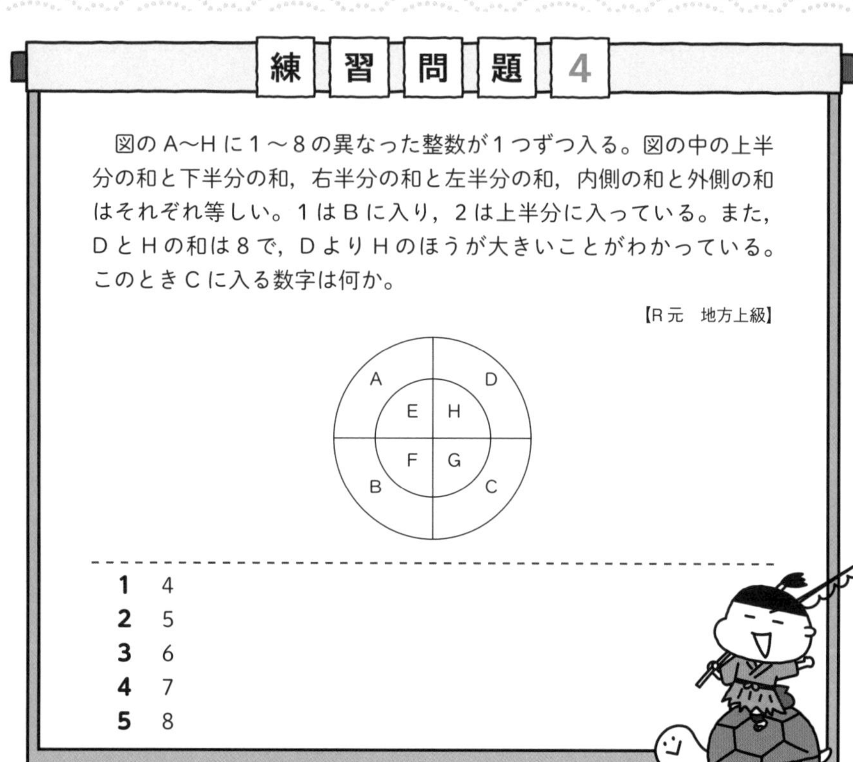

図のA～Hに1～8の異なった整数が1つずつ入る。図の中の上半分の和と下半分の和，右半分の和と左半分の和，内側の和と外側の和はそれぞれ等しい。1はBに入り，2は上半分に入っている。また，DとHの和は8で，DよりHのほうが大きいことがわかっている。このときCに入る数字は何か。

【R元　地方上級】

1　4
2　5
3　6
4　7
5　8

魔方陣は正方形のマス目が多いですが，最近は円形や立体など，さまざまな形のものが登場するようになりました。ただ，基本的な考え方は同じですので，基本をマスターしてください。

STEP 1　扉はどこだ？

魔方陣はまず，並べる数の合計を求めることが基本になります。今回は1～8の合計36を2つに分けた18が，上半分・下半分・右半分・左半分・内側・外側の和になります。

扉を開けると

D＋H＝8なので，和が18から，A＋E＝10，C＋G＝10，残るB＋F＝8となります。

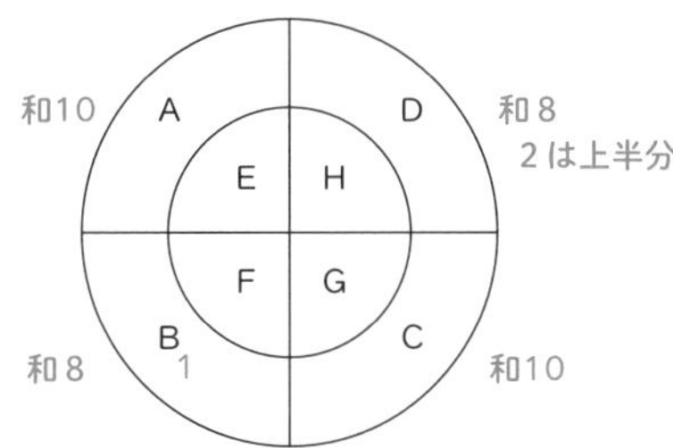

また，B＋F＝8に，B＝1を代入して，F＝7です。

残る2，3，4，5，6，8で和が8となるのは（2，6），（3，5），和が10となるのは（2，8），（4，6）です。

和が10は2組必要なので，2，4，6，8は和が10に使われ，和が8のDとHは（3，5）の組合せに決まります。さらに，DよりHのほうが大きいので，D＝3，H＝5です。

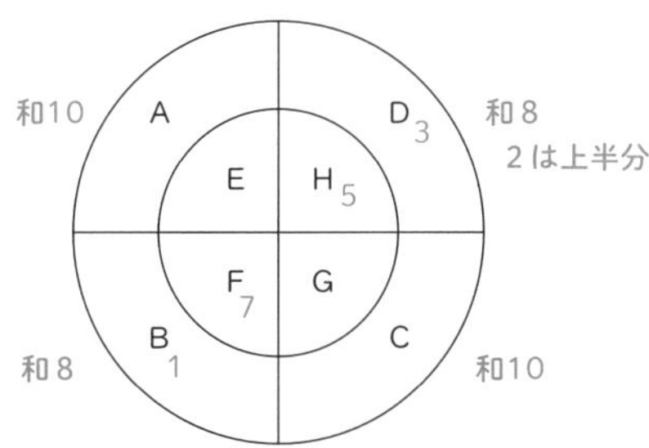

和が10となる（2，8），（4，6）の組合せのうち，2は上半分に入っているので，（2，8）はAとEになりますが，Eが8だと5＋7＋8＝20となり，内側の和が18を超えてしまいます。

よって，E＝2，A＝8になります。

あとは，内側，外側の和がそれぞれ18であることから，C＝6，G＝4と求まり，魔方陣が完成します。

練習問題 5

図のA～Iの9か所にはそれぞれ3ケタの数が入り，連続する3か所の数を足すと，どれも2008になることがわかっている。Cが703で，Hが804であるとき，A，D，Gに入る数の和として正しいのはどれか。

【H20　国家一般職［大卒］】

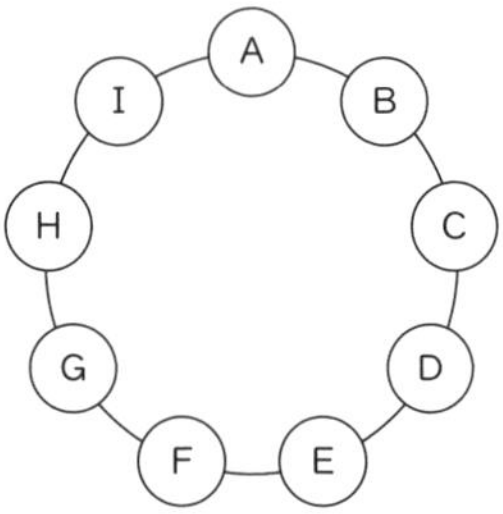

1　1026
2　1305
3　1503
4　1507
5　2008

STEP 1　扉はどこだ？

「連続する3か所の数を足すと，どれも2008になることがわかっている」に着目します。

連続する3か所とは，たとえば，AとBとC，BとCとD，EとFとGを意味します。足すとどれも同じ値になって，それが2008ということです。

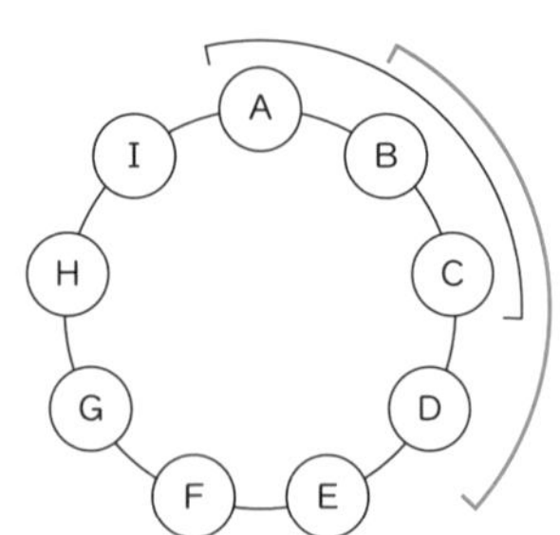

扉を開けると

「AとBとC」を1か所分時計回りにずらすと「BとCとD」になります。Aがなくなって代わりにDが加わりますが，それぞれの3つの数の和は同じです。ということは入れ替わったAとDの値は同じ値でなければなりません。

すなわちA＝Dです。文字式で確認するA＋B＋C＝B＋C＋Dこれより両辺からB＋Cを引いて　A＝D　となります。

ここでAとDの位置関係に注意します。間にBとCをはさんで，Aの位置から時計回りに3つずらした位置にDが存在します。Dからさらに3つずらしてみると，そこにはGがあります。

同じ考え方からDとGも等しくなります。Gからさらに3つずらすとAの位置に戻ります。結局A＝D＝Gとなることがわかりました。

他の文字についてはどうでしょうか。BとEとH，CとFとIが互いに同様の位置関係にあり，それぞれが1グループとみなせます。

すなわち輪を構成する9つの数は，全部で3つのグループに分かれ，A＝D＝Gになるのと同じ理由から，同じグループの数は互いに等しくなります。

まとめると

Ⓐ＝Ⓓ＝Ⓖ　[B]＝[E]＝[H]　△C＝△F＝△I

C＝703，H＝804より，

Ⓐ＝Ⓓ＝Ⓖ　[B]＝[E]＝[H]＝804　△C＝△F＝△I＝703

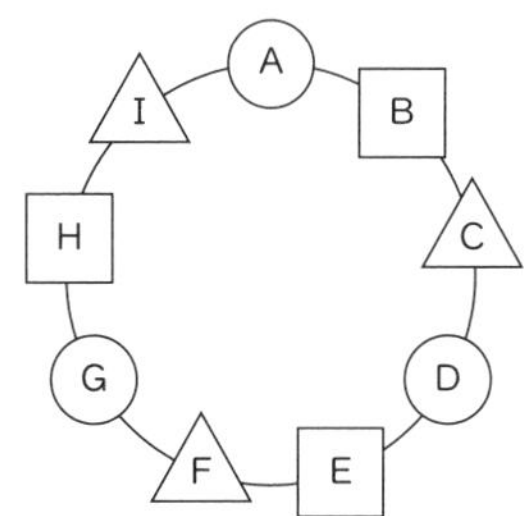

最後に数値を考えに入れて結果をまとめます。

A＋B＋C＝2008

B＝804，C＝703から，

A＋804＋703＝2008

A＝2008－804－703＝501

A＝D＝Gより，

A＋D＋G＝3A＝501×3＝1503

練習問題 6

次の図のように，正三角すいの各頂点と各辺上に１～11の数のうちの10個を１個ずつあてはめたところ，辺とその両端の頂点にあてはめた３つの数の和がいずれも18であった。このとき用いられていない数は何か。

【H11　地方上級】

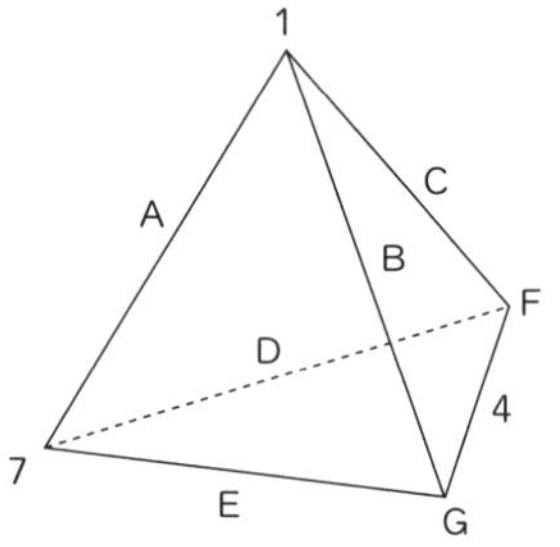

1　2
2　3
3　5
4　8
5　11

STEP 1　扉はどこだ

辺とその両端の頂点の和が18なので，
A＋1＋7＝18となり，A＝10はすぐにわかります。
次に，色を付けた部分に注目してみましょう。

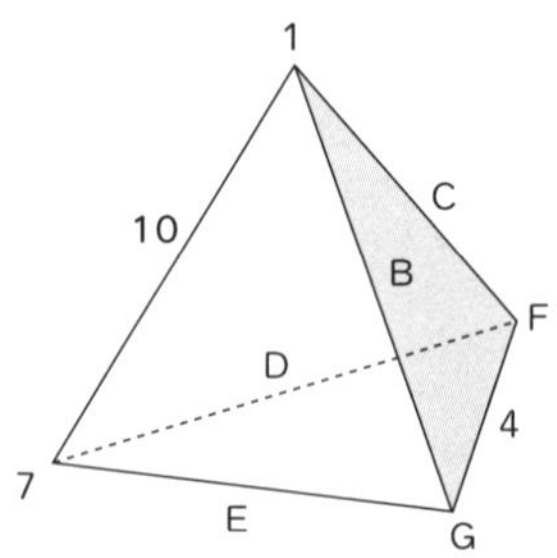

STEP 2 扉を開けると

B + 1 + G = 18 より，B + G = 17…①
C + 1 + F = 18 より，C + F = 17…②
4 + F + G = 18 より，F + G = 14…③
となります。
①+②より，B + C + F + G = 34
この式に③を代入すると，
B + C − 20
とわかります。

あてはまるのは 1 〜 11 の数字ですから，合計が 20 になる組合せは 9 + 11 の場合だけになります。

B = 9，C = 11 とすると，①式より，G = 8 と決まります。

また，②式より，F = 6 と決まります。

したがって，底面の三角形の関係から，D = 5，E = 3 であることもわかります。使われていない数字は 2 ですね。

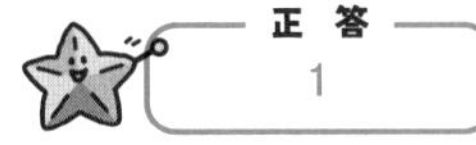

B = 11，C = 9 のときも
①式より G = 6，
②式より F = 8，D = 3，E = 5 となり，
同じく使われていない数字は 2 となるよ。

33 数列の問題
～見えない規則が見えてくる～

並んでいる数字の列に隠された規則を発見するのが，今回の目標です。どうするか？　どんどん，数列を書き出していってください。ずいぶん原始的なやり方だと思うでしょうが，それが，一番の早道なんです。規則性がわかっても，求める答えにたどりつくために，書いて，計算して，の繰り返しで攻略していってください。

例　題

次のア～エは，それぞれ一定の規則により並んだ数列であるが，空欄A～Dにあてはまる4つの数の和として，正しいのはどれか。

ア　1，5，13，［ A ］，61，……
イ　2，8，44，260，［ B ］，……
ウ　3，11，43，［ C ］，683，……
エ　4，14，42，88，［ D ］，……

【H24　東京都】

1　1908
2　1918
3　1928
4　1938
5　1948

STEP 1　規則性を見つけよう

隣りどうしの差を計算して，新しくできた数列を「**階差数列**」といいます。階差数列を求めてみましょう。

ア：1，　5，　13，　A，　61，……について

差4　差8　差A－13　差61－A

等差数列？
となりどうしの差が等しく，一定の数を足すことで次の項となる数列を「**等差数列**」，この一定の数のことを**公差**といったね。忘れていればテーマ4を復習してね。

階差数列が公差 4 の等差数列（4，8，12，16…）であればA − 13 = 12，61 − A = 16 になるはずですが，

A − 13 = 12　　61 − A = 16
　　A = 25　　　　A = 45

で矛盾します。

では，ほかに規則性の候補がないのでしょうか？　等差数列がだめなら，等比数列がありますよね。

階差数列が公比が 2 の等比数列（4，8，16，32…）（×2，×2，×2）であれば，A − 13 = 16，61 − A = 32 になります。

A − 13 = 16
　　A = 29
61 − A = 32
　　A = 29

で一致します。A = 29 です。

等比数列？
一定の数をかけることで次の項となる数列を「等比数列」といい，この一定の数のことを**公比**というよ。

STEP 2　どんどん規則性を見つけよう

イ・ウ・エもパッと見ただけでは規則性がわかりません。そこで，どんどん階差数列をとっていきましょう。

イ：2，　8，　44，　260，　B，……について
差6　差36　差216　差B−260

階差数列が公比 6 の等比数列（6，36，216，1296…）（×6，×6，×6）ですね。

B − 260 = 1296 なので，B = 1556 となります。

ウ：3，　11，　43，　C，　683，……について
差8　差32　差C−43　差683−C

階差数列が公比 4 の等比数列（8，32，128，512…）（×4，×4，×4）に見えます。等比数列ならば，C − 43 = 128，683 − C = 512 となります。

C − 43 = 128
　　C = 171
683 − C = 512
　　C = 171

で一致しました。C = 171 です。

エ：4，　14，　42，　88，　D，……について
差10　差28　差46　差D−88

階差数列が公差 18 の等差数列（10，28，46，64…）（+18，+18，+18）ですね。D − 88 = 64 なので，D = 152 となります。

以上より，A + B + C + D = 29 + 1556 + 171 + 152 = 1908 となります。

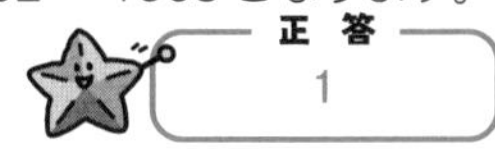

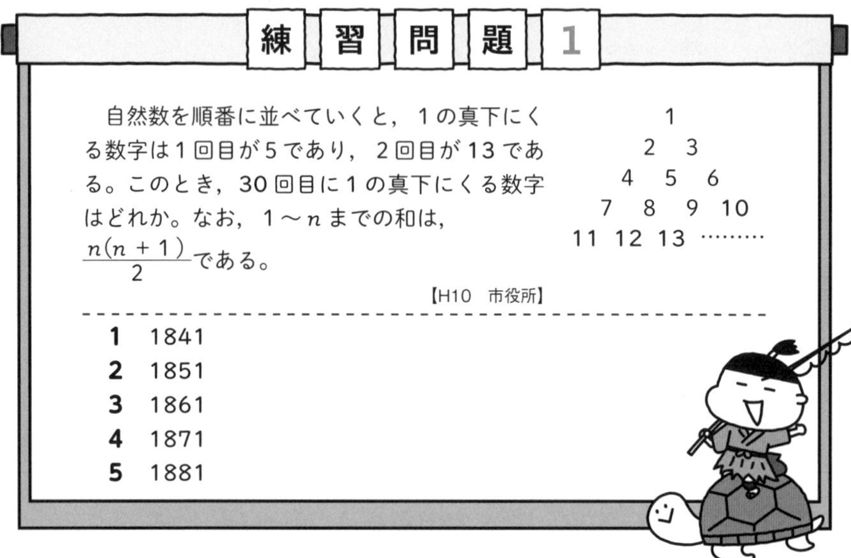

練習問題 1

自然数を順番に並べていくと，1の真下にくる数字は1回目が5であり，2回目が13である。このとき，30回目に1の真下にくる数字はどれか。なお，1～nまでの和は，$\frac{n(n+1)}{2}$である。

```
      1
    2   3
  4   5   6
7   8   9   10
11  12  13  ………
```

【H10 市役所】

1　1841
2　1851
3　1861
4　1871
5　1881

「30回目に1の真下にくる数字」ですから，1の真下にくる数をよく調べましょう。また，「1～nまでの和」の公式が書いてあります。そこも意識しておきましょう。

STEP 1 規則性を見つけよう

1の真下にくる数は5，13，…　これだけでは，どんな規則性がある数列かはわかりませんね。もう少し続けてみましょう。

1，5，13，25，41，…，今度はどうでしょうか？　まだ，よくわかりませんね。では，階段数列を計算してみましょう。

1　5　13　25　41
差4　差8　差12　差16

これらの差を用いて各項の数を表してみると，

1項目…1

2項目…$5 = 1 + \underbrace{4}_{4\times1}$

3項目…$13 = 1 + \underbrace{4}_{4\times1} + \underbrace{8}_{4\times2} = 1 + 4\times(1+2)$

4項目…$25 = 1 + \underbrace{4}_{4\times1} + \underbrace{8}_{4\times2} + \underbrace{12}_{4\times3} = 1 + 4\times(1+2+3)$

5項目…$41 = 1 + \underbrace{4}_{4\times1} + \underbrace{8}_{4\times2} + \underbrace{12}_{4\times3} + \underbrace{16}_{4\times4} = 1 + 4\times(1+2+3+4)$

やっと，規則が見つかりました。これで1～nまでの和の公式も使えます。

STEP 2 規則を守って計算しよう

規則性が見つかれば，あとは計算です。

テーマ4で学んだ自然数の和の公式 $1+2+3+\cdots\cdots+n=\frac{1}{2}n(n+1)$ から30回目の数は，31項目にあたり，1 + 4（1 + 2 + 3 +…+ 30）になりますから，問題文にある公式を使うと，

$$1+2+3+\cdots+30$$
$$=\frac{30\times(30+1)}{2}=\frac{30\times31}{2}=\frac{930}{2}=465$$

これを1＋4（1＋2＋3＋…＋30）にあてはめると，この数列の31項目の数は，

$$1+4\times465=1861$$

になります。

> **31項目の数？**
>
> 30回目に1の真下にくる数のことだよ。STEP 1の数列は頂点の1から始まるから，2項目が1回目にくる5，3項目が2回目にくる13…と続くよ。数列の問題では1つの項数のずれも正誤にかかわるから十分注意しよう。

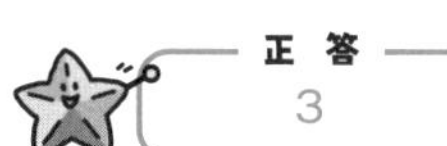

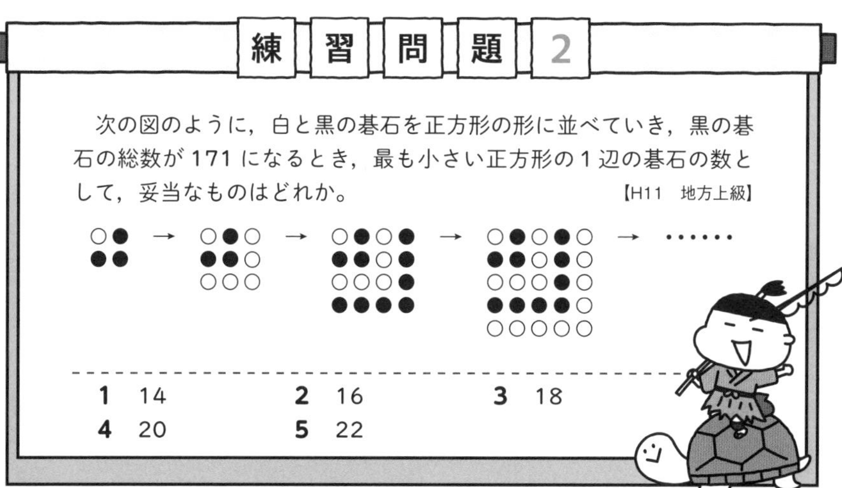

練習問題 2

次の図のように，白と黒の碁石を正方形の形に並べていき，黒の碁石の総数が171になるとき，最も小さい正方形の1辺の碁石の数として，妥当なものはどれか。 【H11 地方上級】

○●　→　○●○　→　○●○●　→　○●○●○　→　……
●●　　　●●○　　　●●○●　　　●●○●○
　　　　　○○○　　　○○○●　　　○○○●○
　　　　　　　　　　●●●●　　　●●●●○
　　　　　　　　　　　　　　　　　○○○○○

1 14　　**2** 16　　**3** 18
4 20　　**5** 22

STEP 1 規則性を見つけよう

さらに黒の碁石を並べて，1辺の碁石の数が6個の正方形をつくってみましょう。

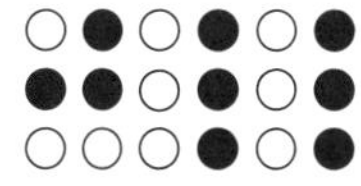

黒の碁石の数は，全部で3＋7＋11＝21〔個〕になっています。つまり黒の碁石の数は，4個ずつ増えているということです。

STEP 2 規則を守って計算しよう

3

$\overset{4}{\frown}$

3＋7 ＝10

3＋7＋11 ＝21

3＋7＋11＋15 ＝36

⋮

3＋7＋11＋15＋…＋31 ＝136

3＋7＋11＋15＋19＋23＋…＋35 ＝171

したがって，黒の碁石の総数が 171 のとき，**一番外側の鍵型の部分には，黒の碁石が 35 個**あることがわかります。このときの正方形の 1 辺の碁石の数は，(35＋1)÷2＝18〔個〕になります。

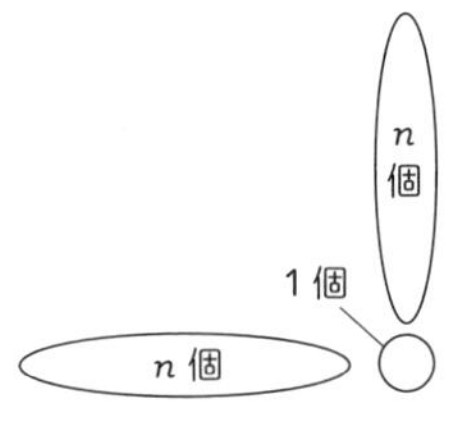

逆 L 字型の部分の碁石の数が 2n＋1 個のとき，正方形の 1 辺には n＋1 個の碁石が並んでいることになります。この問題では n が 17 です。ですので(17＋1)＝18 と考えることができるのです。

正答

3

最も小さい正方形？

問題文が少しややこしいね。黒い碁石を 35 個並べて 171 になったということは，さらにその外側に白い碁石を 37 個並べて正方形の 1 辺が 19 個になっても，黒い碁石の総数は 171 のままだよ。問題文は小さいほうの正方形を問うているね。

練習問題 3

自分とまったく同じ複製をつくることができる自己増殖ロボットがある。このロボットはつくられてから 1 時間は何もしないが，その後は 1 時間に 1 台ずつ複製をつくっていく。今，完成したばかりのこのロボットが 1 台あるとき，7 時間後のロボットの台数として正しいものは次のうちどれか。 【H13 地方上級】

1 15 台 **2** 17 台 **3** 19 台

4 21 台 **5** 23 台

1，2，3，…時間後のロボットの台数はどんな規則性を持った数列でしょうか。

STEP 1 規則性を見つけよう

1台のロボットが何台のロボットに増えるかを順に見ていきましょう。きっと規則性が見つかるはずですよ。

1時間後に最初のロボット①は，複製できるロボット①′ になりますね。2時間後には，最初のロボット①′ が新しいロボット②を複製します。

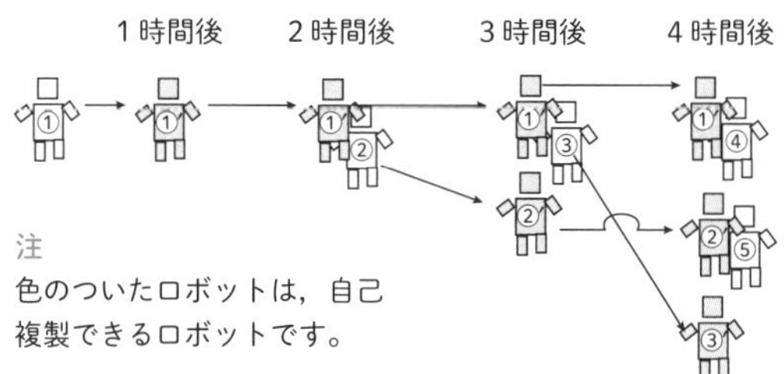

3時間後に，最初のロボット①′ がまた新しいロボット③を複製し，2時間後にできた新しいロボット②は，複製できるロボット②′ に変化するだけで増えません。

4時間後には，2時間後にあった2台（①′・②′）が新しいロボット（④・⑤）を複製し，3時間後にできた新しいロボット③は，複製できるロボット③′ に変化するだけで増えません。

つまり，**1時間前と比べると複製できるロボット（色のついたロボット）の数だけロボットが増えていますね。**

1時間前の複製できるロボット（色のついたロボット）の数は，2時間前にあったロボットの数と等しいので，

n 時間後のロボットの数

＝(n－1時間後のロボットの数)＋(n－2時間後のロボットの数) です。

つまりこういうこと

(n －2時間後のロボット数)

＝(**n －1時間後の時点で複製できる状態にあったロボット数**)

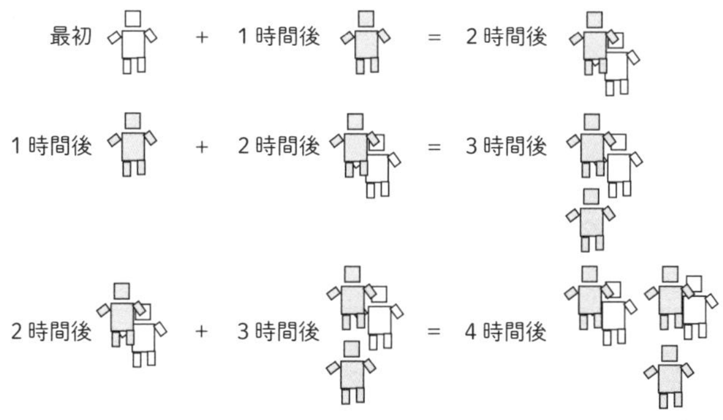

第7章 最後はチカラワザで書き上げる

STEP 2 規則を守って計算しよう

前の２項の和を順番に計算していきましょう。

1時間後　1
2時間後　1(最初の台数)＋1(1時間後の台数)＝2
3時間後　1(1時間後の台数)＋2(2時間後の台数)＝3
4時間後　2(2時間後の台数)＋3(3時間後の台数)＝5
5時間後　3(3時間後の台数)＋5(4時間後の台数)＝8
6時間後　5(4時間後の台数)＋8(5時間後の台数)＝13
7時間後　8(5時間後の台数)＋13(6時間後の台数)＝21
7時間後は21台になりますね。

マメ知識

この問題の数列のように，前の２項の和を次の項として順次つくっていく数列のことをフィボナッチ数列というわ。

第n項(n番目の項)をa_n，その１つ前の項($n-1$番目の項)をa_{n-1}，さらにその１つ前の項($n-2$番目の項)をa_{n-2}とすると，この関係を$a_n = a_{n-1} + a_{n-2}$のように表すことができるわ。

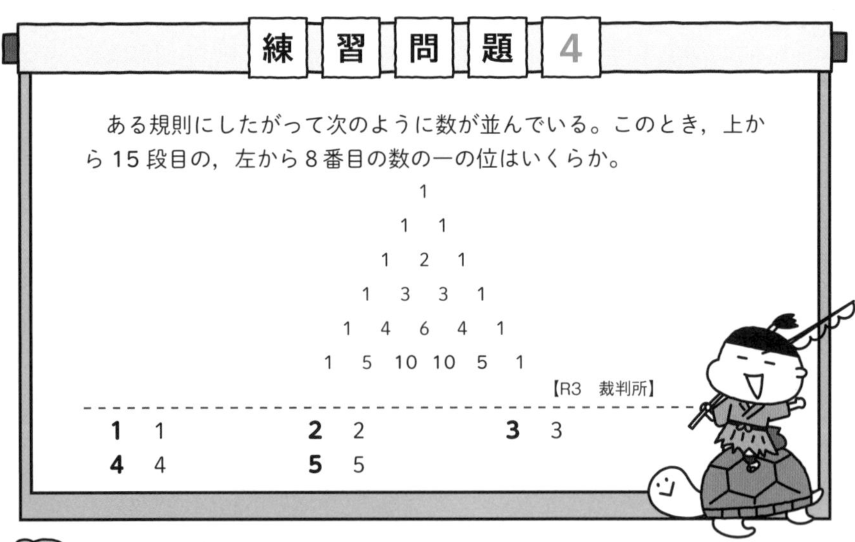

練習問題 4

ある規則にしたがって次のように数が並んでいる。このとき，上から15段目の，左から８番目の数の一の位はいくらか。

1
1　1
1　2　1
1　3　3　1
1　4　6　4　1
1　5　10　10　5　1

【R3　裁判所】

1　1　　**2**　2　　**3**　3
4　4　　**5**　5

STEP 1 規則性を見つけよう

規則性を見つけることは比較的簡単ですね。
上の２つの数字を足せば下の数字になります。

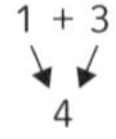

STEP 2 チカラワザで正答を見つけよう

問題は一の位しか要求していませんので，一の位だけを書き出していけば十分です。

また，上から 15 段目には 15 個の数字が並び，左から 8 番目は中央の数なので，

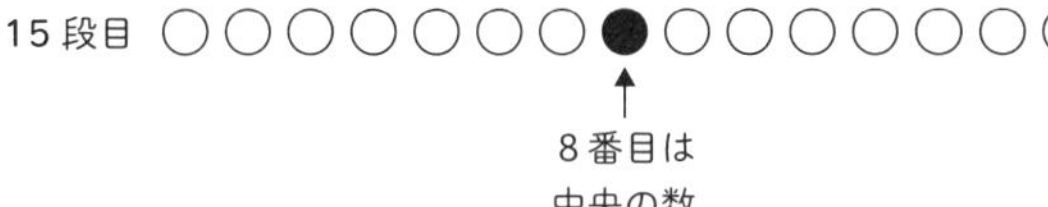

図のように，ひし形になる部分だけを書き出せば十分です。

このようにチカラワザで解ける問題もあるのです。

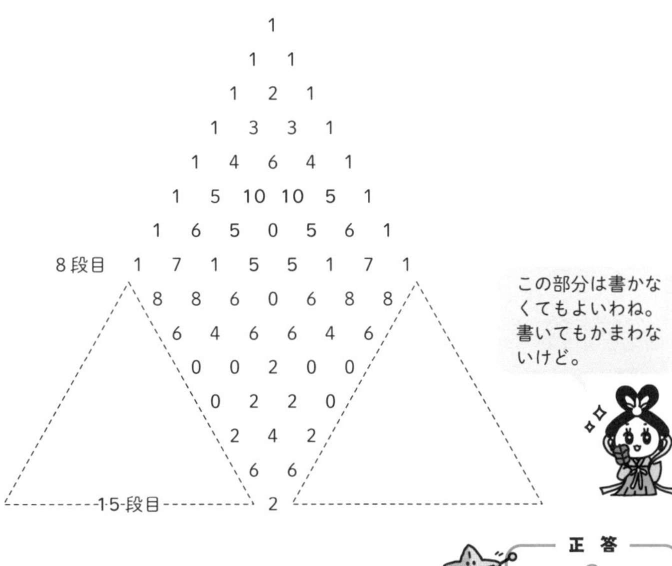

この部分は書かなくてもよいわね。書いてもかまわないけど。

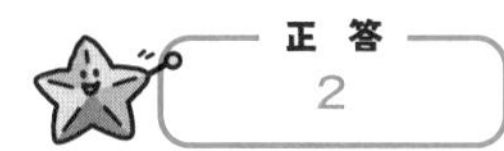

【参考】 パスカルの三角形

この問題はパスカルの三角形という有名な数列をもとに出題されています。

パスカルの三角形の，上から n 段目左から k 番目の数字は $_{n-1}C_{k-1}$ になります。

組合せの公式
(いくつから選ぶか) C (いくつ選ぶか)

$$
\begin{aligned}
{}_{15-1}C_{8-1} &= {}_{14}C_7 = \frac{{}_{14}P_7}{7!} \\
&= \frac{14 \times 13 \times 12 \times 11 \times 10 \times 9 \times 8}{7 \times 6 \times 5 \times 4 \times 3 \times 2 \times 1} \\
&= 13 \times 11 \times 3 \times 8 = 3432
\end{aligned}
$$

約分をしっかりやれば，意外に簡単だよ！

34 書いて解く場合の数の問題
～ひたすらすべてを書き出す～

場合の数を求める問題で，選択肢の数字が小さければ，迷うことなく，すべてを書き出してしまいましょう。そのほうが，早く確実に正答が求められますよ。

例　題

大小２つのサイコロがあり，大きいほうのサイコロの目は１～６，小さいほうのサイコロの目は４～９である。この２つのサイコロを同時に投げたとき，出た目の数の和が３の倍数になるのは何通りあるか。

【H13　大卒警察官】

1　６通り
2　９通り
3　12 通り
4　15 通り
5　18 通り

STEP 1 選択肢をチェック

選択肢の数字の最大は 18 ですね。すべて書き出してしまえそうな数です。

STEP 2 順序よく書き出そう

３の倍数は，３，６，９，12，15，18･･･ですが，大は１～６，小は４～９の目なので，和が３の倍数になるのは，６，９，12，15 の場合があります。

では，順に書き出してみましょう。以下，大きいほうのサイコロの目の数，小さいほうのサイコロの目の数を（大・小）と表すと，以下のようになります。

和が６のとき，（１，５），（２，４）
和が９のとき，（１，８），（２，７），（３，６），（４，５），（５，４）
和が 12 のとき，（３，９），（４，８），（５，７），（６，６）
和が 15 のとき，（６，９）

表を使いましょう

表を使うと書き出すのがもっと速いわよ。

小＼大	1	2	3	4	5	6
4	5	(6)	7	8	(9)	10
5	(6)	7	8	(9)	10	11
6	7	8	(9)	10	11	(12)
7	8	(9)	10	11	(12)	13
8	(9)	10	11	(12)	13	14
9	10	11	(12)	13	14	(15)

6，9，12，15 も 1 列に並びミスも減るわ。

よって，全部で 12 通りです。

全部を書き出しても，そんなに手間はかかりませんよね。

計算でも出せる！

計算で求めると，1～6の中には，3の倍数，3で割って1余る数，2余る数がそれぞれ2個ずつあり，4～9の中にも，同じく2個ずつあります。足して，3の倍数になるのは，

(大，小)＝(3の倍数，3の倍数)

(3で割って1余る数，3で割って2余る数)

(3で割って2余る数，3で割って1余る数)

のときがあります。

それぞれ 2×2＝4〔通り〕ずつあるので，4×3＝12〔通り〕です。

書き出すという方法は時間がかかるようで，実は計算よりも早く問題を解くことができる場合があるのです。問題を解き始める前に，まずは書き出せるかどうか判断するために選択肢をチェックしてみてください。

練習問題 1

それぞれ1から5までの数字が書かれた5枚のカードがある。カードを1枚ずつ引いて，左から順に並べていく。このとき，引いたばかりのカードとそのすぐ左のカードを比べて，引いたばかりのカードの数がすぐ左のカードの数よりも大きければ，さらにもう一枚カードを引いて並べるが，逆に小さければ終了する。終了後にカードがちょうど3枚だけ並ぶようなカードの引き方は何通りあるか。

【H16　市役所】

1　16通り
2　18通り
3　20通り
4　22通り
5　24通り

STEP 1 選択肢をチェック

条件が複雑なので，計算で求めるのは難しそうですね。選択肢の数字の最大は24です。順序よく書き出しましょう。

STEP 2 順序よく書き出そう

たとえば，最初に2のカードを引いた場合，2枚目に1のカードを引くと終了してしまいますね。2枚目に3，4，5のカードを引いたときには，さらにカードを引くことになります。

2枚目に4を引いたとしましょう。3回で終了するのは，3枚目に4より小さなカードを引くときです。

3回で終わるには，どんな引き方をすればいいのでしょうか。ちょうど，3枚並ぶためには，

（1枚目のカードの数字）<（2枚目のカードの数字）>（3枚目のカードの数字）

でなくてはいけません。こんなときには，樹形図（じゅけいず）を書いて，ていねいに数え上げましょう。

2番目の数字が一番大きい数だということに注意して書くと，次のようになります。

樹形図を覚えよう

起こりうる場合を，樹木の枝分かれに模して書き表したものを「**樹形図**」というよ。

このような問題は，樹形図をかくと，数え間違いがないよ。

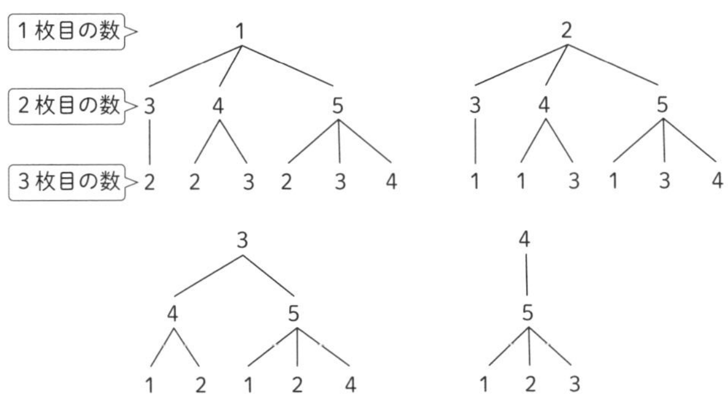

3回で終了するのは，
6＋6＋5＋3＝20〔通り〕です。

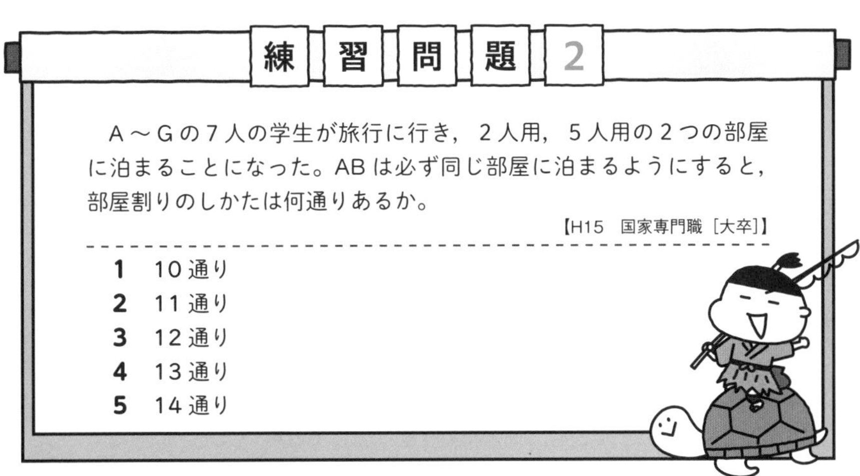

練習問題 2

A～Gの7人の学生が旅行に行き，2人用，5人用の2つの部屋に泊まることになった。ABは必ず同じ部屋に泊まるようにすると，部屋割りのしかたは何通りあるか。

【H15　国家専門職［大卒］】

1　10通り
2　11通り
3　12通り
4　13通り
5　14通り

STEP 1 選択肢のチェック

選択肢の数字は，最大でも14。全部書き出しても，そんなに手間はかからないです。毎回毎回7人の部屋をすべて書くわけではないですから。

STEP 2 順序よく書き出そう

2人用の部屋に泊まるメンバーを考えましょう。2人部屋のメンバーを決めれば残りの5人部屋のメンバーは自動的に決まります。

A，Bは必ず同じ部屋に泊まるので，A，Bが2人部屋に泊まるときか，A，B以外の5人が2人部屋に泊まるかのどちらかです。

（ⅰ）ABが2人部屋に泊まるとき

1通りしかありません。

（ⅱ）ABが5人部屋に泊まるとき

C～G 5人のうち，2人が2人部屋に泊まることになりますね。

（C，D），（C，E），（C，F），（C，G）

（D，E），（D，F），（D，G）

（E，F），（E，G）

（F，G）

の10通りです。

テーマ10で学んだ組合せを用いて

$$
\begin{aligned}
{}_5C_2 &= \frac{5!}{2!3!} \\
&= \frac{5\times4\times3\times2\times1}{2\times1\times3\times2\times1} \\
&= \frac{5\times4}{2\times1} \\
&= 10
\end{aligned}
$$

と計算することもできます。

ABが同じ部屋に泊まるのは，1＋10＝11〔通り〕です。

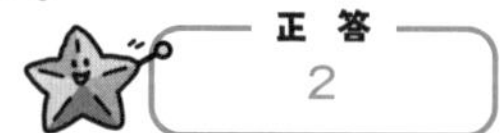

正答 2

練習問題 3

図のようなゲーム機がある。このゲーム機は，スタートスイッチを押すと，A～Dに0～9のいずれかの数字が表れる。このとき，AとBに表れた数字の和がCとDに表れた数字の和より大きくなると，その差と同じ枚数のコインが出てくる。また，A～Dに表れた数字がすべて一致したとき，その和の4倍に当たる枚数のコインが出てくることになっている。このゲーム機で，1回に16枚のコインが出てくるのは何通りあるか。

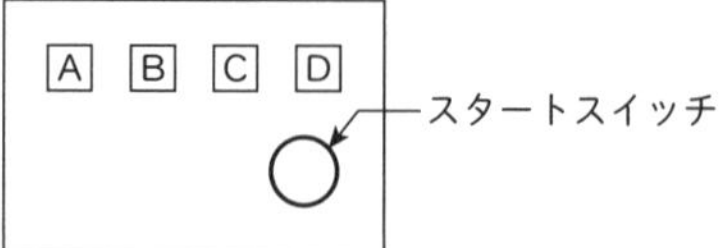

【H25 大卒警察官】

1 5通り　**2** 7通り　**3** 9通り

4 11通り　**5** 13通り

設定は変わっていますが，単に４つの数字を並べるだけです。

STEP 1 選択肢のチェック

選択肢の数字は，最大で 13。表を使って書き出していけば大丈夫です。

STEP 2 順序よく書き出そう

まずは，(A ＋ B) − (C ＋ D) ＝ 16 となる組合せを探しましょう。

ここでも，やみくもに書き出すのではなく，順序を決めて書き出しましょう。A ＋ B の最大値は両方に９が表れたときの 18 なので，そこから順に 17，16 と減らして見ていきましょう。

	A ＋ B	A	B	C	D	(A ＋ B) − (C ＋ D)
①	18	9	9	0	2	18 − 2
②		9	9	1	1	
③		9	9	2	0	
④	17	8	9	0	1	17 − 1
⑤		8	9	1	0	
⑥		9	8	0	1	
⑦		9	8	1	0	
⑧	16	7	9	0	0	16 − 0
⑨		8	8	0	0	
⑩		9	7	0	0	

16 まででいいの？

C ＋ D を引いて 16 にするのだから，A ＋ B は 16 以上のはずだよ。

表のように，10 通りになります。

次に，A～D がすべて一致する組合せを考えましょう。

和が４倍になって 16 になるのですから，和は４のはずです。つまり，A～D のすべてが１で，１＋１＋１＋１＝４のときのみです。これが 11 通り目です。

正答
4

では，次の問題に進みましょう。

練習問題 4

あるレストランには，前菜，肉料理，魚料理，サラダ，スープ，デザートの６種類の料理がある。これらのうちから，２種類以上を組み合わせて食事をするとき，その組合せは何通りか。ただし，サラダ，スープ，デザートのうちから，２種類以上を選択することはないものとする。

【R元　国家専門職［大卒］】

1　22 通り
2　25 通り
3　28 通り
4　31 通り
5　34 通り

STEP 1 選択肢をチェック

選択肢の最大は 34 通りですね。全部書き出すのは苦しそうです。うまく書き出すにはどうすればいいか考えましょう。

STEP 2 順序よく書き出そう

前菜，肉料理，魚料理の前半と，サラダ，スープ，デザートの後半は性質が違いますよね。そこで，前半と後半に分けて組み合わせを書き出してみましょう。

前菜，肉料理，魚料理を○，△，×にして組み合わせると，下の表のようになります。

前菜，肉料理，魚料理の選び方

選んだ種類	組み合わせ	通り
3 種類	○△×	①通り
2 種類	○△，○×，△×	③通り
1 種類	○，△，×	③通り
0 通り		①通り

サラダ，スープ，デザートを○，△，×にして組み合わせても，同様になりますが，２種類以上選択することはありませんので，下の表のようになります。

サラダ，スープ，デザートの選び方

選んだ種類	組み合わせ	通り
1 種類	○，△，×	③通り
0 通り		①通り

これを組み合わせれば，６種類からの選び方が書き出せますね。記号はもういいので，シンプルにして線で結んでみましょう。合計０種類や１種類はダメですよ。

前菜，肉料理，魚料理

３種類	①通り
２種類	③通り
１種類	③通り
０種類	①通り

サラダ，スープ，デザート

１種類	③通り
０種類	①通り

ここから，結ばれたものは積の法則で計算して，それぞれは別の場合ですから，和の法則で足し合わせれば，正答が導けます。

(①×③)＋(①×①)＋(③×③)＋(③×①)＋(③×③)
＝３＋１＋９＋３＋９
＝25〔通り〕

Ａが m 通り，そのおのおのに対し，Ｂの起こり方が n 通りあるとすると
ＡとＢが同時に起こる場合の数は
$\boldsymbol{m \times n}$**〔通り〕**
になるんだったね。

35 書いて解く確率の問題
～地道にもれなく根気よく～

テーマ34と同じように，確率の場合も，数え上げるだけで正答にたどりつける問題がたくさんあります。まずは書き出してみて，とても書き出せなさそうであれば，別の方法を考えてみればよいのです。

例 題

下図のすごろくにおいて，「スタート」の位置から，立方体のサイコロ１つを振って出た目の数だけコマを進ませ，３回目でちょうど「ゴール」の位置に止まる確率として，正しいのはどれか。ただし，「スタートに戻る」の位置に止まったときは，「スタート」の位置に戻る。

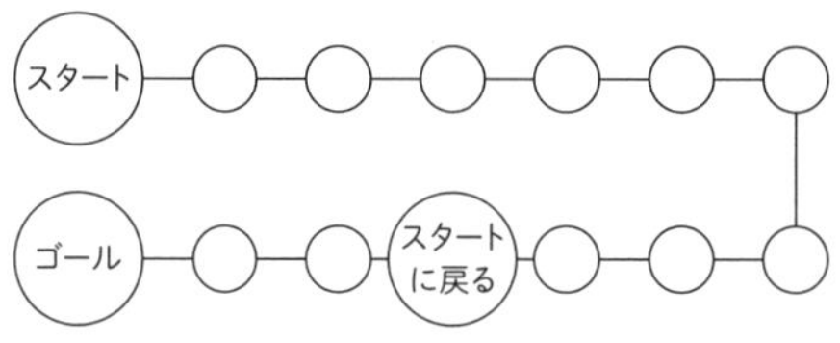

【H27　東京都】

1　$\frac{1}{72}$　　2　$\frac{1}{12}$

3　$\frac{7}{72}$　　4　$\frac{7}{36}$

5　$\frac{7}{12}$

STEP 1　数え上げの準備

「ゴール」までは13マスなので，３回振ったサイコロの目の和が13である必要があります。そのような組合せを書き上げると，「1，6，6」，「2，5，6」，「3，4，6」，「3，5，5」，「4，4，5」の5通りです。

STEP 2　数え上げよう

「1，6，6」の場合

（1，6，6），（6，1，6）（6，6，1）の3通り。

「2, 5, 6」の場合

(2, 5, 6), (2, 6, 5), (5, 2, 6), (5, 6, 2), (6, 2, 5), (6, 5, 2) の6通り。

「3, 4, 6」の場合

(3, 4, 6), (3, 6, 4), (4, 3, 6), (4, 6, 3), (6, 3, 4), (6, 4, 3) の6通り。

「3, 5, 5」の場合

(3, 5, 5), (5, 3, 5) (5, 5, 3) の3通り。

「4, 4, 5」の場合

(4, 4, 5), (4, 5, 4) (5, 4, 4) の3通り。

「1, 6, 6」のように同じ目があるときは3通り, 「2, 5, 6」のように3つの目がバラバラのときは, 3! = 6〔通り〕になっていますね。

しかし, ここから2回目で10マス目の「スタートに戻る」に止まる場合を除かなければなりません。それは, (4, 6, 3), (6, 4, 3), (5, 5, 3) の3通りがあります。3回の和が13, 2回の和が10ということは, **3回目が3になっているはず**ですね。

したがって, 3回目でコマがちょうど「ゴール」に止まるのは, 21 − 3 = 18〔通り〕ということになります。

すべての目の出方(分母)は, 6 × 6 × 6 = 216より, 求める確率は,

$\frac{18}{216}=\frac{1}{12}$となります。

正答 2

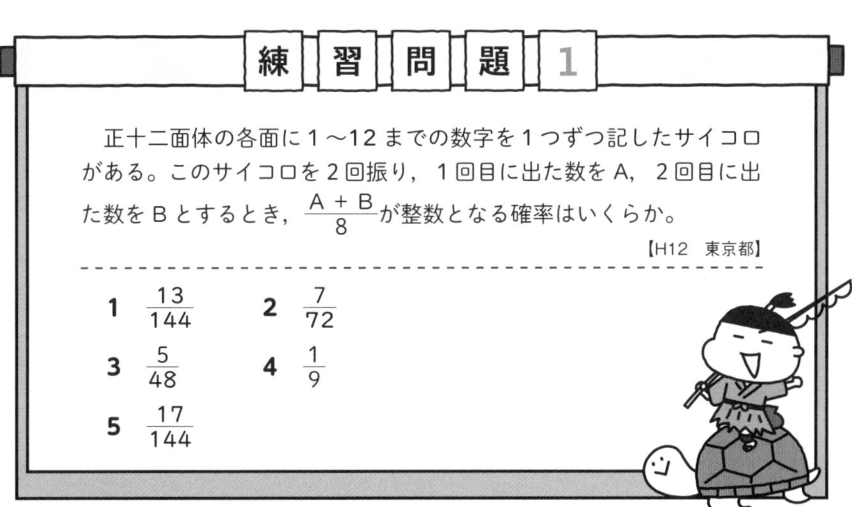

練習問題 1

正十二面体の各面に1〜12までの数字を1つずつ記したサイコロがある。このサイコロを2回振り, 1回目に出た数をA, 2回目に出た数をBとするとき, $\frac{A+B}{8}$が整数となる確率はいくらか。

【H12 東京都】

1 $\frac{13}{144}$　2 $\frac{7}{72}$

3 $\frac{5}{48}$　4 $\frac{1}{9}$

5 $\frac{17}{144}$

STEP 1 数え上げの準備

$\frac{A+B}{8}$が整数ということは，A＋Bが8の倍数になればいいですね。正十二面体のサイコロなので，A＋B＝8，16，24の場合があります。

STEP 2 数え上げよう

A＋B＝8のとき，（1，7），（2，6），（3，5），（4，4），（5，3），（6，2），（7，1）の7通り。

A＋B＝16のとき，（4，12），（5，11），（6，10），（7，9），（8，8），（9，7），（10，6），（11，5），（12，4）の9通り。

A＋B＝24のとき，（12，12）の1通り。

以上から，$\frac{A+B}{8}$が整数となる目の出方は，7＋9＋1＝17〔通り〕であることがわかりました。

すべての目の出方は，12×12＝144〔通り〕なので，求める確率は$\frac{17}{144}$となります。

正答
5

練習問題 2

1個のサイコロを3回振り，出た目に応じて次のように得点を与える。

○　1回目：出た目の数をそのまま得点とする。

○　2回目：1回目に出た目の数が偶数ならば2回目に出た目をそのまま得点として加算し，1回目に出た目が奇数ならば2回目に出た目の2倍の数を得点として加算する。

○　3回目：2回目に出た目の数が偶数ならば3回目に出た目をそのまま得点として加算し，2回目に出た目が奇数ならば3回目に出た目の2倍の数を得点として加算する。

3回目が終了したときの得点が奇数となる確率はいくらか。

【H22　国家総合職】

1 $\frac{3}{8}$　　**2** $\frac{1}{2}$

3 $\frac{5}{8}$　　**4** $\frac{3}{4}$

5 $\frac{7}{8}$

今回の問題はサイコロを振りますが，着目しているのは偶数か奇数かのどちらかだけです。つまり，出た目の数値に着目する必要はなく，サイコロを振った目を，偶数または奇数の２通りと把握します。偶数は２，４，６の３通り，奇数は１，３，５の３通りなので，どちらも出る確率は等しく，２通りと考えてよいのです。

そして，サイコロを３回振った場合は２×２×２＝８〔通り〕となります。

STEP 1　書き上げの準備

出目と得点の関係を整理しましょう。

１回目【出目①】【得点①】

偶数　→　偶数
奇数　→　奇数

２回目【出目①】【出目②】【得点②】

偶数　→　偶数　→　偶数
偶数　→　奇数　→　奇数
奇数　→　偶数　→　偶数
奇数　→　奇数　→　偶数

奇数でも，偶数でも２倍すれば偶数になります。出目①が奇数の場合は，得点②は必ず偶数になります。

３回目　２回目と同様です。

【出目②】【出目③】【得点③】

偶数　→　偶数　→　偶数
偶数　→　奇数　→　奇数
奇数　→　偶数　→　偶数
奇数　→　奇数　→　偶数

出目②が奇数の場合は，得点③は必ず偶数になります。

合計得点が奇数になるのは？

偶＋偶＋偶＝偶
偶＋偶＋奇＝奇
偶＋奇＋奇＝偶
奇＋奇＋奇＝奇なので，
合計得点が奇数になるのは，得点の１つまたは３つが奇数の場合だよ。

STEP 2　書き上げよう

STEP１で整理した関係を組み合わせてまとめてみましょう。
次のページの表にあるように，合計得点が奇数になるのは６通りあります。

	出た目			得点			
	1回目	2回目	3回目	1回目	2回目	3回目	合計
1	偶数	偶数	偶数	偶数	偶数	偶数	偶数
2	偶数	偶数	奇数	偶数	偶数	奇数	奇数
3	偶数	奇数	偶数	偶数	奇数	偶数	奇数
4	偶数	奇数	奇数	偶数	奇数	偶数	奇数
5	奇数	偶数	偶数	奇数	偶数	偶数	奇数
6	奇数	偶数	奇数	奇数	偶数	奇数	偶数
7	奇数	奇数	偶数	奇数	偶数	偶数	奇数
8	奇数	奇数	奇数	奇数	偶数	偶数	奇数

したがって，求める確率は，$\frac{6}{8}=\frac{3}{4}$となります。

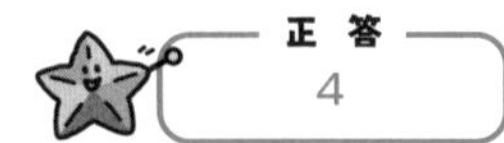

練習問題 3

図のようにA～Dの4人が丸いテーブルに向かって座っている。今，Aは5個のアップルパイが入った皿を持っているが，この4人は，次のルールで皿を移動させながら，アップルパイを取ることにした。

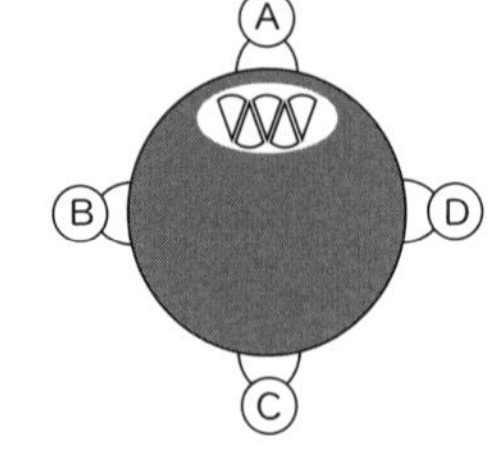

○皿を渡されたらアップルパイを必ず1個取る。

○皿からアップルパイを取ったら，1枚のコインを振り，表が出たら左隣の人，裏が出たら右隣の人にその皿を渡す。ただし，コインの表裏は等確率で現れるものとする。

○アップルパイがなくなるまで皿を渡し続ける。

このルールに従って最初にAがアップルパイを1個取り，その後コインの表裏に基づいて皿が移動するが，このとき，Cが最後のアップルパイを取る確率はいくらか。
【H16　国家一般職［大卒］】

1 $\frac{1}{5}$　**2** $\frac{1}{4}$　**3** $\frac{1}{3}$

4 $\frac{3}{8}$　**5** $\frac{1}{2}$

STEP 1 数え上げの準備

たとえば，コインの出方が表，裏，表，裏のときを考えてみましょう。A → D → A → D → A と皿が渡され，最後のアップルパイを A が食べることになります。

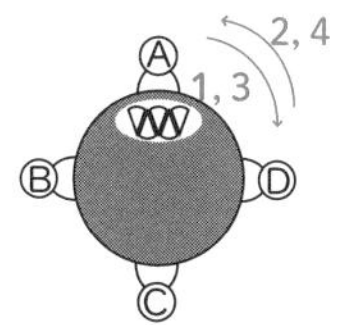

コインの出方が表，表，表，裏のときはどうでしょう。

A → D → C → B → C と皿が渡され，最後のアップルパイを C が食べることになります。

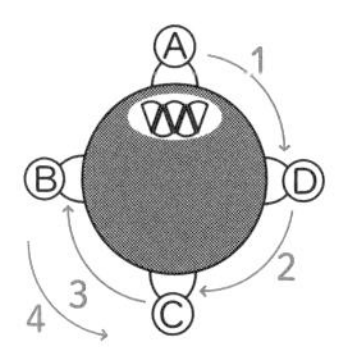

コインの出方が表，表，裏，表のときはどうでしょう。

A → D → C → D → C と皿が渡され，最後のアップルパイを C が食べることになります。

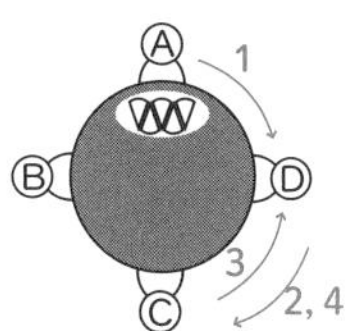

つまり，表，表，表，裏も，表，表，裏，表も，要は右に３回，左に１回移動ですから，結果は同じになります。つまり，最後にアップルパイを食べる人は，表（もしくは裏）が出る回数で決まります。

STEP 2 数え上げよう

表４回	最後のアップルパイは A
表３回，裏１回	最後のアップルパイは C
表２回，裏２回	最後のアップルパイは A
表１回，裏３回	最後のアップルパイは C
裏４回	最後のアップルパイは A

コインがどんな表裏の出方をしても，**B や D が最後のアップルパイを食べることはないわけです。** C が最後のアップルパイを食べるのは，４回コインを投げて，表３回，裏１回出たときか，表１回，裏３回が出たときです。

表３回，裏１回出るときは，（表，表，表，裏），（表，表，裏，表），（表，裏，表，表），（裏，表，表，表）の４通りです。

同じように**表１回，裏３回出るとき**も４通りなので，C が最後を食べるのは，４＋４＝８〔通り〕です。

コインを４回投げるときの表裏の出方は，２×２×２×２＝16〔通り〕なので，求める確率は$\frac{8}{16}=\frac{1}{2}$です。

36 いろいろな問題
～手を動かせば糸口が見つかる～

はじめて見る問題でも，計算してみたり，図や表をかいてみたりすると，手がかりがつかめることが多くあります。手を動かして実験することで，正答への道を見つけてください。

例題

$17^{13}+13^{17}$ の一の位の数として正しいものは，次のうちどれか。

【H14　市役所】

1　0　　**2**　2
3　4　　**4**　6
5　8

17^{13} を計算する気にはなれませんね。さぁ，どうしましょうか。

STEP 1　手を動かそう

17^1，17^2，17^3 の一の位の数字が何かに注目して，計算してみましょう。

一の位の数字を求めるだけならば，計算した結果の一の位の数字に 7 をかければ求められます。

17^1 の一の位の数字は，7
17^2 の一の位の数字は，7 × 7 ＝49 より，9
17^3 の一の位の数字は，9 × 7 ＝63 より，3
17^4 の一の位の数字は，3 × 7 ＝ 21 より，1
17^5 の一の位の数字は，1 × 7 ＝ 7　より，7
17^6 の一の位の数字は，7 × 7 ＝ 49 より，9

17 を何回かかけたとき，一の位の数は，7，9，3，1，7，9，3，1，…の繰り返しになるようです。

STEP 2　結論

17^1，17^2，17^3，17^4，17^5，17^6…の一の位の数字は，7，9，3，1，7，9，3，1，…の繰り返しです。このことから，17^{13} の一の位は，13 番目の数字 7 になりますね。

17^{13} の一の位

①7，②9，③3，④1，⑤7，⑥9，⑦3，⑧1，⑨7，⑩9，⑪3，⑫1，⑬**7**

13番目の数字は，確かに7ね。

同じように考えると，13^{17} の一の位の数字は，3，9，7，1，3，9，7，1…の繰り返しとなるので，**13^{17} の一の位は，17番目の数字3**になります。

13^{17} の一の位

①3，②9，③7，④1，⑤3，⑥9，⑦7，⑧1，⑨3，⑩9，⑪7，⑫1，⑬3，⑭9，⑮7，⑯1，⑰**3**

17番目の数字は，やはり3だわ。

$17^{13}+13^{17}$ の一の位の数字は，$7+3=10$ より，0が答えです。

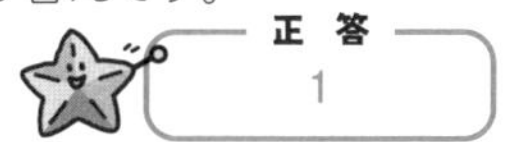

書き出さなくてもOK！　指数に注目

今の問題では，13乗，17乗ですから，かろうじて書き出すことが可能です。もしこれが，100乗などでは到底書き出せません。

そこで 17^{13} の一の位の数字をもう少し詳しく見てみましょう。

$17^1\to7$，$17^2\to9$，$17^3\to3$，$17^4\to1$，$17^5\to7$，…

一の位の数字は，指数（右肩の数字の部分）によって決まります。指数を，

4で割って余りが1のとき→一の位の数字が7
4で割って余りが2のとき→一の位の数字が9
4で割って余りが3のとき→一の位の数字が3
4で割って余りが0のとき→一の位の数字が1

つまり，17^{13} の一の位の数字は，指数である13を4で割って，

$13\div4=3\cdots1$　です。

したがって，一の位の数字は7です。

同様に，13^{17} の一の位の数字は，指数を，

4で割って余りが1のとき→一の位の数字が3
4で割って余りが2のとき→一の位の数字が9
4で割って余りが3のとき→一の位の数字が7
4で割って余りが0のとき→一の位の数字が1

つまり，13^{17} の一の位の数字は，指数である17を4で割って，

$17\div4=4\cdots1$　です。

したがって，一の位の数字は3です。

練習問題 1

1～15の異なる数字を1つずつ使って，隣り合う2つの数字の和が必ず9，16または25のいずれかになるように，1列に並べたとき，両端の数字の組合せとして最も妥当なのはどれか。

【H27　国家一般職［大卒］】

1　1，15
2　3，5
3　5，11
4　7，13
5　8，9

この問題も解決の糸口が見つかりにくいですね。そこで，選択肢を頼りに手を動かして解決の糸口を探していきましょう。

STEP 1　手を動かそう

ひとまず，肢1の「1，15」を両端において，数を並べていきましょう。

1と15から検討をし始めるねらい

肢**1**だからというわけではなく，数字が1～15しかないので，極端な数値である1・15から探ると糸口が見つかりやすいのではないかと考えたのよ。

1 ＿＿＿＿＿＿＿＿＿＿＿＿＿ 15

1の隣にくることができるのは，1＋8＝9の8，または，1＋15＝16の15ですが（1＋24＝25は不可能です），今回はすでに15が使われているので，8しかありません。

1 8 ＿＿＿＿＿＿＿＿＿＿＿＿ 15

8の隣にくるのは，8＋1＝9の1の1つしかありません。（8＋8＝16や，8＋17＝25は不可能です）。今回はすでに1が使われているので，手詰まりです。

ここで，8の隣には1しか並ばないことがわかりました。つまり，8は両隣には数が置けず，端にしか置けないということになります。

実はこの時点で8を含む肢**5**が正答と決まります。

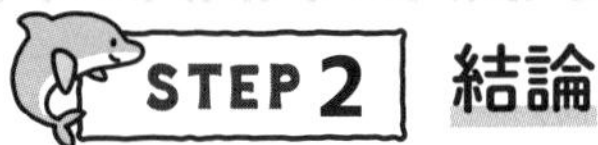

STEP 2 結論

念のために，肢**5**の「8，9」を両端において，数を並べていってみましょう。両側から攻めればよいでしょう。

8 _ _ _ _ _ _ _ _ _ _ _ _ _ 9

8 1 _ _ _ _ _ _ _ _ _ _ _ 7 9

8 1 15 _ _ _ _ _ _ _ _ _ 2 7 9

さらに並べていくと，

8 1 15 10 6 3 13 12 4 5 11 14 2 7 9

と並びます。

手を動かして，正解に近づくことができました。

書き出さなくてもOK！

（両端にくる数字）＝（両隣に数が置けない数字） であるということに気が付けば，いろいろと数字を試して，8または9がその数であることにたどり着きます。

そして，その時点で正答が**5**と決まるのです。

練習問題 2

Aは新しい言語Xを発明し，1年目に10人にこれを習得させた。2年目にはAを含む習得者たちがそれぞれ10人に言語Xを習得させた。これを繰り返していくと，6年目にはAを含めて何人が言語Xを習得していることになるか。

【H12 国家一般職［大卒］】

1 1451521人
2 1575226人
3 1633456人
4 1771561人
5 1824163人

STEP 1　1つずつ書いて規則発見

1年後はAと，Aが習得させた10人の計11人です。

2年後は，1年後の習得者11人と，11人が習得させた11 × 10 = 110人の計121人です。

3年後は，2年後の習得者121人と，121人が習得させた121 × 10人の計1331人です。

このことから，11，11^2(= 121)，11^3(= 1331) と増えていくとわかります。

覚えておこう！

ある整数を2乗してできる数を**平方数**というよ。

$1 = 1^2$，$4 = 2^2$，$9 = 3^2$，$16 = 4^2$，$25 = 5^2$，$36 = 6^2$，$49 = 7^2$，
$64 = 8^2$，$81 = 9^2$，$100 = 10^2$，$121 = 11^2$，$144 = 12^2$，$169 = 13^2$，
$196 = 14^2$，$225 = 15^2$，$256 = 16^2$，$289 = 17^2$，$324 = 18^2$，
$361 = 19^2$，$400 = 20^2$

いろいな単元で使うよ。しっかり覚えておこう。

STEP 2　結論

STEP 1で見つけた規則を，もう一度整理しておきましょう。

1年後　…　11^1人 = 11人
2年後　…　11^2人 = 121人
3年後　…　11^3人 = 1331人
です。よって，6年後は11^6人です。

$$
\begin{aligned}
11^6 &= 11 \times 11 \times 11 \times 11 \times 11 \times 11 \\
&= (11 \times 11 \times 11) \times (11 \times 11 \times 11) \\
&= 1331 \times 1331 \\
&= 1771561 \text{ 人です。}
\end{aligned}
$$

11^6に気づいたら

11^6に気づいたら，選択肢が絞られます。STEP 2の計算でもわかるように，$11^{\bigcirc}$の計算では，一の位の数は1になるわ。したがって，この段階で，正答は**1**か**4**よ。

正答　4

練習問題 3

東西南北に 100 m 間隔で交差する道が碁盤目状に走っている。この交差点上に A ～ D の 4 地点があり，A から見て，B は東へ 400 m，C は南へ 800 m 離れている。また，A，B，C の各地点から D 地点への道に沿った最短距離を比べると，AD 間の距離は，BD 間の距離より 200 m 短く，CD 間の距離より 400 m 短い。AD 間の道に沿った最短距離はいくらか。

【H10　市役所】

1　100 m
2　200 m
3　300 m
4　400 m
5　500 m

まずはわかるところから見ていきましょう。手始めに碁盤目状に走っている道路に，A，B，C の位置をかき込みましょう。それが下の図です。

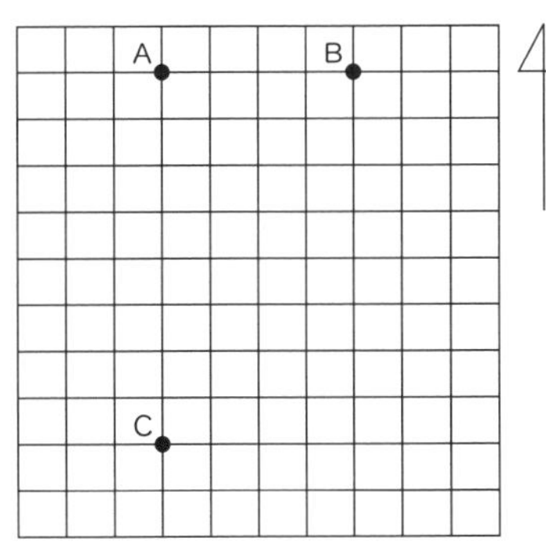

道に沿った最短距離

最短距離といっても，この問題では，2 点間を直線で結んだ「距離」を考えるのではないよ。この問題は「道に沿った最短距離」とあるので，厳密に言えば「道のり」（経路）のことを表しているよ。

STEP 1 Dの条件にあてはまるところを探す①

あとは点Dの位置を考えます。Aからの距離がBからの距離より200m短い地点はどこにあるでしょうか。

たとえば，D_1の地点はこの条件にあてはまる地点ですね。AD間の距離が100mで，BD間の距離が300mなので，AD間の距離はBD間の距離よりも200m短い点です。ほかにはありませんか。

たとえば点D_2，AD間の距離が200mで，BD間の距離が400mです。

さらに点D_3，AD間の距離が300mで，BD間の距離が500mです。

続けて点Dを考えていくと，下の図の色線上にDがあることがわかります。

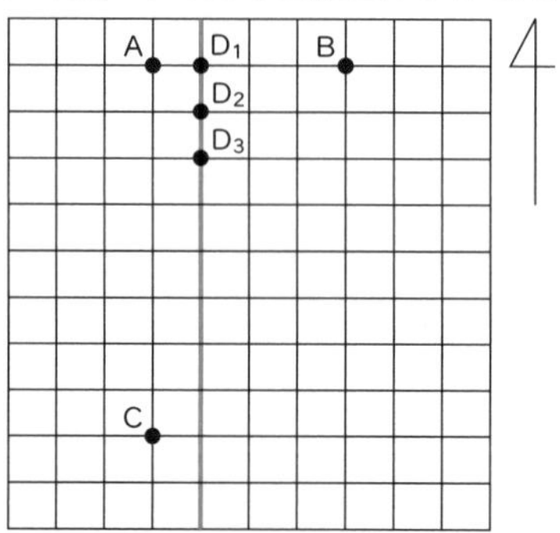

STEP 2 Dの条件にあてはまるところを探す②

同じように，Aからの距離がCからの距離よりも400m短い地点を考えます。

たとえばAC上にある点D_4です。AD間の距離が200mで，CD間の距離が600mなので，AD間の距離はCD間の距離よりも400m短い地点です。ほかにはありませんか。

たとえば点D_5，AD間の距離が300mで，CD間の距離が700mです。

さらに点D_6，AD間の距離が400mで，CD間の距離が800mです。

続けて点Dを考えていくと，下の図の色線上にDがあることがわかります。

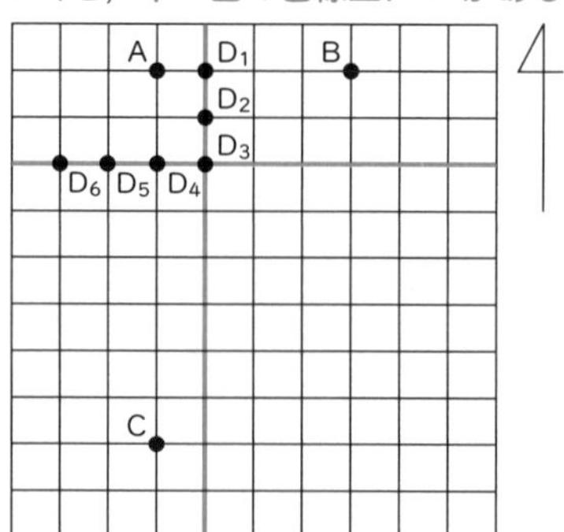

A と B は南北方向には同じ位置にあるので，AD 間の距離と BD 間の距離の差は，D の南北方向の位置に関係なく，東西方向の距離の差だけによって決まります。

同様に，AD 間と CD 間の距離の差は，南北方向の距離の差だけで決まります。

STEP 3 結論

D の場所は，色のついた 2 つの直線の交点 D_3 です。つまり AD 間は 300 m 離れています。

正答 3

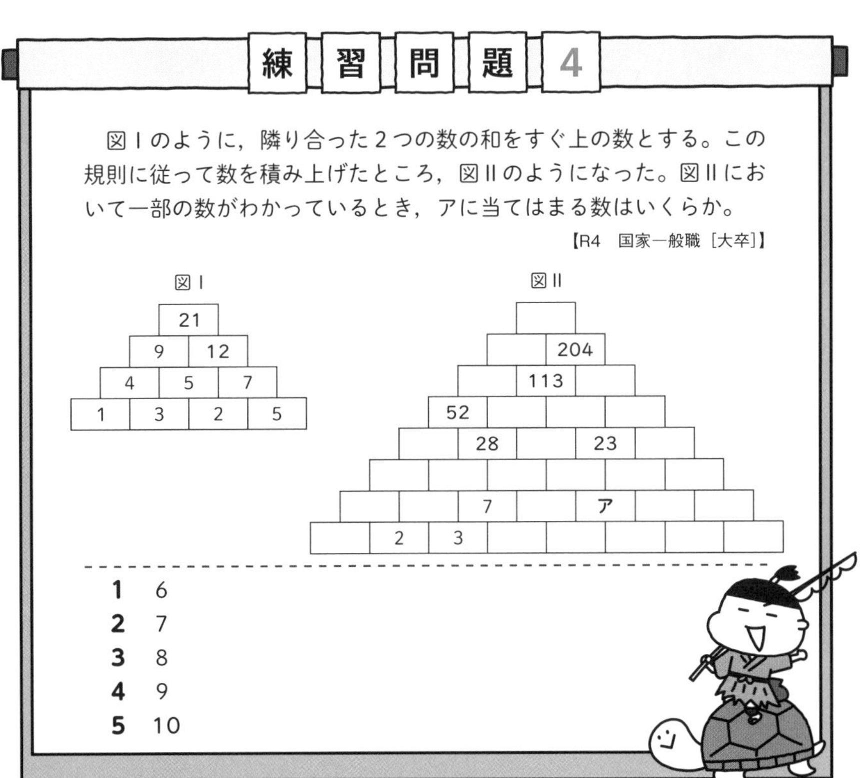

練習問題 4

図 I のように，隣り合った 2 つの数の和をすぐ上の数とする。この規則に従って数を積み上げげたところ，図 II のようになった。図 II において一部の数がわかっているとき，アに当てはまる数はいくらか。

【R4 国家一般職［大卒］】

1 6
2 7
3 8
4 9
5 10

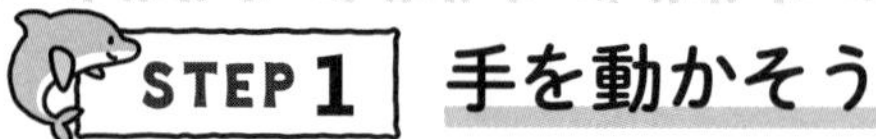

STEP 1 手を動かそう

規則は簡単ですよね。2＋3＝5，5＋7＝12，7－3＝4などと埋めていき，**ア**に近づけていきます。

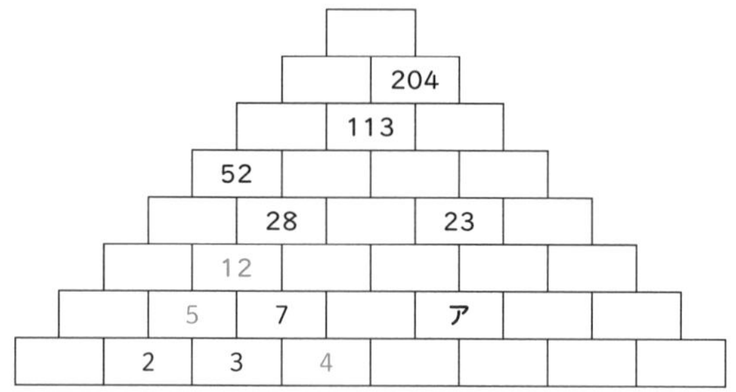

アはそのまま文字としてあつかって，ここまで埋めます。

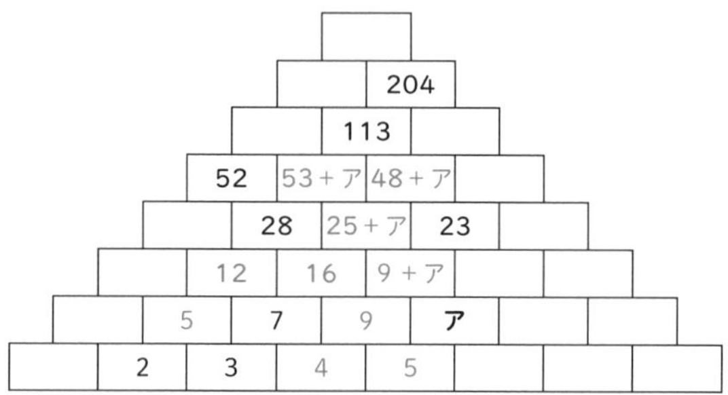

STEP 2 式を立てよう

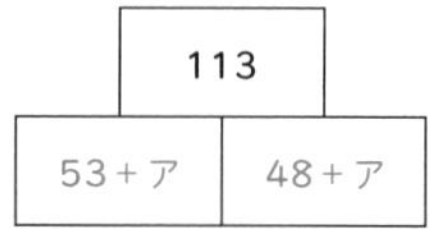

この部分に注目して式を立てます。

(53＋ア)＋(48＋ア)＝113

2×ア＝113－53－48

2×ア＝12

ア＝6

●本書の内容に関するお問合せについて

本書の内容に誤りと思われるところがありましたら，まずは小社ブックスサイト（jitsumu.hondana.jp）中の本書ページ内にある正誤表・訂正表をご確認ください。正誤表・訂正表がない場合や，正誤表・訂正表に該当箇所が掲載されていない場合は，書名，発行年月日，お客様のお名前・連絡先，該当箇所のページ番号と具体的な誤りの内容・理由等をご記入のうえ，郵便，FAX，メールにてお問合せください。

〒163-8671 東京都新宿区新宿 1-1-12 実務教育出版 第二編集部問合せ窓口
FAX：03-5369-2237 E-mail：jitsumu_2hen@jitsumu.co.jp

【ご注意】
※電話でのお問合せは，一切受け付けておりません。
※内容の正誤以外のお問合せ（詳しい解説・受験指導のご要望等）には対応できません。

本文デザイン＆イラスト：熊アート
カバーデザイン：マツヤマ チヒロ

公務員試験
数的推理がわかる！新・解法の玉手箱

2023年 8 月 5 日 初版第 1 刷発行 〈検印省略〉

編 者 資格試験研究会
発行者 小山隆之

発行所 株式会社 実務教育出版
〒163-8671 東京都新宿区新宿1-1-12
☎編集 03-3355-1812 販売 03-3355-1951
振替 00160-0-78270
組 版 明昌堂
印刷・製本 図書印刷

ISBN 978-4-7889-4895-2 C0030 Printed in Japan